品牌
如何赋能

李彦彬◎著

人民日报出版社
北京

图书在版编目（CIP）数据

　　品牌如何赋能 / 李彦彬著 . -- 北京：人民日报出版社，2025. 5. ISBN 978-7-5115-8712-1

　　Ⅰ. F279.23

　　中国国家版本馆 CIP 数据核字第 2025DE9944 号

书　　　名：**品牌如何赋能**
　　　　　　PINPAI RUHE FUNENG
作　　　者：李彦彬

责任编辑：徐　澜
版式设计：九章文化

出版发行：人民日报出版社
社　　址：北京金台西路 2 号
邮政编码：100733
发行热线：(010) 65369509　65369527　65369846　65369512
邮购热线：(010) 65369530　65363527
编辑热线：(010) 65369528
网　　址：www.peopledailypress.com
经　　销：新华书店
印　　刷：大厂回族自治县彩虹印刷有限公司
法律顾问：北京科宇律师事务所　010-83622312

开　　本：710mm×1000mm　1/16
字　　数：223 千字
印　　张：18.75
版次印次：2025 年 5 月第 1 版　　2025 年 5 月第 1 次印刷

书　　号：ISBN 978-7-5115-8712-1
定　　价：58.00 元

如有印装质量问题，请与本社调换，电话（010）65369463

相识多年，感觉彦彬是个"行动派"。三人行，他话最少。谙悉人情世故，却要言不烦，只讲他要讲的，更多的是去组织、协调、落实；不那么追究"为什么"，却牢记"干什么""成什么"，"行胜于言"。

7月1日，当他把两捆名为《品牌如何赋能》清样送来，我顿时觉得此前判断有误。翻着读着，觉得彦彬不只是"推广"品牌的，还是"研究"品牌的；不只是从事品牌工作"实践"的，还在探索品牌"理论"；不只是"做"品牌的，还在"写"品牌；不只是助力他方弘扬品牌，还有意著书立说引导人们爱护品牌、塑造品牌、树立品牌，珍惜品牌价值。实践出真知、知行合一、产学研结合等一套耳熟能详的词汇油然而生，对彦彬认识揭开新的一页。

彦彬细心，找出我2018年12月26日在第四届中国品牌论坛上的发言稿，让我复读这篇千字文，想起有关品牌理论的片段。

关于品牌定义，众说纷纭。品牌应该是物质文明和精神文明集中而又简约的一种体现，还要不断经受考验。比如，著名建筑，既是物质文明的产物，又是精神文明的成果，更是它们两者和谐统一的结晶；还要长期经受狂风骤雨、火灾、地震、战争等的考验。经受住考验，就是活的品牌；经受不住考验，就成为历史品牌。产业界、市场中的品牌也是如此。市场中的品牌门类众多，有些企业的名字就是品牌，有些门店成为品牌，有些商品成为品牌，有些元器件成为品牌，等等。它们的共性在于，比同类的或一般产品的知识含量、科技含量、创新含量、服务含量更高，或者说，其物质文明和精神文明中的"文明"程度更高，是产品中的佼佼者，似森林中的参天大树。它们经受的考验较多，受到市场的、同行的、国内的、国外的考验更多，受到消费者的挑剔、敲打、诉讼、打磨也更多；站住了、站稳了，稳定性、美誉度、抗打击力显现出来了，受到的尊重、信任、青睐也更多，市场占有率和市值更高，规模随之越来越大，成为小型企业可望而不可即的存在。彦彬说，品牌是高质量、高信誉度、高市场占有率、高经济效益的集中体现，作为要素综合体、无形资产，具有标识性、长期性、扩张性等特征，不无道理。

对于品牌价值，认识趋于一致，都认为品牌有价值，既有投资价值，又有消费价值；既有抽象价值，又有具体价值；既有经济价值，也有社会价值和文化价值。特别是"世界500强""国家500强"，对国家经济建设贡献良多，对带动拉动地方经济社会发展具有标志性和指标性意义。彦彬认识到，品牌是国家综合实力的体现，是高质量发展的象征，是企业竞争的重要资源；世界进入品牌经济时代，国际市场已由价值竞争、质量竞争转入品牌竞争，希望"品牌赋能，价值成长"，推动中国品牌企业走向世界。他搜索不少数据，对此予以论证，给人以持之有据、言之凿凿的印象。

世界进入数字化、智能化的新时代，对品牌建设有何影响？书中写道："互联网时代，品牌价值的核心逐渐从'物的关系'转向'人的关系',这是构建生态品牌的原点。随着物联网时代的到来,市场营销的三大基石媒体、渠道、用户,都发生了根本改变。品牌成功的关键不再是在竞争中成为第一,而要成为用户选择的唯一";"'产业互联网'除了强调互联网的连接作用,还强调互联网技术与具体产业的深度融合,除了人与人之间需要连接,人与物、物与物之间也需要连接";"人工智能助推品牌建设,品牌已经成为连接不同市场、不同经济体之间的桥梁和纽带";"平台可以缩短企业品牌建设周期,从而让更多品牌脱颖而出"。这些观点,虽未得到充分展开,却洋溢新时代气息,刷新人们认知。尤其是有关互联网时代品牌危机管理、后疫情时期强化品牌建设的方略,彰显职业精神和专业水平。

应该说,我国品牌研究尤其推广蔚然成风,"中国品牌节""中国品牌日"等活动有声有色、风生水起。有时浏览中国品牌促进会等与品牌有关的网站,感到人们对品牌的认识已趋于理性、相当成熟,有些达到相当高度,有些已化为企业家的自觉行动,有些已转化为较高的经济效益和社会效益。随着综合国力的增强、我国国际地位提高,中国品牌走向世界的步伐会越来越快,一个个、一群群、一批批、一代又一代品牌必然走向世界,照耀寰宇、温润人间、泽被后代,走进"地球村"里百姓家,质量会越来越高。

"好风凭借力,送我上青云。"理论认识前进一小步,实践能力会提升一大步。彦彬自称"媒体实战老兵",因品牌推广而研究品牌,因研究品牌而拓展品牌推广,实践与理论结合,广度和深度互通,相辅相成,相得益彰,获得推广与研究"双丰收"。书中穿插20多个品牌案例,"主要是笔者近年来基于工作需要,实地工作学习撰写的经验总结",包括采写吉利、一汽、东风、中国乳业等品牌企业的心得,也包括他对塑造个人品牌的感悟，都是情景交融、意犹未尽的精彩段子。将这些卡片式体会嵌入书中，图书显得生动活泼，让主攻理性认识的人获得新知，让主要从事实际操作的"行动派"获取经验和做法。

出书是对已知的记录和传播。已知有限度，未来无穷尽。彦彬是有底气、心气和理想的人，一定会以此为新起点，乘势而上，在理性认识方面获得新进展，实际工作中取得新业绩。有此"两结合"，境界必升华，事业更宏大。期盼着！

张首映

2024 年 7 月 5 日

（作者为政协第十三届全国委员会委员、中国新闻文化促进会理事会会长、人民日报原副总编辑）

北京最冷的几天，彦彬同志冒严寒来访，带来这本厚重的《品牌如何赋能》，嘱我为他的新书作序。盛情难却，翻阅书中内容，眼前不禁一亮。

如果一个好名字可以给人带来不错的第一印象，那么一个好品牌，恰恰是无数商品求之不得的价值浓缩。就好比自然界中最常见的物质——水，只要有了品牌的赋能，就有了润天下众人，融天下万金的力量。彦彬同志积二十多年之功，耕耘于人民日报传媒广告之间，结识了许多优秀企业，从"品牌如何赋能"的角度破题，为深化当今品牌的价值与意义，撰写此书。书中既有许多真实故事，也颇兼思辨，足见其心力和功力。

品牌与称呼之间，想必大家都了解许多，若说差别，人人也都可道出一二。常言道"酒香不怕巷子深"，可若没有一个响亮的品牌，结果往往是"酒香难抵巷子深"。好的品牌，有历史的穿越力，也有空间的穿透力。翻阅《品牌如何赋能》一书，有一种很深的感受，愈发觉得这是一本了解品牌建设的书。字里行间，写满了作者倾力求索品牌建设的过程。深邃的思考、丰富的印证，体现了品牌建设践行者的深刻认识与丰富积累。

掩卷而思，其感有三。

一是纳百川。古人说："海纳百川，有容乃大。"对于品牌的价值，这个"大"，不单单是商业价值、大而无意，而是指一种大格局、大影响。千年瓷都景德镇，何以最为出名？恰恰是旧称"昌南"。18世纪以前，欧洲人以能获得一件昌南镇的瓷器为荣，便把"昌南"唤作瓷器，自此瓷器便有了"China"一称，而这也为中国惊艳于世界留下了伏笔。正是惊叹于昌南瓷器的精美俊秀，11世纪景德元年，宋真宗赵恒将自己的年号"景德"赐予昌南镇，自此，世间多了一抹绝美瓷都之韵。可见，一个好的品牌，可以影响世界，改变历史，于国于民，都是不可估量的财富。"品牌不仅是一个企业竞争力的体现，还是一个国家综合国力的体现，也是传播国家形象的良好载体"，正体现了这一大格局。

二是真灼见。读《品牌如何赋能》这部书稿，深感彦彬同志的真知灼见。凡举的品牌的立身之意、发展变迁、历史沿革，在他的翔实记录中尽收眼底。这固然是长期工作在传播中国品牌价值一线的积淀，更是因为他对树立中国品牌工作的热爱，对这一领域有着独到的见解与思考。比如，谈及品牌信誉，书中以质量为本来论述品牌的生命价值，他在书中着墨颇多。好的文章来源于好的观点，脑中常思索，眼中常关注，才会不厌其烦，追根溯源，在上下求索中积累出好经验。

三是用心专。最近看电视剧《繁花》，其中有一句台词颇像是在说彦彬同志的专心——"目标从来都不遥远，一步步，一天天，只管全力以赴，剩下的交给时间"。彦彬同志一路走来，正像这句话一样，奔着一个坚定的目标，全力以赴，奋力拼搏。研究品牌如此，做人亦如此。在人民日报工作二十多年来，彦彬同志始终在挖掘中国品牌的潜力，展示中国品牌的实力，传播中国品牌的魅力，读书中文章，印象颇深的有三篇文章。

一是《建立传播体系是品牌建设的重要途径》，文章提出，品牌传播是企业向消费者传达品牌信息的过程，也是塑造品牌形象和积累品牌资产的过程，更是建设品牌知名度、美誉度的重要途径。建立符合自身特点的品牌传播体系，企业应整合多种渠道形成合力，重视品牌公关，促进品牌人格化；精心策划创意广告，保持品牌活跃度；善待善用媒体，为品牌传播赋能；坚定文化自信，讲好品牌故事。

二是《弘扬老字号　焕发新光彩》，没有继承，就没有发展；没有创新，就没有未来。近年来，我国老字号发展活力不断增强，品牌影响力持续提升。文章聚焦当下群众关注，言及老字号企业恳切，尽显其为中国品牌仗义执言、出谋划策的举措。产品力是品牌力的基础，推动老字号不断创新，开发新产品、新工艺。

三是《互联网时代品牌危机管理》，文章提出品牌危机管理考验的不是公关力，而是领导力。危机预警是第一步，也是十分关键的一步。危机公关应遵循速度快、态度诚恳、抓住要害的原则。危机修复担负消除遗留问题和影响的重任，主动作为、顺势引导能有效地修复企业形象，甚至化危机为商机。

习近平总书记指出，"推动中国制造向中国创造转变、中国速度向中国质量转变、中国产品向中国品牌转变"，为推动我国产业结构转型升级、打造中国品牌指明了方向。在这一宏大的时代背景下，彦彬同志不忘初心，踔厉奋发，坚定做中国品牌的记录者、传播者与推动者，这正是对伟大时代的呼应，也是我们媒体人的光荣，更是这本书的价值所在。

是为序。

冯并　于海南

2023 年 12 月 28 日

（冯并为政协第十届全国委员会委员、中国经济报刊协会名誉会长、经济日报原总编辑）

悠悠巴蜀文明燦 三星金沙留遺蹤
蒙山鳥瀾淵源 冰螢玉墨分江堰錦官
城闕芙蓉婀娜 蓋樓利箋褥四川岷峨雪
浪潤天府九寨 歸來水不看青城山幽
劍閣險峻奇秀 愛門關樂山大佛傻
遺產摩棱瀘沽 起恢煙物舉天寶世人
巖岈龍國寶 在汶川醽芙川涌泉人賢
五糧國窖郎井 劍康定情歌茶馬險蜀
錦蜀繡神韻 傳蒙頂竹葉鮮爽甜氣成都
火鍋麻辣鮮 人傑地靈界星耀千載英
風鑑聖賢相如子雲敷藻翰陳陳壽名著
三國鼎三蘇洙著和張瀾劉陳聶帥鄧
希賢朱總司令經百戰開國元帥位最
前首日太白蜀道難而今通海達強邊
西部開故新高地天府之國展新顏一
帶一路美畫卷合作共贏牧局面人民
日報辯論壇繪成寰宇夫嬋娟

李彥彬先生詩 甲辰孟秋成都偶得
乙巳年文殊誕日 學森書

　　2024 年 8 月 28 日，由人民日报社、中共四川省委、四川省人民政府共同举办的 2024"一带一路"媒体合作论坛，在成都举行，来自 76 个国家 191 家媒体的 200 多位负责人和有关部门负责同志、专家学者和企业代表等与会。

　　笔者作为会务人员，参会后感慨万千，偶得小诗一首，并有幸得到首都师范大学教授、博士生导师何学森先生为笔者的拙作《成都偶得》挥毫成卷。

为建设品牌强国贡献力量

品牌是企业的无形资产，是企业走向世界的通行证。

虽然"品牌"一词为舶来品，但国人的品牌意识贯穿历史长河，从古陶器上的符号标记到"胡姬年十五，春日独当垆……头上蓝田玉，耳后大秦珠""何以解忧，唯有杜康"，再到"借问酒家何处有，牧童遥指杏花村"，古人的品牌意识在诗词创作中逐渐显现，并日益清晰。1997年，由唐朝诗人"赋名"的"杏花村"经国家工商行政管理局商标局认定为驰名商标，成为广为人知的品牌。对于企业而言，品牌价值不仅能够扩大无形资产规模，也可作为商品在市场上进行交易。好的品牌能带来品牌溢价，品牌的美誉度越高，客户的忠诚度就越高。目前，品牌的概念已经由企业和商业界扩展到了其他领域，例如清华大学、北京大学等名校，北京协和医院、北京同仁医院等名医院，乃至北京、上海、深圳等名城。

同时，品牌不仅是一个企业竞争力的体现，还是一个国家综合国力的体现，也是传播国家形象的良好载体。品牌具有识别功能，根据品牌的知名度和辐射区域划分，可以将品牌分为区域品牌、全国品牌、世界品牌。当一个国家的国民收入达到较高水平时，就会更多地出现"品牌消费"现象，这一现象也意味着财富向少数被认可的品牌集中。一个国家拥有优秀的品牌，财富就向这个国家转移；企业拥有优秀的品牌，财富就向这个企业转移；个人拥有优秀的品牌，财富就向这个人转移。在经济全球化、世界一体化的今天，20% 的知名品牌占据 80% 的市场份额。因此，经济强国历来是拥有大量具有国际影响力的世界知名品牌的品牌强国。

然而，尽管目前我国是一个制造大国、贸易大国，但仍还是一个品牌弱国。全球最有价值的 100 个品牌中，我国品牌屈指可数，并且，前几年国内的金字招牌在其他国家常被抢注。因此，无论从国家层面还是企业层面，都亟须培育一批国际知名的品牌，树立中国品牌的良好形象，提升品牌保护意识，将品牌打造成一张能够代表产品性能、企业文化和国家精神的"名片"，扩大中国品牌的影响力，促进企业效益增长和国家整体形象的提升。

品牌培育是一个长期且深远的过程，正如古语所云，"路遥知马力，日久见人心"，品牌与消费者之间的关系亦是如此。品牌的知名度和影响力并非一蹴而就，而是源于消费者的信赖和市场持续的选择，它需要时间的积累，才能真正建立起信任，进而实现品牌赋能。这一过程不仅关乎企业的长远发展，更与国家的战略安全、民族文化的传承与发扬紧密相连。挖掘和培育中国品牌的特有气质，推动中国产品向中国品牌转变，是提升国家文化软实力的重要途径。传统文化中，"九月登高"与"对酒当歌"不仅是习俗，更是文化的体现，彰显着文化的力量——文化兴则国运兴，文化强则民族强。品牌作为文化的载体，对其打造和提升是我国融入世界、展现国家形象的重要桥梁。

产品质量是打造品牌形象的根本所在。企业的价值成果直接体现在品牌之上，而品牌价值的高低又取决于消费者的感知和信任程度，这两者归根结底源于企业的产品和服务质量。质量是企业的生命线，是企业发展的灵魂和竞争的核心，世界知名的企业无不通过高质量的产品和服务，塑造出极具竞争力的品牌。因此，品牌建设实质上是一个借助产品品质增强消费者忠诚度的过程，是生产者和消费者共同的追求。加强品牌建设，能够激发企业的创新活力，提升产品品质，帮助消费者更好地识别产品并作出明智的消费决策，从而满足其日益增长的物质和文化需求。故而，品牌建设必须坚持长期主义理念，不断提升产品品质、丰富品牌文化内涵，与消费者携手并进，唯有如此，企业方能基业长青，实现品牌价值的最大化。

目前，我国品牌发展的环境日益优化，有利于品牌培育和发展。2014年5月，习近平总书记在中铁装备郑州基地，作出了"推动中国制造向中国创造转变，中国速度向中国质量转变，中国产品向中国品牌转变"的重要指示。而后，在2017年5月，国务院正式将每年的5月10日确立为"中国品牌日"。此举不仅有助于汇聚社会各界对品牌发展的共识，营造积极向上的品牌发展氛围，还搭建了一个交流互动的平台，显著提升自主品牌的国际影响力和公众认知度。同时，"中国品牌日"的设立，对于发挥品牌在经济社会发展中的引领作用，促进供给结构与需求结构的双重升级，激发企业的创新创造潜能，引领新型消费趋势，以及创造新的市场需求，均具有重要意义。

　　"浩渺行无极，扬帆但信风。"近年来，人民日报社积极响应党中央"建设品牌强国"的号召，为落实中央及中宣部要求，自 2015 年起，人民日报社主办了中国品牌论坛，研究破解当前中国品牌发展建设面临的困境与难点，介绍分析国际知名品牌的成功经验与案例，就中国品牌发展建设的关键议题深入研讨、建言献策，为中央领导提供重要决策参考，为中国品牌建设提供强大智力支持和营造良好舆论氛围。目前，人民日报社拥有 29 种社属报刊，已经形成涵盖报、网、端、微、屏等 10 多种载体的媒体方阵，综合覆盖总用户数超过 15 亿。2017 年 12 月，在人民日报社主办的第三届中国品牌论坛上，提出了"新时代品牌强国计划"；2019 年 12 月，在第五届中国品牌论坛上，成立了"人民日报品牌发展研究院"。成如容易却艰辛，越是艰险越向前，品牌的号召力、引领力、凝聚力正日益彰显，引领我们迈向新的辉煌。

　　"凡是过往，皆为序章。""江山留胜迹，我辈复登临。"笔者在人民日报社工作二十多年来，由于工作需要，走南闯北，虽未读完万卷书，却已行走万里路。人民日报社多年来主办的中国品牌论坛、"一带一路"媒体论坛、京津冀论坛、融媒体论坛等大型论坛，笔者有幸参与其中，结识许多专家和企业家，丰富了笔者的人生阅历，最为自豪的是，见证了中国品牌的发展与成长。

　　党的二十大报告强调"要开辟发展新领域新赛道，不断塑造发展新动能新优势"。未来五年是全面建设社会主义现代化国家的关键时期，也是中国品牌乘势而上、做大做强、走向世界的大好时机。我们要加快建设制造强国、质量强国、航天强国、交通强国、网络强国、数字中国，这必将造就一大批新的优秀企业和中国品牌。

本书共设八章内容，深入探讨了品牌及其核心价值、中国品牌的发展现状，以及推动中国品牌全球化的策略。书中围绕品牌强国战略的引领作用、优秀文化的传承对中国品牌壮大的贡献、品牌经济的大力发展、品牌培育对品牌赋能的推动作用，以及为品牌提供的全方位保障等关键议题，结合丰富的品牌案例，细致分析了中国品牌如何在展现中华优秀传统文化精髓的同时，塑造独特的品牌优势，进而促进中国经济的高质量发展。

通过对品牌研究领域既有成果的深入学习和对国内外品牌理论与实践的细致剖析，本书提炼出了一套将品牌与中华优秀传统文化深度融合的品牌构建方法论，并强调以文化为引领，塑造具有鲜明中国特色的品牌形象。书中还着重探讨了借助"一带一路"倡议推动品牌国际化、利用"互联网+"优化品牌建设路径、推动中国汽车、中国茶、中医药等产业享誉全球、振兴中华老字号、弘扬工匠精神与企业家精神，以及加强商标、专利等知识产权保护等策略。本书对中国品牌建设进行了全面而深入的分析总结，旨在挖掘中国品牌的潜力，使其成为民族文化的传承者与创新者，推动中国经济向更高形态迈进，进而促进中国特色社会主义事业的全面发展。

第一章　品牌及其重要性

品牌是人们对一个企业及其产品、售后服务、文化价值的一种评价和认知，是一种信任，是指消费者对产品及产品系列的认知程度。品牌不仅仅是一种标识，更多的是品质优异和价值理念的核心体现。品牌研究应站在企业整体的角度，从战略高度考虑和分析。国内外学界关于品牌研究已经取得一些成果，但仍存在一些缺陷，需要进一步结合当前实际情况，进行全面的研究和探析。

第二章　中国品牌发展现状

目前，我国品牌发展水平落后于经济发展水平，与经济社会高质量发展要求相比也还有差距，国际知名品牌不多，需充分利用我国制造业已经形成的综合优势，打造一批世界一流品牌，落实品牌发展战略，从品牌大国迈向品牌强国。企业方面，要想增强自身的竞争力，在全球市场上占有一席之地，除了要考虑企业的技术、资金等有形投入，还应重视品牌这一无形资产对于企业发展的作用。

第三章　推动中国品牌走向世界

近年来，中国品牌的发展环境持续向好，综合实力与日俱增，带动中国品牌美誉度稳步提升，一大批产品品种丰富、品质优良的品牌越来越响亮，品牌的影响力也不断扩大，中国制造、中国服务、中国标准在国际市场上大放异彩。

第四章　品牌强国战略引领中国品牌

以品牌之光，照强国之路。加强品牌建设，塑造中国品牌形象，努力提高中国品牌知名度和影响力。我国正处在全球化的新阶段，向世界讲好中国故事，才能得到更好的承认和支持。通过对我国的企业经营和品牌建设方面进行分析，为中国品牌设计出未来的发展规划，为中国品牌发展建言献策。

第五章　传承优秀文化　壮大中国品牌

文化自觉和文化自信是影响国家文化软实力的核心内容。优秀品牌展示了国家文化软实力，国家文化软实力也提升了优秀品牌价值。文化和品牌是国家参与国际竞争的核心要素，大国崛起某种程度上是文化的崛起。增强中华文明的传播力和影响力，深化文明交流互鉴，推动中华文化更好地走向世界，是建设社会主义文化强国的重要内容。

第六章　大力发展品牌经济

"十四五"规划纲要明确提出深入实施质量提升行动，推动制造业产品"增品种、提品质、创品牌""开展中国品牌创建行动，保护发展中华老字号，提升自主品牌影响力和竞争力"。品牌的主体不仅仅是企业的产品和服务，还包括国家、城市、个人、文化等。"质量兴农、品牌强农"已经成为提升农业竞争力和实现乡村振兴的战略选择。

第七章　品牌培育推动品牌赋能

本章首先对国内外品牌培育现状进行了简要分析，在此基础上阐释了品牌以及品牌培育的内涵及其特征。其次，围绕所研究的问题提出了影响中国品牌培育绩效的五个主要因素。最后，通过选取人民日报"新时代品牌强国计划"中的伊利、格力、五粮液三家企业品牌，对其品牌培育绩效进行评价，得出当前中国品牌培育应重点关注的问题。上述研究旨在为中国品牌培育提供理论支持和参考。

第八章　为品牌保驾护航

在互联网经济飞速发展的今天，品牌推广的两面性愈发突出。互联网信息传播为品牌传播提供便利，加快传播速度的同时，也带来许多负面信息。信息时代，品牌发生危机，其危害性往往是突发的、致命的以及大范围的，影响极其深远，企业往往难以承受。因此，如何做好危机管理，是摆在所有企业面前的重要任务。

本书希望通过多角度分析及鲜活的实践案例，协助有关部门和读者了解有关行业、区域的品牌发展现状，加大对中国品牌的支持力度；增强品牌意识、质量意识、市场意识，在广大消费者心中树立理想的中国品牌形象。本书既适合品牌相关从业人员及感兴趣的读者参考，也适合大众阅读。

　　本书穿插的"品牌案例"，主要是笔者近年来基于工作需要，实地工作学习撰写的经验总结，并在文章最后标注了写作日期，此次公开出版略有修改。

　　中国品牌只有不断创新，才能适应新时代的发展要求。新时代、新征程，必须有新担当、新作为。我们将与国内外优秀企业携手并进，讲好中国品牌故事，展示中国品牌形象，用品牌的力量推动高质量发展，共同开启品牌强国新征程。

李彦彬

2023 年 12 月 18 日

目录

第一章　品牌及其重要性 …………………………………………………001

一、认识品牌 ……………………………………………………………002

二、品牌的特征 …………………………………………………………009

　　品牌案例 1-1：吉利的中国汽车梦 ……………………………015

三、国内品牌研究综述 …………………………………………………016

　　品牌案例 1-2：海尔引领高质量发展 …………………………025

四、品牌是国家综合实力的体现 ………………………………………027

　　品牌案例 1-3：一汽锡柴——解放动力，一路领航 ………033

第二章　中国品牌发展现状 ……………………………………………035

一、中国品牌现状及问题分析 …………………………………………036

　　品牌案例 2-1：中国一汽深挖再制造产业"金矿" ………043

二、发挥品牌的引领作用 ………………………………………………044

　　品牌案例 2-2：乘"中国制造"的东风起飞 …………………053

　　品牌案例 2-3：中国乳业拥抱全球化 …………………………055

三、建立传播体系是品牌建设的重要途径 ……………………………057

　　品牌案例 2-4：用友打造数智化企业服务领导品牌 …………062

第三章　推动中国品牌走向世界 ·· 064

一、高质量发展呼唤世界一流品牌 ··· 065

品牌案例 3-1：兰州石化大力实施品牌战略 ·················· 070

二、创新推动中国品牌行稳致远 ·· 072

品牌案例 3-2：小仙炖鲜炖燕窝创新引领行业新风尚 ······ 077

三、"互联网+"给中国品牌注入活力 ····································· 078

品牌案例 3-3：医渡科技：智能医疗　精准普惠 ············ 085

四、中国品牌而今迈步从头越 ··· 086

品牌案例 3-4：中铁装备为全球提供中国装备 ··············· 091

第四章　品牌强国战略引领中国品牌 ··· 093

一、做强中国制造，赋能中国品牌 ··· 094

二、推动我国实现品牌强国 ·· 098

品牌案例 4-1：飞鹤乳业争创产业升级引领者 ··············· 104

三、实施品牌战略 ·· 106

品牌案例 4-2："贵人鸟"缘何成了"折翼鸟" ············· 111

四、早日把我国建成汽车强国 ··· 114

品牌案例 4-3：东风进藏一家亲 ································· 120

第五章　传承优秀文化　壮大中国品牌 ······································ 123

一、文化助力中国品牌 ·· 124

品牌案例 5-1：威高集团品牌建设助推高质量发展 ········· 131

二、文化为品牌赋能 ··· 133

品牌案例 5-2：长城葡萄酒探索品牌建设新路径 ············ 137

三、品牌文化助力品牌强国 ·· 139

品牌案例 5-3：华彬集团打造国际人文交流新范式 ········· 143

四、传承发展中医药事业 ··· 145

五、让世界爱上中国茶 149

第六章　大力发展品牌经济 155

一、弘扬老字号　焕发新光彩 156

　品牌案例 6-1：稻香村——中式传统糕点的创新名片 161

二、精益管理助力中国品牌建设 164

三、农业品牌化赋能乡村振兴 166

　品牌案例 6-2：柏粮集团发挥品牌优势保食品安全 171

四、品牌让城市更美好 171

　品牌案例 6-3：前海法定机构再闯新路 176

五、国家品牌助力品牌强国 177

第七章　品牌培育推动品牌赋能 185

一、品牌培育的内涵 187

二、加强品牌培育　提升中国品牌 194

　品牌案例 7-1：TikTok 中国互联网品牌全球化代表 199

三、中国品牌培育绩效评价原则和方法 200

四、品牌培育新模式　实现品牌新赋能 213

　品牌案例 7-2：波司登引领世界新潮流 224

第八章　为品牌保驾护航 227

一、强化品牌意识　维护品牌权益 228

　品牌案例 8-1："百度烤肉"判赔百度公司 350 万元 235

二、互联网时代品牌危机管理 237

三、后疫情时代企业必须打造品牌 240

　品牌案例 8-2：民生银行高效创新做好金融保障服务 246

　品牌案例 8-3：隆基股份积极开展光伏扶贫 247

四、弘扬企业家精神 249

延伸探讨：浅谈个人品牌 ……………………………………… 254

参考文献 ……………………………………………………… 261

附录：专家打分过程 …………………………………………… 267

致谢 …………………………………………………………… 271

第一章　品牌及其重要性

　　品牌是人们对一个企业及其产品、售后服务、文化价值的一种评价和认知，是一种信任，是指消费者对产品及产品系列的认知程度。品牌，不仅仅是一种标识，更是品质优异的核心体现，一种价值理念，应站在企业整体的角度，从战略性的高度来思考品牌。品牌专家卢泰宏教授将品牌理论研究的发展过程分为品牌、品牌战略、品牌资产、品牌管理和品牌关系五个阶段。

　　品牌赋能，首先要有足够强大的影响力。近年来，中国品牌影响力稳步提升，对供需结构升级的推动引领作用显著增强。品牌是高质量发展的重要象征，加强品牌建设是满足人民美好生活需要的重要途径。品牌代表的是产品的品质、企业的信誉和民族的文化个性。品牌由品质背书，品质是品牌形成的根本，主要有质量、价格和服务三大要素。质量高、价格合理、服务周到是产品赢得消费者和社会认可的前提。品牌具有扩张性，企业多品牌运营，要努力实现"一荣俱荣"，避免"一损俱损",有效分解企业风险。

目前,我国许多企业面临有产品、没品牌,有品牌、没品牌战略,有品牌战略、没品牌管理的窘境。"罗马不是一天建成的",品牌也没有"速成宝典"。消费者喜欢品牌产品,主要是看中了品牌带来的服务和它所代表的文化。品牌的价值在于消费者的认知度、参与度、忠诚度。只有把品牌与消费者的关系经营好,脚踏实地、循序渐进、精耕细作,才能把品牌建设好。本章围绕品牌特征、品牌理论以及品牌研究的背景及意义,结合具体的品牌案例,分析探讨中国品牌如何在彰显中华优秀传统文化的基础上,塑造品牌内涵,树立优势地位。

一、认识品牌

品牌一词具有悠久的历史,其最初来自古斯堪的纳维亚语(brandr),表面含义是"燃烧"。随着生产力的发展,"brandr"渐渐引申为生产者燃烧印章烙印的产品,这种形式就是品牌的雏形。品牌最初的含义与商标的含义基本一致,都是从物质的层面表明产品的属性特征。当资本主义生产方式扩展到全球时,机械化大生产取代了手工生产,品牌的内涵也从仅表示产品属性特征的商标含义,丰富到体现企业文化集价值于一身的商业元素。从企业的角度看,凡是能够为企业带来高附加值和可持续发展的产品及其营销模式,都可以称为"品牌"。

现代营销之父菲利普·科特勒认为,品牌是一种基于被消费者认可而形成的资产。关于"品牌"的理论研究大致开始于 20 世纪 50 年代,根据其研究内容大致可以分为四个阶段。第一阶段是从 20 世纪 50 年代到 80 年代,主要围绕品牌的概念和特征展开。第二阶段是从 20 世纪

80 年代至 90 年代，主要围绕品牌作为企业资产的相关阐述展开。第三阶段是从 20 世纪 90 年代到 21 世纪初，主要围绕品牌关系进行深入研究。最后一个阶段是从 21 世纪初到今天，这一阶段的研究体现了鲜明的时代特征，即全球一体化特征，主要围绕品牌的地域化、集团发展，品牌用户之间可以建立有组织的社交关系等展开。

品牌的产生

品牌通常是指商家为了能区别相同种类的商品，并识别自己的商品而合法注册的商标等符号或标记，在商品或广告中尤为突出，其实就是商品的附加值，即加了品牌比不加品牌多出来的那部分价值。品牌是企业向消费者提供的质量承诺和品质保证，品牌建设是品牌拥有者对其所拥有的品牌进行规划设计、宣传推广、创新管理的行为。

品牌是产品品质、形象和文化的聚合物，是竞争力的标志，如果两个产品有着相同的质量、相似的功能，其中一个有品牌的附着，则更容易达成交易。品牌不仅是一个标识、一句口号，还是企业理念、管理、技术、服务、产品等方面的载体。品牌可以用来解决产品沟通问题，做品牌就是取名字、做标志、做包装和做传播，提高品牌知名度、美誉度。对企业来说，品牌意味着更强的市场竞争力和更高的效率；对个人来说，品牌则意味着更多的资源和更大的"权力"。

"品牌赋能，价值成长。"品牌是企业乃至国家竞争力的重要体现，也是赢得市场的重要资源。品牌是企业重要的无形资产，是企业走向世界的通行证，是体现国家核心竞争力的名片。品牌形象是国家形象的重要组成部分。看到郁金香，就会想到荷兰，这是荷兰面向全球打出的"花卉招牌"，将花卉产业变成了一个国家的经济支柱。当今世界已经进入品牌经济时代，国际市场竞争已由价格竞争、质量竞争上升到品牌竞争。品牌建设需要依从品牌定位、品牌理念、品牌形象等规划，才能有的放矢、事半功倍。培育世界一流品牌，是实现经济高质量发展的迫切需要，企业应当把创建世界一流品牌作为当务之急、长期目标。

品牌的内涵

品牌有丰富的内涵。品牌大师大卫·奥格威认为，"品牌是一种错综复杂的象征，是品牌属性、名称、包装、价格、历史、声誉、广告风格的总和"。广义上的品牌内涵包括以下内容，品牌是一种商标；品牌是一种牌子，金字招牌；品牌是一种口碑，一种品位；品牌是消费者与产品有关的全部体验。品牌首先使人们想到某种属性，但是，品牌不只意味着一整套属性。品牌代表着一种文化，反映一定的个性，暗示了消费者的类型，也说明了一些产品的价值。郭国庆、刘彦平认为，品牌的核心内涵是要传递给消费者的核心利益，是企业针对消费者的市场承诺。一个品牌最持久的含义是它的价值、文化和个性，它们确定了品牌的基础。品牌的整体含义又可分为属性、利益、价值、文化、个性和用户这六个层次。品牌成为一种与消费者互动的方式，文化特征日益突出。

在全球化时代，产品同质化竞争加剧，渠道更透明，唯一能区分差异的就是品牌本身。当产品之间的质量差别不大时，使产品产生价值区分的就是产品的品牌。品牌内涵的形成最终是由公众决定的，代表品牌的核心价值，品牌的核心价值是品牌资产的主体部分，同时也是品牌保持竞争力的保证。"品牌"的概念也正被运用于更多的领域，万物皆可以塑造成品牌，每个城市、区域、国家可以打造品牌，组织团队也可以塑造品牌，每个人可以创建自己的个人品牌。品牌可以通过差异化、独特性来创造品牌内涵和竞争优势，如茅台、西湖龙井、五常大米便拥有独特的区位优势。

品牌内涵向消费者传递品牌的属性和利益，还向消费者传递品牌价值、品牌个性及在此基础上形成的品牌文化。黄学银将品牌的内涵定义为四个阶段：一是属性、利益阶段，在这一阶段中，产品供不应求，品牌仅作为一个符号、标记，用来区别其他产品，其内涵最简单；二是价值、利益、属性、文化这一阶段，这时候，虽然是买方市场，但是，卖方的力量还是不可小觑，品牌不仅作为一种符号标记，还是企业的一种性格特征，与产品的生产制造等方面密切相关；三是属性、利益、价值、文化、个性阶段，在这一阶段，是买方市场，很明显卖方市场被逐渐削弱，品牌的作用越来越明显，成为联系顾客和企业的重要工具，其内涵更加丰富，代表了企业的形象；四是价值、属性、文化、利益、品牌本身阶段，这时候，是买方市场，卖方力量削弱，满足不了消费者对品牌的需求，于是，以满足消费者需求的品牌内涵为出发点，组合成一个新的品牌，体现品牌自身的价值。

也有学者认为，品牌的内涵应从以下层面来阐述：第一，品牌是一种商标，是指品牌包含的商标注册、使用权、所有权等相关内容；第二，品牌是一种铭牌，是指企业给自己的产品规定的名称等"牌子"，由文字、图形、符号等因素组成，用来识别某种商品；第三，品牌是一种广告和营销手段，向公众宣传自己商品的一种营销方式，是广告创意的结晶；第四，品牌是一种口碑，从精神文化层面定义品牌，强调品牌的名声、档次；第五，品牌是一种知名度，指品牌被社会公众认识和了解的程度。品牌的内涵并不是一种简单的标识，更多的是一种文化和个性，不仅是销售好的产品，为消费者提供好的服务，更是用心打造品牌，传播健康的品牌文化。罗马不是一天建成的，品牌也不是一天塑造的。企业打造品牌，一开始只有一个名字和商标，经过不断发展产品的销量变大了，消费者对它的了解增多了，品牌的内涵也变得越来越丰富。

品牌概念论

顾名思义，品牌概念论就是将品牌作为一个概念来看待，通过确定其内涵和外延来对其做出规范的表述。20世纪60年代初，随着Gardner和Levy于1955年发表第一篇专业的品牌论文《产品与品牌》，对品牌做了情感性品牌和个性品牌区分后，美国营销协会也于1960年对品牌做出了一个明确定义，即"品牌作为一个实体，以识别一个卖方的商品或服务区别于其他卖方的其他特征"。这时品牌的研究侧重于品牌的广告宣传方面，主张利用广告刺激消费。1963年，Ogilvy提出了品牌形象理论，企业开始重视品牌的管理体系，加强在市场营销中品牌管理和品牌形象的作用。

1979年，布鲁恩提出品牌生命周期理论。这一提法是对僵化的品牌形象的反对，布鲁恩明确了品牌是一个动态发展过程，其生命周期包括品牌的创立、稳定、差异、模仿和分化以及更严重的两极分化这六个阶段。同年，Tauber在其题为《品牌授权延伸——新产品得益于老品牌》的论文中，首次提出并阐释了品牌延伸思想。可以看出，品牌已经不再是单纯的物化商标，而是基于对老品牌的研究、市场受众的调查研究而确立的符合市场需求的经济元素。

20世纪80年代，品牌概念论研究呈现出对品牌延伸理论的进一步深入探讨。经过研究得出评判品牌延伸成功的两个标准：一个是品牌强势度，另一个是品牌相关性；一个关乎品牌自身，另一个则是与品牌所属商品的受众相关。品牌强势度建立在品牌所属产品的性能基础上，与品牌的广告宣传和形象定位密切关联，品牌形象定位准确、广告宣传到位，则品牌强势度大；反之则品牌强势度小。

品牌资产论

迈克尔·波特在其品牌竞争优势中曾提到：品牌的资产主要体现在品牌的核心价值上，或者说品牌核心价值也是品牌精髓所在。品牌资产就是通过顾客的认知改变行为，让品牌变得有价值，品牌概念得到明晰后，品牌研究进入第二阶段——品牌资产论研究。品牌资产论研究，即包含品牌权益理论、品牌价值理论、品牌管理和运作模型三个方面。20世纪80年代末到90年代初，品牌权益研究主要围绕品牌权益的形成机制以及测评。当时西方许多国家受经济危机影响，企业不得不采取各种方法来降低成本，首当其冲的就是广告，企业依靠降价和促销来促进商品销售。降价和促销并不能令企业渡过难关，不利于长期发展。在这种背景下，学界提出品牌权益概念，以期令人们重视品牌对企业持续发展的作用，避免价格促销对品牌造成不良影响。

20世纪80年代，在营销研究和实践领域出现了品牌资产概念。品牌成为与厂房、机器一样为企业带来经济效益的资产之一，不仅自身具有经济价值，还蕴含着为企业增值的能力。从经济学角度看，品牌资产价值兼具使用价值，表现在品牌在市场中具有识别功能、竞争功能和增值功能，能够将品牌自身蕴含的企业文化和精神传递给受众，增强了企业竞争力，进而为企业带来更大经济效益。品牌价值是品牌管理要素中最为核心的部分，也是品牌区别于同类竞争品牌的重要标志。一个品牌如果没有给消费者带来功能和情感上的利益，其就没有价值可言。品牌资产包括多种元素，品牌知名度只是冰山一角，良好的品质、品牌的忠诚和丰富的品牌联想，是品牌应该拥有的资产。

品牌关系论

品牌关系论是在品牌概念论、品牌资产论有一定发展的基础上，对品牌研究做出进一步创新、完善和发展。从研究内容逐层递进的角度看，品牌关系论大致分为三个阶段。第一，传统的品牌关系研究。传统的品牌关系存在于品牌与市场、品牌与品牌的受众之间。第二，深层的品牌关系研究。这一层次的品牌关系除了包含品牌与市场和受众之间的纵向关系，还包括品牌与相关品牌之间的横向关系。第三，生态型品牌关系。这个阶段品牌关系包含的内容就更丰富了，它不仅包含以上两个层次纵向和横向关系，还包括品牌与资源、环境的关系。

品牌关系的三个阶段，与企业发展状况以及时代发展需求密不可分。传统品牌关系阶段，关于品牌关系的研究仅围绕品牌外在相关的对象市场和受众，是以产品交易为基础，通过对品牌关系的研究，旨在拓宽品牌在市场和消费者心目中的影响，吸引更多消费者，从而获得更大经济效益。深层品牌关系阶段，不仅局限在外部的市场与消费者，还增加了品牌之间的研究。这是世界一体化趋势加强的必然结果，也是信息时代技术发展带来的交往便捷的体现。品牌纵向关系和横向关系并存，使得企业发展依据的信息更全面，企业不仅可以参考消费者和市场对品牌的反映，而且可以参考相关品牌发展经验，丰富自身品牌内涵。生态型品牌阶段，品牌已经不仅仅是公司持续发展的有价值资产，而是成为集相关品牌、利益相关者、资源、环境、企业文化和国家文化于一身的价值共同体。

品牌社区论

品牌社区是品牌关系领域的一个重要概念，是信息时代品牌研究的产物。社区亦称社群，品牌社区概念正是以地理区域划分而得出的社区概念的发展。通过将社会学概念"社区"引入经济学研究领域，延伸发展出"品牌社区"概念，品牌社区成为一种普遍的建立品牌的方式。品牌社区是建立在某一品牌的消费者之间的专门化社区，良好的品牌社区应该具备知识价值、社会价值和文化价值。品牌社区已经从线下转移到线上，其规模和影响力大大扩张，消费者在各大社交媒体及在线平台结成小圈子融入其中；品牌社区还进一步激发了品牌思考，如何打造品牌。品牌只有和顾客建立可持续关系，才能创造价值，实现持续增长。创建品牌社区成为许多公司维系品牌与消费者关系、提升品牌资产的主要策略。

品牌赋能通过品牌社区等渠道来增加品牌知名度，让人们对品牌的认知、信任和忠诚度得到提升，创造更大价值。品牌、产品、消费者、营销者均为品牌社区的重要组成要素。品牌社区是在品牌创建的过程中，形成顾客与品牌共创价值的平台，营造口碑传播环境；通过顾客之间的相互影响，建立顾客与品牌联结的身份感。企业要建立更强有力、更有黏性的品牌社区，争取实现更大的品牌价值，通过机制和手段将消费者的体验融入对品牌价值的贡献，将品牌变成市场最核心的驱动因素。长期的品牌社区需要每个人都能有获得感。小米利用免费的新媒体进行"口碑营销"，用好产品获得消费者认可，小米用户们形成了自己的社区领袖。社区领袖自发成为小米论坛的组织者和维护者，为新手答疑解惑。据统计，小米手机创立仅3年之时，重复购买2～4部手机的米粉已占据总米粉数的42%。

二、品牌的特征

品牌大师凯勒教授认为，品牌要素也称为品牌特征，指的是那些用以识别和区分品牌的商标设计，主要包括品牌名称、域名、标识、形象代表、口号、广告曲和包装等。品牌的本质是品牌拥有者的产品、服务或其他优于竞争对手的优势，能为目标受众带去同等或高于竞争对手的价值。品牌要素是形成品牌资产的基础，要围绕可记忆性、寓意丰富、可爱性、可转换性、可保护性、可适应性六大原则建设品牌。品牌是人们对一个企业及其产品、售后服务、文化价值的一种评价和认知。品牌是视觉形象、实体产品、口碑传递和价值认同，它超越了产品和服务本身，是文化和价值导向的体现。

品牌，一面看是市场，另一面则是资金、技术、服务、企业文化、员工素质等综合体，是消费者对企业认知的总和。品牌赋能就是通过有效的措施，提升品牌的影响力、号召力、竞争力。品牌只有具有独特性，才不可替代，才有议价能力，也才能形成自身优势特征。品牌特征是形成品牌资产的基础，有助于消费者做出选择，传递品牌灵魂、培养消费者习惯、给企业带来长期利润。

品牌是要素综合体

品牌是一个涵盖知识、技术、市场份额、现金流与物流配送等内容的综合体，是多种要素的综合统一。品牌不仅仅是名字、logo、广告语，还是产品、包装和审美。李彦宏喜欢唐诗宋词，非常认同中国传统文化，摘取了"众里寻他千百度，蓦然回首那人却在灯火阑珊处"中的"百度"二字作为品牌名称。"百度"二字意蕴悠长，言简意赅，隐含"搜索"之意，同时也寓意着百度对中文信息检索技术的执着追求。"杜邦定律"认为，63%的消费者会根据产品包装选择商品，包装不仅有保护产品的作用，更有美化商品、促进销售的作用。"买椟还珠"讲的便是对商品包装的兴趣远远超过了商品本身。

科特勒认为，品牌能够增进客户信任、提高信息效率、减少购买风险，为企业提高业绩、增加利润。品牌是一种经济现象，是商业逻辑的自然延伸。品牌是用来打开别人市场大门的敲门砖，也是用来保护自己原有市场份额的防波堤。品牌是消费升级的助推器，引导人们追求美好生活。消费者购买的不仅是产品本身，还包括品牌代表的生活方式和情感溢价，是一切消费者体验的集合。购买和使用名牌产品是满足情感和自我表达欲望的途径。品牌理念深入人心，企业运用品牌化思维方式，形成新的商业模式，从而增强了竞争力。品牌是一种力量或文化，品质是品牌的公众形象、社会形象、自我定位的延伸，彰显了企业的竞争力。品牌是经济发展的重要基石，知名品牌的数量和质量，一定程度上反映了一个国家的经济实力和综合国力，更是一个国家在全球的影响力。

品牌是无形资产

品牌专家凯勒说："当顾客对品牌有较高的认知和熟悉度，并在记忆中形成强有力的、偏好的、独特的品牌联想时，就会产生基于顾客的品牌资产。"品牌是企业最有价值的资产，它来源于企业所有职能部门的共同努力，依靠企业的整体运营和管理。品牌资产用以反映品牌所有者为企业带来的估值和溢价，是企业通过差异化的营销，如品牌的知名度、美誉度、认可度，帮助消费者理解品牌信息，记住品牌形象。品牌资产可以提高营销计划的效果、消费者品牌忠诚度，对渠道产生影响，形成竞争优势，从而遏制竞争对手，实现企业更好地发展。名称、标志和口号是品牌资产的关键，品牌资产的"结果"就是为消费者和企业创造价值。可口可乐原总经理伍德拉夫曾说，即使可口可乐公司在一夜之间化为灰烬，但仅凭可口可乐这块牌子就能在很短时间内恢复原样。

品牌是一种文化现象、一种价值理念、一种精神象征，创立不易，守护更难。品牌作为无形资产其价值可以有形量化，品牌能够作为商品进行交易，也能够作为企业资产入股。品牌资产的威胁往往来自企业内部，许多主管营销的领导任期短，频繁更换品牌标识与主题，轻易抛弃过去积累的成果，是对品牌资产的巨大破坏。做品牌不只是品牌部的事，企业有必要在决策层建立一个横跨企业内部各部门的沟通机制，协调各个职能部门一起做好品牌。有的公司几个人负责同一品类不同品牌产品的广告和销售，不仅会造成人力资源与广告费的浪费，并且会为消费者的品牌选择设置障碍。

品牌是客观存在的，但是看不见、摸不着，不占有实体空间，通过一定的载体体现，主要有图片、文字等直接载体和产品的价格、质量等间接载体，并且为附着的商品带来利润。一图胜千言，选择可以关联视觉的品牌名字，着力发挥视觉锤的功效，采用独特且蕴含品牌价值理念的包装来赢得消费者。"人而无信，不知其可也。"诚信经营是品牌的无形资产，也是有形资产，可以带来品牌价值提升。品牌力是从消费者角度审视品牌资产，品牌力越强，对企业的贡献越大。品牌资产理论，给企业为何打造品牌提供了有力的理由。因此，判断品牌资产的多少需要关注以下两点：一是产品的溢价，二是消费者关于品牌的知识储备。

品牌具有排他性

品牌代表一个企业在市场中的形象和地位，是企业进入市场的通行证、桥梁和纽带。品牌排他性是指产品经过企业注册成功或申请专利后，其他企业便不得再用。品牌具有识别功能，体现在它的专有性上，品牌是企业为了自己的商品合法注册的、保护自己品牌效益的一种有效手段，属于知识产权的范畴，是企业独特的劳动成果，受到法律保护，具有排他性。目前，许多企业和产业联盟都想方设法把自己的专利技术提升为标准，以获取最大的利益，"技术专利化、专利标准化、标准垄断化"已成为当前企业竞争的新的游戏规则。

一件产品可以被竞争者模仿，但品牌却是独一无二的。品牌在其经营过程中，建立良好的信誉，很容易形成品牌忠诚，它也强化了品牌的排他性。资本、技术可以归我所用，但是品牌是排他的，不要随意使用别人的品牌，别人的品牌只能当作跳板，一定要打造属于自己的品牌。前事不忘，后事之师。我们一定要吸取"加多宝和王老吉""中国红牛和泰国天丝"品牌纠纷的教训。

品牌具有扩张性

品牌具有扩张力、竞争力和影响力，向消费者传递信息、提供价值，在企业的竞争过程中占有举足轻重的地位。品牌具有识别功能，代表一种产品、一个企业，企业可以利用这一优点展示品牌对市场的开拓能力。在品牌延伸过程中，品牌行业界限越来越模糊，概念却越来越清晰。品牌成为资产重组的旗帜，是企业品牌形成的重要标志。企业可以利用品牌优势开拓市场，还可以助力企业利用品牌资本进行扩张。品牌扩张就是要做到多品牌和品牌延伸，帮助企业最大限度地占领各细分市场，成功的品牌扩张能降低营销成本，提高品牌资产与价值，丰富品牌形象。母品牌一般是企业品牌，代表企业形象；子品牌一般是产品品牌，代表某种产品的个性和形象。母品牌和子品牌要互相搭配，互相借力，防止"一荣俱荣，一损俱损"的后果。

品牌竞争力是企业核心竞争力的表现形式，是企业占领市场获得利润的有力武器，具有稀缺性、价值性、难以模仿、不可替代性。随着社会经济的快速发展，品牌也成为众多企业在市场竞争中的法宝。强势品牌能够在竞争中占据有利位置，为企业树立良好形象，提高市场占有率，为企业赢得最大的利润。据统计，20%的强势品牌占有80%的市场份额。品牌影响力则是指品牌开拓市场、占领市场并获得利润的能力。品牌影响力已成为消费者选择商品的重要因素，代表着企业文化，标志着产品质量。品牌影响力带来更高的附加值和市场份额，大大节省了营销成本，为企业带来更多的利润。

人事有代谢，往来成古今。中国用了40多年的时间，走完了欧美等西方国家数百年的发展历程。品牌建设是一项长期性、战略性任务，高质量发展为品牌建设提供了新机遇。腾讯以"成为最受尊敬的互联网企业"为愿景，坚持"用户为本，科技向善"的发展战略。小米以用户的需求为中心，以"和用户交朋友，做用户心中最酷的公司"为愿景，坚持做"感动人心、价格厚道"的好产品。据报道，TCL坚持"产业升级，出海布局"战略方针，在全球范围内建立了完善的供应链体系，设有46个研发中心、32个制造基地，业务范围超过160个国家和地区。2023年TCL电视零售量在美国位居前二，以2526万台的销量夺得全球品牌第二名，中国品牌第一名。

在上述关于品牌特征的讨论中，我们关注到品牌作为企业无形资产的独特价值。作为中国汽车产业的重要代表，吉利的品牌建设不仅仅依赖于传统的标志和口号设计，更在于它如何通过精准的市场定位、创新技术以及全球化的战略布局，打造出具有排他性和扩张性的品牌形象。本案例将详细解析吉利如何通过持续的品牌赋能，成功塑造了一个跨越国家边界的全球性品牌，推动了"中国汽车梦"的实现。

◉ 品牌案例 1-1：吉利的中国汽车梦

党的十八大以来，中国汽车工业紧抓电动化、智能化、网联化的转型浪潮，通过强化顶层设计，推动技术创新、产品创新与市场创新，实现了跨越式发展。依托庞大的内需市场以及完善的产业链、供应链体系，中国汽车工业在全球市场竞争中形成了新的优势，并孕育了吉利、比亚迪、长城、长安等一系列具有国际影响力的中国汽车品牌，它们成为中国汽车抗衡合资品牌的坚强支柱。2023 年我国汽车产销量均首次超过 3000 万辆，连续 15 年保持全球第一。其中，汽车出口量同比增长 57.9%，成为全球汽车出口第一大国。这些数据的背后，是中国汽车制造业的崛起和品牌力量的彰显。

吉利汽车集团作为其中的佼佼者，目前拥有吉利、沃尔沃、领克、路特斯、宝腾、极氪六大子品牌，这一品牌阵容在国产车企中名列前茅。吉利旗下的各个品牌各具特色，各有千秋。母品牌吉利汽车在国内轿车、SUV 等市场占据了重要地位，并赢得了广大消费者的口碑。沃尔沃作为欧洲豪华品牌，被吉利收购后焕发了新的生机，成为吉利国际化战略的重要一环。领克作为吉利推出的国产高端汽车品牌，已经成长为国产高端汽车品牌的领军者，其独特的品牌理念和产品设计赢得了市场的广泛认可。路特斯、宝腾和极氪等品牌也各自在豪华车、国际市场和新能源汽车等领域取得了显著成绩。此外，吉利还通过收购伦敦出租车公司、入股奔驰母公司戴姆勒等方式，进一步拓展了其全球化布局和提升了品牌影响力。这些举措不仅提升了吉利的国际知名度，也为中国汽车品牌的国际化进程树立了典范。

中国品牌是世界了解中国的重要窗口，是国家形象与文化软实力的重要组成，品牌形象与国家形象有机统一、相互促进。吉利品牌的多元化布局，不仅展示了其强大的市场洞察力和战略眼光，更体现了品牌作为无形资产的重要价值。在品牌力量的推动下，吉利及其子品牌在全球范围内取得了显著成就。

在2024TCR世界巡回赛·摩洛哥站中，中国车手驾驶吉利旗下的领克03 TCR赛车，与世界一流汽车品牌同台竞技，并勇夺冠军。这一胜利不仅展示了中国车手的能力和中国赛车的速度，更彰显了中国汽车品牌的实力和国际影响力。领克在世界级汽车赛事方面的突破，是中国汽车工业发展壮大的生动缩影，也为中国汽车品牌在世界舞台上的大放异彩增添了浓墨重彩的一笔。2024年一季度全球汽车销量报告中，吉利汽车以亮眼的销售数据成为唯一跻身全球前十的中国汽车企业。这一成绩不仅是对吉利品牌力量的肯定，也反映了中国汽车工业在全球市场竞争中的强劲势头。

（2024年5月12日）

三、国内品牌研究综述

在欧美等发达国家，品牌概念已延续数百年之久。"品牌"最早的概念源自西方游牧民族，他们在自己的牲畜身体上打上特有的烙印标示，方便在贸易交换中识别。"brand"既是品牌最早的来源，也是烙印的意思。在古希腊、古埃及和古代中国，人们就已开始使用标记。"招牌、匾额、幌子"等，是中国古代社会用来表达品牌的一种方式，从早期的陶瓷、丝绸、茶叶、饭店、酒等，可以看到品牌的蛛丝马迹。

我国是最早烧制陶瓷的国家，陶瓷工人在陶器上印有印记，一般用文字来表明生产者的姓名和产地。在北宋时期，济南刘家功夫针铺以白兔形象为标记，是目前已知的我国乃至世界最早的品牌广告实物。出现了品牌名称"济南刘家功夫针铺"、品牌商标"捣药白兔"、品牌主张"上等钢条，造功夫细针"。手工艺者以此方法便于顾客识别自己的商品，更重要的是保证质量。宋朝出现了招幌广告，因为当时行商和坐贾开始明显区分开来。行商始终偏向于叫卖，坐贾则注重广告的长期宣传效果，以及对店铺本身声望的影响。

随着工业革命的兴起，现代品牌概念开始形成，欧美开始对商标立法。在20世纪三四十年代，欧美等发达国家已经初步建立了以品牌输出国为特征的基本经济结构，日本、韩国在二战后通过品牌强国行动，迈入发达国家行列。企业为了在竞争中占据优势，在品牌建设的同时，进一步发展品牌文化及企业文化。消费者降低决策成本和购物风险的最优选择就是选知名度高的品牌。这一时期的品牌建设主要载体是电视、广播、报纸、户外等大众媒体，品牌的核心是提高知名度。

品牌是产品和产品附加值的总和。欧洲崇尚工匠精神，品牌活动建立在产品基础之上，脱离产品谈品牌则成了无本之木、无源之水。德国8000多万人口，却为世界贡献了2000多个世界一流品牌。在欧美发达的工业化环境中，产品同质化现象严重，品牌创立崇尚市场导向，靠资本市场迅速筹集资金，通过品牌实现差异化。国外对品牌的研究较国内而言，涉及领域更广，不仅包含品牌对企业占有市场份额的研究，还涉及品牌对企业文化的宣传作用方面的研究，以及对品牌内涵、品牌作用、品牌战略的逐层研究。

国内品牌研究成绩

"现代营销学之父"科特勒这样定义品牌：品牌是一种名称、术语、标记、符号、设计，或是它们的组合运用，其目的是借以辨认销售者的产品或服务，并使之同竞争对手的产品和服务区别开来。改革开放以来，我国十分重视品牌建设，从 1979 年恢复商标统一注册、1983 年开始实施商标法，采取了多项措施推动品牌建设。20 世纪 80 年代初，我国出现了关于品牌的研究，对品牌的探讨仅停留在表层含义上，这时的"品牌"几乎和商标的内涵一样。从 1994 年到 1999 年，我国以"品牌"为主题的研究有所增多，虽然依然存在品牌和商标含混使用的问题，但已经关注到商标背后品牌的作用，看到了品牌在企业经营、商品营销、市场占有率等方面的作用。

进入 21 世纪以来，我国对品牌从理论到实践的认识较浅，仅仅侧重于品牌产品质量的提升、知名度的传播，尚未形成系统的品牌战略体系和机制。对于中国品牌出海，打造世界品牌的路径缺乏系统研究。对于走向海外的中国品牌，运用中国文化塑造品牌，是建立全球化品牌的重要战略方向。中国品牌要想得到长足的发展必须紧跟全球市场的步伐，与国际接轨，以"品牌"为主题的研究数量相较以往也出现了快速增长。对品牌的具体研究主要集中在品牌培育、品牌传播、品牌战略、品牌绩效四个方面。

品牌培育研究

研究专家认为，企业、区域的长足发展建立在可持续理论基础上。让产品独一无二，产品不仅是兑现承诺的重要方式，还是品牌培育的重要内容，更是增加品牌无形资产的重要手段。品牌是社会和文化的引导者，能够给消费者带来心理上的愉悦，优秀品牌引领消费者，创造市场需求。品牌培育应以可持续理论为核心，根据产品特性对品牌进行准确定位，在利用多种营销策略的基础上塑造品牌形象，从而实现企业和区域经济的可持续发展。随着品牌的快速发展，其规模效应亟待转变为品牌效应，需要培育品牌，构建先进的品牌文化体系。当今中国正在成为世界奢侈品消费的大市场，由于我国缺少本土奢侈品牌，大多奢侈品依赖进口。消费者对国外品牌的依赖，一定程度上增加了我国发展奢侈品牌的难度。因此，大力培育中国顶级品牌，通过媒体传播等途径让我国的奢侈品走向世界。

品牌成功依赖的是良好的品牌培育模式，产业集群是区域品牌形成和传播的基础，有关专家在分析了多个产业集群区域品牌发展的基础上，总结出了市场集散推广型、名企配套型等五种品牌培育模式。产业集群有完善的供应链体系，不仅降低了交易成本，改善了创新条件，还创造出区域知名品牌等财富。也有学者结合某一行业的品牌发展，分析了品牌竞争力影响因素的前提下，从产业集群角度出发提出了该行业的品牌培育模式。产业竞争力是品牌竞争力的基础，发展国家优势产业，是建立知名世界品牌的前提和保障。优秀的中国品牌，成长于神州大地，展翅高飞于全球，祖国始终是它们的坚强后盾。中国品牌不仅谋求"墙内开花"，还要树立国际化战略，努力实现"墙外香"。我国已成功培育出华为、腾讯、大疆、TikTok 等许多优秀的世界品牌，一定程度上形成了集体合力，提升了我国的国家形象。榜样的力量是无穷的，这些世界知名品牌的成功是更多企业加入创建、培育品牌的原动力。

品牌传播研究

20 世纪 90 年代，一些学者在分析品牌传播重要性的基础上分析了社会化媒体、意见领袖、受众定位等对品牌传播的影响。在经济全球化的背景下，品牌的国际传播将成为中国崛起的必要途径。著名品牌专家艾丰组织策划了"中国质量万里行"活动，在《人民日报》开设名牌杂谈专栏，发起名牌战略系列活动，艾丰也成为我国较早的品牌研究奠基人。1993 年，《中国名牌》杂志创刊，标志着我国理论界和实务界品牌研究新时代的到来。余明阳、舒咏平在《论"品牌传播"》一文中，立足于传播学对品牌展开研究，认为品牌如果想在国际市场中胜出，必须依赖媒介对其的宣传以及品牌传播中应注意的事项。王海忠、赵平在《品牌原产地效应及其市场策略建议——基于欧、美、日、中四地品牌形象调查分析》一文中，通过对比分析得出，中国的品牌形象低于欧美日的产品品牌形象，并提出了改善的方向。

在数字时代，稍有不慎就可能对品牌声誉造成严重损害。合理有效的舆情危机管控体系和正确的处置态度，可以帮助企业重塑品牌形象，甚至带来新的机遇。2003 年《汽车之友》第 12 期上刊登了一则丰田广告：一辆霸道汽车停在两只石狮子之前，一只石狮子抬起右爪做敬礼状，另一只石狮子向下俯首，广告语为"霸道，你不得不尊敬"。该广告一经发布，便引起了网友的质疑和抵制。其实，石狮在我国有着极其重要的寓意和象征意义，代表权利和尊严，丰田广告用石狮向霸道车敬礼、作揖，忽视了中国人民的民族文化和心理，更有网友将石狮联想到卢沟桥的狮子，并认为该广告语太过霸气，更有商业征服之嫌，损伤了中华民族的感情。在舆论施压下，丰田登报道歉，并将"霸道"的名字改为"普拉多"，才平息众怒。

品牌传播对于品牌树立正面形象有着十分重要的作用。随着信息技术的发展，以全程媒体、全息媒体、全员媒体、全效媒体为特征的全媒体时代已经到来，大力加强国际传播能力建设，形成同我国综合国力和国际地位相匹配的国际话语权，每一个品牌都要讲好自己的故事。讲好中国品牌故事、传播好中国品牌声音，为展示真实、立体、全面的中国作出积极贡献。2017 年 8 月，国际版抖音上线、出海，变身 TikTok，短短两年内风靡全球。作为新的媒介，TikTok 凭借网红经济，迅速走红，成为短视频类的全球代表。

品牌战略研究

品牌赋能是一个长期的过程，需要品牌不断地进行战略规划，成功的营销战略和策略是打造一流品牌的重要手段。立足国际，王海忠、陈增祥等专家在对多个国家打造知名品牌经验进行分析的基础上，提出了中国创建世界知名品牌的营销战略。王海忠教授的理念反映在他的专著《品牌管理》《高级品牌管理》等教材和系列论文中。在品牌研究中，学者更关注到底哪些因素对中国品牌产生了影响以及未来发展路径的探索。改革开放 40 多年来，中国经济取得了长足的发展，经济总量居世界前列。但在国际市场上，中国缺乏具有国际竞争力的自主品牌，开发具有自主知识产权的技术和产品，从而实现中国品牌的个性化发展。

品牌战略是企业层面的核心战略，走品牌全球化道路成为中国品牌快速发展的必要途径。品牌引领经济增长，创新发展成为国家战略。根据世界知识产权组织发布的《2021 全球创新指数报告》，我国位列全球创新指数排行榜第 12，是唯一进入前 30 名的中等收入经济体。在互联网时代，如何克服媒体分众化、实体店的生存愈发艰难等挑战，如何抓住传播成本更加低廉、线上线下更加紧密等机遇，成为亟待关注的问题。因此，重塑中国品牌受到更多学者的关注，通过在华外国人"桥梁人群"，将中国文化下的品牌信息传播到国外。品牌的背后是企业的价值理念、实力的综合呈现，企业在不断提升其商业价值的同时推进品牌建设，让品牌赋能企业价值成长。在经济转型升级的重要时期，我国政府制定的发挥品牌引领作用推动供需结构升级的国家品牌战略，将指导企业如何实现品牌升级成为重要的课题。

品牌绩效研究

品牌绩效对企业的发展非常重要，可通过调研分析，确定品牌的定位和目标，制定品牌策略和战略，依托互联网平台进行品牌传播和推广，时常监测品牌认知和形象，定期评估品牌资产，为品牌绩效改进工作提供参考，从而实现企业长期盈利和可持续发展。企业需从消费者和企业的角度对品牌绩效进行评估。高长宽、胡守忠等专家对服装产业集群品牌绩效进行研究，构建了相关绩效评价指标体系，得出了服装产业集群品牌绩效各影响因素的重要性。狄俊锋、吴俊霞等专家认为，提高品牌绩效有利于实现企业在品牌营销策略方面的预期目标，在品牌绩效评价及其评估维度的基础上，对其重要性进行分析，提出了实施品牌营销的具体策略。张婧、齐昕等专家分别构建相应的研究框架，用实证分析对品牌绩效的影响因素进行了研究，以提升品牌管理绩效。

构建品牌绩效评价指标体系，为企业发展过程中发现其优势和劣势提供可靠依据，是企业提高竞争力的重要工具。评估品牌绩效的标准便是品牌所获得的市场业绩，建立品牌资产评估和管理系统就十分重要。评估品牌绩效，找到品牌缺陷、顾客的敏感点，从而提升业务绩效。推动品牌绩效，聚焦新用户，细分用户类型，挖掘高价值潜力用户；引领新产品新潮流，推动新品类新跨越；放大产品优势，创造品类新功能新特色，点亮产品消费新体验；升级产品外观设计，点亮产品颜值，锻造产品 IP 新风尚。互联网时代，新媒体已经成为企业传播的重要渠道。如何提升品牌影响力和市场竞争力，需要我们关注内容传播、用户增长、用户体验、用户转化、人效评估五大绩效指标。

国内品牌研究沿革

从研究领域上看，国内以"品牌"为主题的研究主要存在于以下几个学科：工业经济、农业经济、企业经济、贸易经济、轻工业、汽车工业、宏观经济管理与可持续发展等。这表明经济领域尤其是制造业对品牌的关注度更高，通过梳理优质品牌，利用品牌带来的积极效应促进自身发展。在文化和传媒领域也存在一些关于品牌的研究，这些研究将品牌的内涵与文化传播联系起来，突破了传统上将品牌限制在经济领域的局限。20 世纪 90 年代，品牌专家艾丰曾为海尔、长虹等国内企业做过战略咨询，是许多名企的良师益友。

从研究内容上看，关于"品牌"的研究主要表现为以下几类。其一，概念性研究。如卢泰宏、黄胜兵、罗纪宁在《论品牌资产的定义》一文中，通过提炼出目前三种有代表性的品牌资产概念的模型，进行分析、比较，得出建立在品牌价值基础上的品牌资产概念。其二，品牌建设研究。如夏曾玉、谢健在《区域品牌建设探讨——温州案例研究》一文中，以"温州模式"下的制鞋产业的品牌集群发展为例，得出只有加强同行间的合作，通过抱团发展，建立区域品牌，增强区域行业的竞争力，才能在市场竞争中赢得先机。其三，品牌形象与推广研究。立足传播学对品牌研究，从信息的聚合性、受众的目标性、媒介的多元性、操作的系统性以及品牌传播中加强研究。其四，具体产品品牌的研究。如冯林燕、王新新、何云春在《国内外奢侈品品牌研究的最新进展及启示》一文中，通过辨析奢侈品、奢侈品品牌系列概念，为我国奢侈品品牌的构建提供了方向上的指导和理论上的依据。

1992 年，我国大幅度对外开放后，外资品牌纷纷涌入国内市场，通过一系列品牌收购、租用、雪藏等策略，对中国市场进行圈地。1994

年，联合利华开始租用"中华"牙膏品牌50年，合作后联合利华并没有按照承诺对中华牙膏进行投入推广，而是主打洁诺，后因发现洁诺的影响力远低于中华，才重新加大对中华牙膏的投入，让"中华"品牌逃过了被雪藏的命运。此时，国内以"品牌"为主题的研究有所增多，每年发表的论文和学位论文均已超过百篇；研究依然存在品牌和商标含混使用的问题，但已经关注到商标背后的品牌的作用，看到了品牌在企业经营、商品营销、市场份额等方面的作用，开始关注欧美发达国家品牌的发展状况、品牌塑造的基本策略、世界品牌的共同特征以及品牌管理等内容。

进入21世纪，品牌研究数量相较以往出现了大幅度的增长，年均发表的期刊论文和学位论文万余篇，近年来更是保持每年4万多篇的数量。随着世界一体化趋势越来越强，任何一个国家和地区都不可能完全不受世界市场的影响而独立存在。如何在竞争激烈的市场中脱颖而出并立于不败之地，需要相应的科学理论来指导，21世纪以来，学界关于"品牌"这个主题的研究数量激增。品牌专家、中国商业联合会副会长谭新政认为，2003年以前，中国的品牌一直依附于公关、广告、市场营销活动中，企业品牌实践只是营销层面，这种情况一直到现在也没有大的改变，品牌部门基本都依附在市场部下面。谭新政长期研究标准和品牌，他和他的团队先后有600多万字品牌理论文章问世，其中《品牌总论》影响很大。

国内对品牌的研究主要集中在21世纪以后，研究的领域呈现从经济领域、制造业领域向文化领域、传播领域扩展的趋势，研究内容包含品牌理论研究、品牌形象及传播研究、品牌建设等。品牌传播对于产品品牌化起到关键的作用。品牌价值传递是品牌赋能的重要环节，通过有效的传播方式和渠道，将品牌的价值和理念传递给消费者。当前，中国企业正逐步从"产品出海"转向"品牌出海"。但是，中国品牌缺乏传播意识，国际传播意识不强，表达能力差，"会说不会做"，"茶壶煮饺子——有口道不出"。在全球化市场的竞争中，文化与价值观是最大的考验，拥有国际视野的人才、自主品牌、核心技术和渠道等尤为重要。鉴于此，我们仍有必要对品牌发展展开研究，将中国元素、中国文化、中国国情引入品牌建设中，积极参与国际交流与合作，通过与国际品牌的对话和碰撞，不断提升品牌影响力和竞争力，让中国品牌向全球产业链的中高端迈进。

伴随我国品牌意识的逐渐觉醒和国内品牌研究日益深入，海尔集团作为中国制造业的代表，充分展现了国产品牌在全球化竞争中实现高质量发展的具体路径，为通过创新与传播塑造企业长期竞争力提供了范本。本案例将详细分析海尔集团在高质量发展过程中，如何通过一系列战略手段加强品牌建设，推动企业走向全球市场。

◉◉ 品牌案例 1-2：海尔引领高质量发展

中国企业的出海历程已经从产品出海、平台出海，走向了品牌出海。中国品牌不仅谋求"墙内开花"，还要树立国际化战略，努力实现"墙外香"。我国已成功培育出华为、腾讯、海尔等许多优秀的世界品牌，一定程度上形成了集体合力，提升了我国的国家形象。榜样的力量是无穷的，这些中国知名品牌的成功是更多企业加入创建、培育品牌的原动力。

海尔集团在全球家电行业具有领先地位，2022 年，海尔集团全球营业收入达到 3506 亿元人民币，同比增长 5.4%，连续 14 年稳居全球大型家电第一品牌，连续 4 年入选 BrandZ 最具价值全球品牌百强，这不仅彰显了海尔集团强大的市场适应能力，更体现了海尔品牌在全球范围内的深远影响力。

海尔深知，品牌的力量源自对卓越的不懈追求。因此，在品牌建设的道路上，海尔围绕产品卓越、品牌卓著、创新领先、治理现代四大核心要素，不断探索与实践，致力于打造一个具有全球竞争力的世界一流品牌。

在"产品卓越"方面，海尔始终将品质视为品牌的生命线。从历史上的里程碑事件——生产出亚洲首台四星级冰箱，到如今不断推陈出新，研发出一系列引领市场的优质产品，海尔不仅注重产品的技术创新与功能优化，更致力于推动全产业链的绿色转型，确保每一件产品都承载着对品质与环保的双重承诺。这种对产品卓越的追求，不仅提升了海尔品牌的市场竞争力，更赢得了全球消费者的信赖与好评。

在"品牌卓著"方面，海尔集团经历了六个战略发展阶段的洗礼，从最初的自主品牌建设，到如今生态品牌的全面升级，海尔不仅在国内市场根深蒂固，更在全球范围内建立了 35 个工业园和 138 个制造中心，服务网络覆盖全球 10 亿用户家庭。海尔的品牌战略不仅注重品牌的知名度与美誉度，更强调品牌的价值创造与引领能力。通过本土化布局与全球化视野的融合，海尔品牌在全球范围内实现了深度渗透与广泛影响。

在"创新领先"方面，海尔始终将创新视作品牌发展的核心驱动力。自创立以来，海尔持续加大研发投入，构建了遍布全球的研发网络，整合全球顶尖智慧资源，以开放式创新理念，积极与高校、科研机构及其他企业开展深度合作。无论是在智能家电领域开创性地推出具备互联互通功能的智能家居系统，还是在物联网时代率先探索大规模定制模式，实现用户个性化需求与生产制造的精准对接，海尔都展现出了卓越的创新前瞻性与引领性，为全球消费者持续带来创新的产品与服务体验，也为行业的创新发展树立了标杆典范。

在"治理现代"方面，海尔集团凭借创业、创新的文化底蕴，不仅创造了一个全球化企业、一个享誉世界的品牌，更开创了一种引领物联网时代的"人单合一"管理模式。这一模式强调员工与用户价值的紧密连接，推动了企业从产品制造向服务生态的深刻转型。同时，海尔集团注重公司治理结构的优化与升级，通过建立健全的决策机制、激励机制与监督机制，为品牌的持续健康发展提供了有力保障。

品牌强国是我们共同的梦想，我们始终以守正创新的精神，推动中国品牌扬帆出海。今天，越来越多的中国品牌走向了世界舞台中央。品牌强国建设不是一日之功，不可能一蹴而就，需要我们不忘初心、勇往直前、努力奋斗。海尔集团凭借其卓越的品牌战略与实践经验充分表明，企业的成功不仅在于其强大的市场竞争力与品牌影响力，更在于其不断探索与实践的品牌发展之道。

遵道而行，但到半途须努力；会心不远，要登绝顶莫辞劳。优秀的企业创造高质量的产品，而卓越的企业创造引领的价值。海尔靠创业、创新的文化穿越不同的经济周期，创造出一个全球化企业、一个世界级品牌、一种引领物联网时代的人单合一模式。

（2023 年 12 月 22 日）

四、品牌是国家综合实力的体现

品牌是企业名片和国家软实力的象征，是企业参与市场竞争的重要资源，引领着经济高质量的发展。改革开放 40 多年来，我国品牌建设取得巨大成就，一批品牌从无到有、从小到大、由弱变强，在世界上崭露头角。随着供给侧结构性改革深入推进，互联网、大数据、人工智能等新一代信息技术与实体经济深度融合，中国品牌拥有了更广阔的市场机遇、更有效的打造方式。酒香也怕巷子深，我们必须重视品牌建设，产品质量再好，也要在品牌建设上下功夫。

今天的企业越来越懂得品牌建设的重要意义。在国家层面，品牌不仅是高质量发展的象征，而且是企业乃至国家竞争力的综合体现；在企业层面，品牌是存储于消费者心中的巨大资产，核心竞争力和价值的来源。千里之行，始于足下。打造品牌，已成为行业的共识和企业行稳致远的关键。品牌影响力决定着一个国家在全球产业价值链中的地位，一个国家拥有的品牌越多，对价值链的主导力就越强。建设品牌强国我们有基础。历史上我国拥有茶叶、丝绸、陶瓷等民族品牌；目前，中国航天、中国高铁、华为、比亚迪等产品已经达到世界领先水平。

强化品牌意识

"好风凭借力，送我上青云。"品牌不仅是企业产品的标识、窗口，更多的是营销价值资讯的载体。一个完整的品牌不仅是一个标签，还包括产品、文化、服务和视觉等层面。只有将这些信息最大化地整合起来，品牌的价值和形象才能得到完整的诠释。品牌随着一个国家或地区的工业化进程成长，只有完成工业化的国家或地区，才能诞生享誉世界的品牌。品牌经济是市场经济的产物，只有在科技、管理、营销和文化上进行创新，对社会有贡献的企业才能培育出成功的品牌。品牌建设是一个长期过程，品牌一旦形成，可以跨行业、跨空间发挥作用，其效应会成倍增长。

世界品牌是指在国际市场上知名度、美誉度较高，产品辐射全球的品牌，具有独特的品牌形象和价值观。世界品牌需要进行全球化战略的制定和执行，统一的品牌形象和标识。世界经理人 CEO 丁海森先生认为，世界级企业的标杆是在全球范围内市场占有率达到 10% 以上。世界级品牌建立在世界级企业的基础之上，在全球消费者的认知度要达到 10% 以上。品牌是质量的保障、信誉的标志、市场的支撑，品牌的多寡是衡量一个国家或地区经济发展的强弱和竞争力的重要标准。品牌是重要的无形资产，品牌体现的质量、价值，成为消费者购买的重要因素。世界品牌收入主要来源于海外，中国品牌目前主要在国内，大量的企业为世界品牌做 OEM。《欧洲时报》评论说："只满足于做加工的民族，是不会受人尊敬的；没有哪一个民族是靠加工强大的。"

发挥品牌引领作用，加快推动供需结构升级。进一步增强科技创新能力，提升中国品牌美誉度，提高国际市场开拓能力。品牌专家恒源祥董事长刘瑞旗指出，品牌已成为国家发展的战略性资源和国际竞争力的核心要素，品牌所集聚的核心专长和核心能力，是一国产业集群竞争力的综合体现，更是民族素质和国家经济实力的象征。中国质量协会会长贾福兴表示，品牌卓著是一流企业的必备要素和典型特征。打造卓著品牌、建设一流企业，要探索具有中国特色的品牌发展模式，培养全球化的品牌战略思维和开放视野。京东、阿里、小米、TikTok等许多互联网品牌具有国际视野，全球化属性，向世界展示了中国品牌的魅力，给中国企业打造世界级品牌树立了榜样。

品牌体现国家的综合实力

品牌代表高品质、高收益，品牌价值体现经济发展水平和发展方式。品牌是企业实力与口碑的集中反映，中国品牌要进入全球市场与世界品牌竞争，需要树立更优更强的品牌形象，提高品牌影响力和认知度。发达国家凭借其品牌、资本、技术和管理等优势，将其品牌推向全球，成为世界品牌。2021 年《世界品牌 500 强》排行榜，美国占据 198 席，法国、日本、中国、英国分别占据 48、46、44、37 席。发达的欧美企业往往通过企业并购做大做强，逐渐形成世界级的跨国集团；而发展中国家的企业受体制、机制限制，很难通过并购的方式实现强强联合。

品牌是生产者和消费者共同的追求，增进客户信任、提高效率、减少购买风险，为企业提高利润。品牌经济是市场经济的高级发展阶段，当一个国家人均国内生产总值达到 3000 美元时，就进入了品牌经济时代。发展品牌经济，培育自主品牌，有利于推动供给结构和需求结构升级。随着信息化的快速发展，以互联网为代表的新技术出现并日臻成熟，使得全球市场从初具规模到体系化、规则化，产品不仅要与本国企业竞争，还要与其他国家和地区的企业竞争。在这种情况下，品牌就显得至关重要了。

品牌是质量、技术、信誉和文化的重要载体，着力在质量提升中做优中国品牌。品牌的提升不仅需要提升产品质量，还需要加大产品创新，将企业文化、民族文化融合在产品中、内化于品牌。充分发挥创新引领作用，增强供给结构对需求变化的适应性和灵活性，更好地满足消费者日益增长的多元化需求。截至 2022 年底，海尔全球累计专利申请 9.2 万余项，位居中国家电行业第一；海外发明专利 1.6 万余项，是在海外布局专利最多的中国家电企业。

品牌是企业竞争的重要资源

品牌是企业竞争的关键，积极融入全球竞争格局，扩大品牌影响，成为具有国际竞争力的世界一流企业。品牌竞争涵盖了产品研发、设计、生产、销售、服务，以及管理、技术等多种因素，不同的品牌附着不同的文化。品牌建设是对品牌溢价能力、企业管理水平、服务水平的全面提升。品牌是高质量、高信誉、高效益的集中体现，企业要从实际出发，充分发挥优势，找到一条适合自己的品牌发展之路。品牌是一种长期的战略投资，是消费者做出决策的重要依据之一。品牌代表的是生活方式和生活水平，代表消费理念、消费行为和消费习惯。做品牌是必选项，品牌化本质是企业以顾客为中心的理念，核心是顾客到底获得了什么样的价值。

品牌帮助企业赢得市场，品牌发展的首要任务是构建并提升品牌价值。品牌价值取决于其市场表现能力，最终通过消费者认可实现。品牌标准化，离不开品牌发布、品牌化和品牌再造三个重要阶段。企业品牌战略明确，品牌识别系统完善，才能使企业的管理、市场、服务等环节与品牌紧密结合。有人说，品牌是打开别人市场大门的敲门砖，也是保护自己原有市场的防波堤。以前，一个品牌诞生需要几十年，现在，供应链和物流系统的逐渐完善，大大加快了品牌孵化的进程。品牌经营者主要通过品牌设计、品牌传播、品牌许可等获得利润。20 世纪 90 年代以来，品牌战略和品牌管理成为公司战略和管理的重要领域，为此，奥美提出 360 品牌模式，智威汤逊提出整合品牌建设等。

推动品牌经济发展

实施品牌战略是企业走出国门的必然选择，也是提升国家软实力，打造国家形象的重要途径。积极创建世界知名品牌不仅可以获取商业利润，推动品牌经济发展，还有利于提升国家整体经济实力和形象。建设产品卓越、品牌卓著、创新领先、治理现代的世界一流企业，打造立得住、传得开、叫得响的中国品牌。全球化本质上就是品牌全球化，这也是跨国公司的共同战略。创新是品牌强大之源，增强企业核心竞争力，提高产品的质量和性能，才能真正树立质量卓越的品牌形象，提高品牌的国际影响力和社会认知度。扩大对外开放，特别是"一带一路"建设，为"中国品牌"走向世界提供了难得机遇。

据报道，继比亚迪宣布在匈牙利建厂后，奇瑞汽车将在西班牙生产汽车，中国汽车品牌正在加速赴欧建厂。乘联会数据显示，2023 年奇瑞在中国汽车制造商出口量排名中位列第一，上汽位居第二。目前奇瑞在海外共有 10 个生产基地，主要分布在南美、中东和俄罗斯等地。上汽已布局泰国、印度尼西亚、印度、巴基斯坦 4 座整车制造基地，2024 年 1 月比亚迪乌兹别克斯坦工厂正式投产……中国汽车在"走出去"中书写着"全球化故事"。海外建厂投资成本高、建设周期长，但能够克服交通运输难题，同时提升产品本土化率、满足本土用户需求，享受当地税收优惠、规避高关税贸易壁垒。

品牌是信誉的凝结，质量是品牌的生命。发达国家已经进入了品牌经济时代，拥有国际知名品牌的数量与质量体现了国家的经济实力和科技水平。始终坚持"质量第一"理念，着力构建与国际接轨的标准体系，搭建好品牌建设的服务平台。产品是品牌的载体，好的产品能够满足顾客的需求。近年来，我国企业不断增强品牌意识，打造了一系列叫得响的中国品牌。在广交会、进博会、服贸会等国家级展会，越来越多的国货品牌被认可。

品牌是产品皇冠上的明珠，做成品牌也是企业的终极目标。实施品牌战略，不断丰富品牌的内涵，提高品牌的形象和消费者的信任度。只有牢固树立品牌意识，呵护企业商誉、提升服务水平，不断强化企业的可持续发展能力，巩固企业的竞争优势，才能在日趋激烈的市场竞争中立于不败之地。以品质创品牌、以科技增优势，把实体企业做大做强做优。今天，消费不仅仅是"产品消费"，更是"品牌消费"。近年来，许多中国品牌迅速崛起，家电行业已基本实现自主品牌化，格力电器董事长董明珠倡导，"让世界爱上中国造"。波司登成为新时尚，中铁"盾构机"成为走向世界的闪亮名片，不断推动我国从品牌大国向品牌强国迈进。

品牌不仅是企业的重要资产，也是国家竞争力的体现。品牌能够反映出一个国家的科技创新、产业竞争力和文化软实力。本案例将详细展示一汽锡柴作为中国重型机械制造业的佼佼者，是如何通过持续强化品牌建设，提升企业的市场地位，展现国家在工业化进程中的综合实力，进而为中国制造业的全球化竞争贡献力量。

◎ 品牌案例 1-3：一汽锡柴——解放动力，一路领航

品牌是企业重要的无形资产，是核心竞争力的综合体现。品牌建设事关高质量发展，是一项长期性、战略性任务，也是一项系统工程。要久久为功，持续提升品牌引领力，打造更多享誉世界的中国品牌。

近年来，一汽强化顶层设计，着力推动技术创新、产品创新、商业模式创新，助力汽车强国建设迈上新台阶。一汽锡柴始终牢牢地将关键核心技术掌握在自己手中，在自主自强的道路上前赴后继，在发动机自主产业发展的征途上留下了浓墨重彩的篇章。百年企业，傲视全球，解放动力，一路领航。

一汽锡柴始终坚守做强做大民族自主品牌的初心，致力于技术创新与突破。2018 年 9 月，一汽锡柴在德国汉诺威车展上宣布，世界首例激光焊钢活塞技术在其奥威 6DM3 发动机上成功应用。这一技术的突破，不仅标志着锡柴发动机在新技术应用上迈入了世界前列，更彰

显了锡柴作为民族自主品牌在全球汽车制造领域的竞争力。

激光焊钢活塞技术的成功应用，是锡柴坚持自主创新、追求技术卓越的成果体现。这一技术不仅提升了发动机的动力性能、降低了油耗和重量，还延长了换油周期，为全球商用车动力系统带来了革命性的变革。锡柴通过与国际知名企业德国马勒公司的深度合作，共同推动了这一前沿技术的研发与应用，进一步巩固了锡柴在全球汽车动力总成领域的领先地位。

中国企业现在面对的是一流的市场，二流的技术，三流的品牌。制造业是立国之本、强国之基。汽车产业是国家制造实力的重要标志，中国用了四十多年的时间，走完了欧美等西方国家数百年的发展历程。

一汽锡柴深知，品牌的力量源于技术的创新与突破。因此，公司始终秉持创新、务实的品牌理念，将技术创新作为品牌发展的核心驱动力，不断加大研发投入，集成发动机零部件行业中的顶尖技术，致力于打造绿色、高效、智能的商用车动力系统。通过与国际知名企业的深度合作，锡柴不仅提升了自身的技术水平，为全球客户提供了更加优质的动力系统解决方案，更将中国智慧和中国力量融入全球汽车制造领域，为全球商用车动力系统的发展贡献了自己的力量，实现了中国汽车制造品牌在国际上的持续飞跃。

（2018 年 9 月 27 日）

第二章　中国品牌发展现状

> 品牌是一种基于被消费者认可而形成的资产。——科特勒

伴随品牌强国战略被确立为国家战略，中国企业逐渐实现由产品出海策略向品牌出海战略的转变，有效助力了中国品牌发展。品牌的本质是降低成本，降低企业的营销成本、消费者的选择成本和社会的监督成本。品牌是一种记忆，有别于与对手的差异，浓缩了消费者的信任，优质的品牌助力产品在令人眼花缭乱的市场中脱颖而出、迅速吸引消费者的目光，企业凭借优质品牌抢占市场，带动技术创新，从而做大做强，获得更大的效益。

企业的发展战略主要有两种，成本领先战略和差异化战略，品牌就是差异化战略。建立品牌与消费者之间的信任，增强企业的品牌资产，为企业的发展提供坚实的基础。企业不做品牌建设，就像"踩着西瓜皮，滑到哪里算哪里"；而走品牌建设之路，就像发射卫星，只要

进入了预定轨道，品牌的力量就能助力企业飞速发展。

品牌是一种无形资产，是以产品和服务作为基础。皮之不存毛将焉附，品牌离开了产品，就无法建立品牌。小品牌的成功往往基于创始人的个人能力，大品牌的成功一定要基于企业的组织能力。品牌的本质其实是为消费者创造价值，要找到消费者的真需求。品牌要着力发挥"视觉锤"的功效，采用独特且蕴含品牌价值理念的视觉包装赢得消费者。只有和风细雨式的品牌建设才能"润物无声"，达到品牌建设的目的。品牌赋能与价值成长息息相关。从品牌大国迈向品牌强国还需要绵绵用力，久久为功。

品牌就是竞争力、软实力。一流品牌是企业竞争力和自主创新能力的标志，是高品质的象征，是企业知名度、美誉度的集中体现，更是高附加值的重要载体。品牌的精准定位是企业成功的关键。阿里、京东积极拓展海外市场，探索中国电商出海模式。大疆科技切入国际高端市场，通过技术创新刷新"中国智造"影响力，向世界展示了中国品牌的魅力，给中国企业打造世界级品牌树立了榜样。在国家品牌战略引领下，对标世界一流企业，以自主创新为内核，以高品质为基石，以精致管理为保障，以诚实守信为根本，努力打造一批世界一流品牌。

一、中国品牌现状及问题分析

品牌是一个国家和地区综合实力的重要标志，是质量好、品质高、美誉度高的集中体现。品牌经济是品牌在市场竞争中充分发展的结果，是一国经济发展达到较高水平的重要标志。品牌经济时代，品牌如何赋能企业的价值成长，是各级政府和企业都要思考的问题。发展品牌经济的过程，就是通过培育品牌不断提升企业核心竞争力进而增强国家经济实力的过程。目前，我国许多产品的质量与世界知名品牌差距不大，但销售价格却悬殊。企业要以品牌战略引领经济高质量发展，加快品牌建设步伐，培育"专精特新"企业，构建品牌护城河。

中国品牌逐渐崛起

一般认为，中国品牌的发展分为三个阶段。兴起阶段：1978—1992年。1982年，商标法的公布和实施为中国品牌的兴起奠定了法律基础。消费者关注的是产品广告的知名度。飞速发展阶段：1992—2002年。1992年，我国确立了市场经济体制，海尔、联想等一大批中国品牌大量涌现，企业开始关注质量、注重营销和商业流通。提升阶段：2002—2021年。2001年底，我国加入WTO，开始融入全球经济，品牌建设更多地依靠自身的质量、研发、销售。当前的中国品牌开始转向以消费者为中心，关注消费者满意度，推动产品创新，从产品思维转向服务思维，由企业与消费者共同创造价值。

目前，我国经济越发达的地区，企业的品牌意识越强，参与品牌建设的社会力量就越大。衡量一个国家或地区的竞争力水平，主要是看该国或地区拥有优秀品牌的数量和影响力。品牌建设是一项系统工程，建设品牌强国，树立全球品牌意识，建立清晰的品牌战略规划；提高产品的研发投入，打造具有国际竞争力的核心产品、畅通的销售渠道，做好知识产权保护。在未来，中国品牌将不断提高核心竞争力，提升产品品质，以用户的需求为主导促进品牌塑造，提升企业社会责任感，朝着国际市场迈进。华为、海尔、小米等中国品牌从无到有，从小到大，树立了中国品牌的旗帜。2023年，比亚迪等电动汽车、锂离子蓄电池和太阳能电池"新三样"产品合计出口首次突破万亿元，"新三样"相关产业已成长起来一批具备一定世界影响力的品牌。

与国外品牌相比，中国品牌的差距

售后服务方面。品牌能体现消费者对产品、服务的总体感受。品牌要注重用户的感受和需求，提供优质的产品和服务，并积极回应用户的反馈和建议。品牌依托于产品品质，高品质的产品和服务是品牌建设的必然要求。品牌是企业最新成就的体现，品牌价值来自市场评价、产品的独特性。坚持诚信第一、消费者第一、服务第一，才能做好品牌建设。中国品牌在售后服务方面还有待提升。

品牌信誉方面。"不义而富且贵，于我如浮云。"诚信是中华民族的传统美德。在西方，70%的跨国公司专门成立了伦理部门，非常重视对员工的诚信教育。我国企业信誉度较弱且不稳定，在履行社会责任方面存在不足。品牌标示着企业的信用和形象，在市场经济下，谁拥有了品牌，谁就掌握了竞争的主动权，就处于市场的领导地位。品牌建设是一项长期任务，以恒心办恒业，以品质树品牌，才能赢得消费者的认可，成就更多"百年老店"。

品牌战略方面。品牌战略是经济高质量发展在企业层面的核心战略，本质上是形成差异化战略，没有差异化，用户感知不到。差异化战略，按照消费者需求所提供的不同的产品或服务，差异化的产品或服务则是构成品牌价值的来源，也是企业获取消费者的根本所在。长期以来我国企业"重市场、轻研发"。中国品牌虽然已经具备了很高的知名度，形成了市场份额方面的主导地位，但并非行业标准制定者，尚未形成清晰的、可持续的品牌价值定位。品牌的成功离不开优秀的品牌战略，企业是品牌建设的主体，推进品牌培育、管理、评价等标准化体系建设，以优质品牌提升国际竞争力。打造提升农业品牌，壮大升级工业品牌，做强服务业品牌，精心培育区域品牌。大力实施"增品种、提品质、创品牌"行动，形成有影响力的中国品牌，培育一批先进制造业集群品牌。

中国品牌发展困境依然凸显

2013年1月，世贸组织与经合组织发布了"全球贸易测算方法——附加值贸易测算法"，揭示了中国虽是产品出口大国，但却是品牌弱国，处于附加值少、利润低的尴尬境地。目前，我国仍旧是制造强国而非品牌强国，中国品牌综合实力不强、国际传播意识不强、缺乏系统的传播体系、不善于用文化包装品牌。中国品牌与欧美世界级品牌的差距不是产品自身的差距，而是品牌综合实力的差距，具体体现在市场占有率、品牌溢价、品牌销售量等硬实力以及品牌信任、品牌认可等软实力方面，中国品牌在全球竞争中难以揭下"廉价"的标签。中国品牌在国际传播力上明显处于劣势，不少品牌缺乏文化自信。中国品牌竞争力较弱有两大原因：一是创新不够，缺乏原始创新；二是得不到价值观、文化的认同。创立于清朝嘉庆年间的中华老字号"王麻子"剪刀，曾经家喻户晓，目前其产品在市场上几乎消失；可是，成立于同时代（1731年）的德国"双立人"刀具却不断创新成为当今全球认可的厨具品牌。

我国作为世界第二大经济体，在国际上具有影响力的品牌数量仍然较少，这与其经济地位不相称，企业大多为发达国家品牌商品的代工厂。企业品牌建设投入的资金普遍较低，品牌战略规划与具体执行差距较大，缺少品牌方面的专业人才。风物长宜放眼量，企业只看到眼前利益而忽视了品牌的长期发展。品牌知名度、影响力均是顾客选择商品的重要因素。品牌培育是企业提升品牌价值、扩大品牌影响力，通过获取顾客信赖提升品牌竞争力的过程。品牌培育关系国家的战略安全、民族文化的传承和发扬。增强品牌意识，推动更多企业将品牌建设纳入发展战略。中国品牌应确立切实可行的发展战略，采取差异化的品牌定位，一流的产品品质和独特的视觉包装；用中华文化为品牌赋能，寻找与品牌契合的信任点。

在 2022 年全球上市公司品牌价值百强榜中，中国的上榜公司数量与合计品牌价值均排在世界第二位。但是，中国品牌发展水平显著落后于经济发展水平。根据世界银行的数据，到 2021 年底，中国 GDP 与美国 GDP 的比值已经达到 77.1%，而进入百强榜的中国公司数量只占美国的 39.5%，品牌价值合计只占美国的 28.5%。目前，中国品牌在国际市场缺乏议价能力，低端产品结构性过剩，高端产品供给不足。全球产业链已由制造竞争时代转向品牌竞争时代，打造更多世界知名品牌成为建设品牌强国的必由之路。"国际化"是一个组织概念，"全球化"是一个新质概念；在国外有分支机构的企业叫国际化，但不能叫全球化。一个连名字都叫不响的品牌，不可能成为消费者的首选。推动中国品牌开展对外合作，积极参与全球品牌竞争，才能不断增强中国品牌的国际影响力和知名度。

中国品牌建设与营销能力不足

"酒香也怕巷子深。"中国品牌形象弱，缺少互动和感情色彩，缺乏品牌故事，缺少品牌理念，也没利用好媒体传播。当前，无论从国家层面还是企业层面都应该重视品牌建设，将品牌建成一种能够代表产品性能、代表企业文化、代表民族和国家内在精神，并且在国际市场上有识别性的优秀品牌。在品牌建设中，传播非常重要。品牌广告可以增加消费者对品牌的认知度，树立品牌形象，提升消费者对品牌的好感度，维系品牌与消费者的关系。品牌的知名度与广告投入有密切的关系，广告不是投入越多收效就越大，但无广告投入很难成为知名品牌。"信赖度、个人化和及时性"是口碑营销的三个显著特点。积极开展整合营销传播，加强引导、倾听消费者声音，实现从口碑营销到营销口碑的提升和跨越。例如，在小米、特斯拉的口碑营销，用户的体验交流成就了品牌的影响力。

品牌营销的根本目的是影响消费者的认知，提高产品销量。中国品牌营销转化率低仍是制约提升品牌价值的重要因素。品牌营销的效果应当通过提升品牌认同，进而促进产品销售来实现。质量和品牌是有机统一体，品牌是质量的象征，质量提升最终要体现在品牌的美誉度上；成功品牌会使相关生产者获得溢价收益，从而获得品牌价值的稳步增长。品牌建设是一把手工程，企业的一把手须掌握品牌战略思想和解决方案。传播、营销、战略是品牌化的三个发展阶段。企业把品牌作为营销工具，以品牌定位建立营销战略，并通过品牌体验建立长久的顾客关系。把企业战略与品牌战略融合起来，建立品牌领导地位，提升品牌价值。将品牌建设与提高市场占有率同步推进，一方面要提升产品质量，优化服务流程；另一方面，通过收购其他品牌，推进多品牌战略，也是加快品牌全球化进程的有效途径。

扬帆但信风，实现新跨越

当前，世界经济已进入品牌经济时代。据统计，发达国家 20% 的优势品牌占据了全球 80% 的市场份额，国际市场已由价格竞争、质量竞争上升到品牌的竞争。在经济全球化背景下，品牌的影响力空前扩大，品牌作为"移动的国土"的特征越来越显著。"品牌赋能，价值成长"，必须坚持消费者思维。品牌只有解决识别、理解、记忆、信任和喜爱的问题，才能赢得消费者的认可。如果客户对品牌缺乏认知、信任和喜爱，即便花费大笔促销费用，也不一定产生可观的销量。牢固树立"质量第一"意识，不仅要提升产品质量，还要提升服务质量，积极对接国际先进的技术、规则、标准、检验认证体系，引导品牌全球化。

作为一家致力于产品创新的企业，七匹狼深知掌握自主知识产权的重要性，多年来始终坚持创新驱动发展，成立至今，累计申请各种专利、著作权、版权上千件，充分发挥行业龙头企业作用，推动行业不断取得新突破。2023年，七匹狼被认定为"国家知识产权优势企业"，被评为"2023年全国质量标杆"。除了专注自身产品的科技研发，七匹狼还积极助力推动行业发展。参与制定夹克行业标准，联合中国服装设计师协会开展夹克流行趋势研究，连续两年发布《中国时尚夹克流行趋势白皮书》。

雄关漫道真如铁，而今迈步从头越。进入"世界品牌500强"的中国品牌数量，从2015年的31个提升到2021年的44个，品牌强国建设取得显著成就。当前，中国品牌迎来了大发展的契机，从国家形象层面向产业、产品层面深化，涌现出中国高铁、华为、大疆、比亚迪等诸多世界领先的品牌。"蜀道之难，难于上青天！"2018年，西成高铁开通，天堑变通途，全程只需3小时。但中国品牌建设仍任重道远，品牌只有插上数字化的翅膀，企业才能行稳致远，基业长青。我国在5G、区块链、人工智能等领域专利申请量全球第一，数字经济领域涌现出一批世界品牌。中国品牌只有不断创新，才能得到消费者的认同，适应新时代的发展要求。

纵观中国企业的国际化过程，尽管在市场份额和产品质量上取得了显著突破，但在品牌战略、消费者认同和文化传播方面依旧面临挑战。这要求中国企业不仅要关注产品的创新和质量，还要注重品牌的建设与差异化，提升品牌的核心竞争力。本案例将详细展示中国一汽通过深挖再制造产业的潜力，探索品牌与产业创新结合的新路径，为中国品牌如何在全球市场中脱颖而出提供了有益的借鉴。

◉ 品牌案例 2-1：中国一汽深挖再制造产业"金矿"

自 1953 年奠基兴建，穿越七十余载风雨，中国一汽紧跟行业智能化、电动化转型趋势，加大关键核心技术攻关力度，加快打造自主可控、安全可靠的产业链、供应链，自主品牌市场占有率持续提升，为汽车强国建设作出积极贡献。在国家循环经济政策的引领下，中国一汽勇立潮头，积极发展发动机再制造技术。作为首批汽车零部件再制造试点企业，中国一汽不仅仅注重在技术上寻求突破，更在客户服务质量、客户利益保障以及品牌塑造上，展现出了非凡的远见与决心。

推动我国汽车制造业高质量发展，必须加强关键核心技术和关键零部件的自主研发，实现技术自立自强，做强做大民族品牌。在中国一汽解放锡柴再制造基地，每一台再制造发动机都承载着对品牌的坚守与品质的承诺。面对废旧发动机，锡柴不是简单地追求经济利益，而是将其视为一次重塑价值、服务社会的契机。通过一系列精密的再制造流程，报废发动机得以重生，其性能与新品无异，但成本却远低于新品，实现了资源的最大化利用。

优质的客户服务是品牌建设的基石。锡柴再制造基地不仅注重产品的质量与性能，更将客户服务提升至战略高度。从客户需求出发，锡柴提供了从旧件回收、产品咨询、技术支持到售后服务的全方位、一站式解决方案。基地还积极邀请用户亲身体验再制造产品的卓越性能，通过口碑传播，逐渐改变用户的消费观念，让绿色、环保、经济的再制造产品成为市场的新宠。

真正的品牌忠诚来自为客户谋求长远利益。锡柴再制造发动机在提供卓越性能的同时，更注重节能、减排、降低使用成本等客户关心的实际问题。通过再制造技术，锡柴发动机不仅实现了显著的节能效果，还大幅降低了用户的维护成本，为客户带来了实实在在的经济效益。

增强战略定力，既要有"乱云飞渡仍从容"的清醒和沉着，也要有"咬定青山不放松"的自信和坚韧。锡柴历史悠久，创建于1943年，跟它同时代的很多企业已经销声匿迹，锡柴为什么能活下来，并且还活得很好？企业最终要做品牌，为利益而牺牲品牌，追求短期利益给客户造成伤害，这些都长久不了。要做好品牌，产品质量、性能、服务、管理、企业文化等方方面面都要做好，否则就会对品牌造成伤害。品牌战略对未来解放的发展产生很好的效果，让中国一汽品牌在世界舞台展示全新的形象，以新的产品技术生态和管理理念展示全新的一汽。

（2017年7月29日）

二、发挥品牌的引领作用

品牌是对社会和消费者的承诺，代表消费者的生活方式和生活水平，代表消费者的消费理念、消费行为和消费习惯。品牌是无形资产，也是文化与价值体现。品牌决定了企业能否在全球竞争市场上立于不败之地，同时，品牌也是国家软实力的重要组成部分。品牌的成功，同样会提升国家在世界经济中的地位。构建具有广泛认可度、能够传播和弘扬企业文化的品牌，对于一个企业乃至一个国家的发展具有重大意义。品牌建设是实现我国由经济大国向经济强国转变的重要途径。

没有品牌的企业很难生存，没有品牌的国家也很难强大。目前，虽然我们拥有超过 170 万个中国品牌，但世界级品牌较少，国际认知度较低。

品牌是高质量发展的重要象征

品牌是企业的核心资产之一，是经济高质量发展的重要象征。品牌既是企业竞争力的象征，也是满足人民美好生活需求的重要途径。近年来，越来越多的中国企业加快品牌建设、塑造品牌优势，在服务和融入新发展格局中展现品牌力量，完成了从"中国制造"到"中国创造"、从"中国速度"到"中国质量"、从"中国产品"到"中国品牌"的飞跃。中国品牌知名度、美誉度和影响力不断提高，中国产品和服务日益受到国内外消费者的欢迎和喜爱。

时序更替，梦想前行。企业要想在国际市场中占有一席之地，就必须重视品牌建设。提高品牌意识，创建、培育品牌，提升品牌价值、提高品牌竞争力，努力建设中国品牌，国际市场上崛起的众多中国知名品牌使我国在世界上的影响力迅速上升。鼓励企业自主研发，塑造优质品牌，加强品牌建设，促进品牌培育、发展、壮大。将企业品牌与产品品质、企业文化密切联系在一起，实现品牌的创新超越，企业在获得经济效益的同时弘扬了中华优秀传统文化，传播了企业和国家形象。一个好的品牌能给企业带来显著的品牌溢价，一批好的品牌助力一个国家实现高质量发展。

2022 年，我国 GDP 达 121 万亿元，连续 13 年蝉联全球第二大经济体。我国经济结构正逐步由"出口＋投资"转变为以"出口＋消费"为主，中国品牌应把握经济转型重要机遇期，加大品牌创新运营，促进国际经济合作。我国中等收入群体逐步扩大，是我国消费市场稳健增长的源泉。国家统计局数据显示，2021 年中国跨境电子商务进出口规模约 1.92 万亿元，占进出口总额的 4.9%，增长 18.6%，跨境电商品牌业务实现快速增长。我国新媒体生态催生新的传播方式，Brand Finance 2022 年的数据显示，微信成为全球即时通信榜单季军，抖音则是全球品牌价值增长率最大的品牌。微信和抖音已成为我国新媒体品牌出海的头部品牌，新媒体将迅速提升中国品牌影响力、传播力和销售力。

着眼未来，培育发展新动能，开辟全新赛道。2023 年电动汽车、锂电池、光伏产品"新三样"出口增长近 30%，彰显中国科技坚实底气。据《人民日报》报道，2023 年，我国每卖出 2 辆车，就有 1 辆来自国产汽车品牌。比亚迪有关负责人表示，2023 年比亚迪销量达到 302.4 万辆，同比增长 61.9%。成绩得益于比亚迪专注技术研发，在自主创新的道路上不断前进。"掌握先进核心技术，拥有全产业链和规模优势，就拥有了定价主动权。"2023 年比亚迪位列全球汽车品牌销量榜第九，成为首个进入世界销量前十的中国品牌。未来，随着中国汽车供应链基础持续完善、智能网联技术不断突破，中国汽车品牌将走上更大的国际舞台。

中国品牌建设中的一些问题

近年来，我国品牌建设取得了显著成绩，但是，在品牌建设过程中也存在一些问题。

中国品牌缺乏全球影响力。2017 年，何佳讯教授团队经过多年的调查研究发现，"中国制造"在世界上的宏观形象评价有所好转，接近中性，但"仿制便宜、低质量"等负面联想仍是制约"中国制造"国家品牌形象的突出因素。拥有在世界上知名度高且有影响力的品牌是经济强国的标志，近年来我国虽然涌现了不少优秀品牌，但在国际上具有影响力的品牌数量仍然较少，这与其国际经济地位不相称。我国知名民营企业较少，世界级品牌数量有待提升。中国品牌培育滞后、影响力弱。企业品牌培育缺少文化底蕴，品牌感召力和影响力不足。企业缺乏核心竞争力，关键核心技术受制于人。品牌培育关系国家的战略安全，亟需中国品牌由质量强基向品质提升的转变。

中国品牌盲目做大。"终南无捷径，诸君多修行。"品牌培育也无捷径，企业也要多修行。共享单车2014年出现，2015年被全国熟知，2016年进入鼎盛时期，之后有近20家共享单车企业相继成立，2017年行业发展陷入危机，小企业倒闭，大企业为了生存不断兼并，占据了巨量资金。短期内迅速崛起却昙花一现的企业还有许多，企业盲目跟风，没有考虑好经营模式和可持续性，只顾短期利益，造成投资人和企业双输的局面。

企业品牌培育资金投入较低。企业在品牌上的投资一定程度上决定了该品牌的价值，通过产品研发投入进行创新，提升产品品质是品牌培育的关键。许多企业不愿投入资金提升品牌价值，其所获得的回报自然很低。据《中国品牌战略发展报告》报道，中国企业品牌投入占比中，无品牌投入的占21%，投入0~0.5亿元的占3%，投入0.5亿~1亿元的占18%，投入1亿~1.5亿元的占3%，1.5亿元以上的占18%，37%没有相应统计数据（见图1-1）。可见，资金不足限制了一些品牌的发展。许多企业没有品牌意识，必须改变这种短视思维。在企业品牌创建上抓特色，按照"标准化生产、产业化经营、品牌化营销"的发展模式。在服务业品牌创建上抓品质，积极开展行业和产品质量认证，靠产品实力赢得市场。

努力培育中国品牌

品牌是整合资源的有效手段，在全球市场上，发达国家的跨国公司凭借着强大的品牌资产，攫取了大量廉价资源与超额利润。互联网极大地推动了生产制造业转型发展，人工智能、工业 4.0 是制造业的发展方向。品牌经济是建立在产品品牌基础上、商品经济高度发达、工商文明高度发育的一种经济形态。它以品牌为载体，整合政治、经济、社会和文化等要素，形成具有更大范围集聚、深度配置要素等功能，促进高质量发展。在互联网时代，品牌经济是网络经济、知识经济和服务经济。

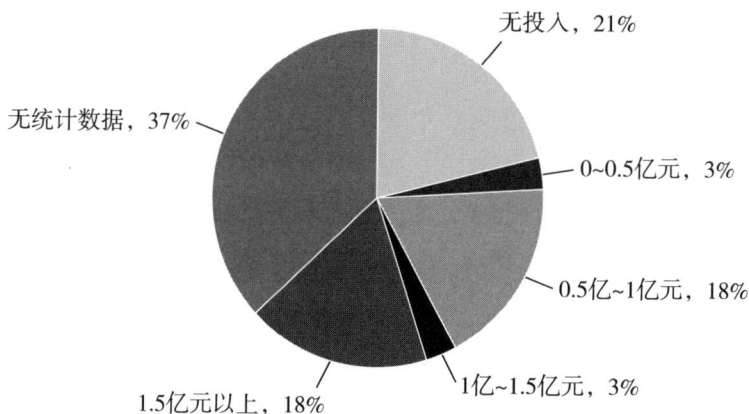

图 1-1　中国企业品牌投资占比

党的十八大提出"促进形成以技术、品牌、质量、服务为核心的竞争新优势"，把加强品牌建设作为我国经济社会转型的重要战略措施。品牌建设分为品牌知名度、品牌满意度和品牌认同度三个层次。提供高质量的产品和服务才能提高品牌的满意度，只有进行品牌内涵和文化建设才能获得消费者对品牌的认同度。建设品牌卓著企业，是建设品牌强国的重要支撑。品牌培育是一个持续的过程，企业需要不断地投入时间、资源和精力。品牌培育既是实现中国经济快速发展的必经之路，也是全球品牌发展的趋势所在。为打造国家品牌形象树立一批具有国际影响力的中国品牌，把握机遇，形成符合中国特色的品牌培育模式。

以下利用 SWOT 分析法，在明确当前中国品牌发展优势、劣势的基础上，结合国内外品牌发展的机遇和挑战提出一系列品牌培育方法，具体分析如表 1-1 所示。

表 1-1　中国品牌培育 SWOT 分析

外部因素　　内部能力	优势（Strengths）	劣势（Weaknesses）
	1."一带一路"、党的十九大"新时代"论断； 2. 文化遗产资源丰富； 3. 制造大国，具备超高产能； 4. 品牌培育市场空间广阔。	1. 品牌发展存在地域差异； 2. 创新能力不强； 3. 缺乏自主知识产权； 4. 品牌质量有待提升； 5. 品牌发展可持续性差； 6. 品牌保护意识薄弱。
机会（Opportunities）	SO	WO
1. 国家政策更加开放，为企业发展提供更广阔的平台； 2. 广泛的传播资源； 3. 法律制度不断完善，为维护主权提供保障； 4. 放眼全球，客户对创新的需求更加丰富多样； 5. 互联网为信息传递提供更加广阔的平台。	1. 积极响应"一带一路"倡议，借助互联网平台，利用优质传播资源，推动中国品牌传播； 2. 结合中华优秀传统文化，建设中国品牌，构建"新时代"中国品牌文化体系。	1. 依托中国政策支持，发挥特色资源、产业优势； 2. 加大人才培育力度，助力培养创新型人才； 3. 严厉打击冒牌，实行品牌保护； 4. 制定品牌顶层设计和发展战略，精准定位品牌优势。
威胁（Threats）	ST	WT
1. 媒体倾向宣传影响力品牌传播； 2. 互联网对实体店造成冲击； 3. 外国贸易壁垒一定程度上制约了中国品牌的海外扩张； 4. 外国品牌保护意识较强，占领市场份额较大。	1. 整合媒体资源，拓宽品牌传播途径； 2. 利用广阔品牌培育空间，采取 O2O 模式，整合线上、线下渠道； 3. 加大研发力度，掌握核心技术，突破贸易壁垒。	1. 强化法律意识，加大品牌保护力度； 2. 发挥"看得见的手"的积极作用，助力企业突破贸易壁垒。

（1）**优势分析**　改革开放 40 多年来，中国经济得到飞速发展。新能源汽车产销量跃居全球首位，"互联网 +"与实体经济加速融合，一项项关键技术锚定行业标准、降低行业门槛、助推产业升级。借助"一带一路"倡议，加速推进跨境业务产业链向跨境品牌价值链升级，借助我国丰富的文化资源以及制造大国的超高产能，品牌培育拥有着广阔的发展空间。这些优势正是支持中国品牌快速发展的坚实力量。

（2）**劣势分析**　中国品牌发展过程中同样存在着品牌发展地域差异化严重、品牌创新和保护意识薄弱、缺乏自主知识产权等问题，产品质量差是当前多数品牌发展过程中的共性问题。制约品牌培育工作的突出问题主要表现在：一是缺乏对品牌培育的深度研究和延伸，二是对品牌培育的战略意义认识不足。以上问题均导致品牌无法实现可持续的发展。

（3）**机会分析**　党的十八大以来，品牌发展获得了更多机会，国家对企业创新提供了更多的政策支持，为品牌发展提供了更加广阔的平台。品牌可分为前后两端，前端包括品牌战略、品牌的核心价值体系；后端包括品牌的传播、沟通体验、消费者的价值交换。融媒体传播资源为品牌发展提供了很好的传播渠道，法律制度的不断完善也为维护企业权利提供了有力保障，消费者对产品需求的扩大同样为品牌创新提供了发展空间，借助互联网实现信息的快速传播，使得品牌信息能够在短时间覆盖全球视野。

（4）**威胁分析**　"金风玉露一相逢，便胜却人间无数。"互联网对品牌培育有强大的影响力，"双十一""双十二"等品牌节已成为中国电子商务领域的"购物狂欢节"。机会与威胁同在，媒体的分众化局限了品牌信息的传播，使得品牌影响力大打折扣，而移动互联网的线上交易又对线下交易产生了不可小觑的威胁。国外不合理的贸易壁垒对中国品牌走向海外的影响，使得本就保护意识薄弱的中国品牌遭受到较大冲击。

针对上述中国品牌发展的内、外部因素分析，笔者提出以下品牌培育建议：

（1）**优势－机会战略**　发挥品牌引领作用，提升产品品质，提高品牌培育能力，不断提升品牌形象。建立公共品牌对优质企业进行质量背书及引入高质量标准体系，培育和展示一批优质企业，提振消费信心。企业应该积极借助互联网快速传送平台，加快品牌传播速度，迅速将产品推广至海外；将中华优秀传统文化融入品牌，以品牌承载优秀文化，从而形成中国品牌文化体系。中国品牌缺乏系统的传播体系，忽视对海外媒体资源的挖掘。社交媒体时代，哪个品牌先掌握国际性社交媒体传播权，成立品牌社群，哪个品牌就能率先赢得消费者。庞大的网络用户群体和不断上升的网购需求为电子商务的发展奠定了市场基础。中国网络用户不断增多，中国跨境电子商务快速增长。

（2）**劣势－机会战略**　高质量发展的重要体现是品牌建设，因为只有品牌才有知名度、溢价能力和高附加值。许多企业尽管在品牌方面进行了大量的投资，但往往是形成了响亮的品牌口号或精美的广告宣传，而品牌的形象却仍然较为模糊，没有形成鲜明的品牌个性。品牌塑造缺乏消费者体验，品牌口号与消费者的实际体验不符，导致品牌价值流于空泛。大力发展特色产业，形成特色品牌；以政策为导向，加大人才培育力度，培养创新型人才；制定品牌顶层设计和发展战略，精准定位品牌优势，实现品牌可持续发展。

（3）**优势－威胁战略**　"路遥知马力，日久见人心。"品牌与消费者的关系也是如此，从对产品力的认可到形成专属的品牌价值，才能让品牌获得持续的青睐。利用我国广阔的品牌培育空间，采取线上线下模式（O2O），整合营销方式；加大研发资金投入力度，鼓励企业自主研发，掌握核心技术，从而突破贸易壁垒。创新不是无源之水，只有在创新基础上的守正，才不会故步自封，才能与时俱进、推陈出新、源远流长。

（4）**劣势 – 威胁战略**　逆水行舟不进则退。没有技术创新，品牌将会褪色。管理学大师德鲁克曾经说，一个领先的品牌，其老化的真正根源不是被市场冷落，而是因为企业自身掉以轻心，忽视创新，从而难以适应日益变化的市场需求。品牌是无形资产，需要靠优质产品获利，但过度或不适当的营销会稀释品牌资产，给品牌的发展带来障碍。品牌培育非一日之功，不能急功近利，而应厚积薄发。普及品牌相关法律，强化全员法律意识，加大品牌保护力度；发挥"看得见的手"的积极作用，帮助企业突破贸易壁垒。

"站得高、看得远、想得深、做得实"，是企业家的超常之处。创新是品牌持续发展的源泉，没有创新，品牌无法长足发展。加快数字经济与实体经济的深度融合，以科技创新驱动制造业转型升级。差异化的品牌定位既可以通过树立新概念来实现，也可以通过分析竞争对手来布局。将中国元素融入品牌故事或者产品包装，使品牌独具个性，又能将品牌理念潜移默化地植入到消费者心中。与品牌相得益彰的信任状不但能降低顾客选择难度和购买风险，还能进一步为品牌内涵赋能，提高品牌价值。品牌应采取整合营销传播策略，通过场景互动和内容营销增强品牌与用户之间的联动，提高用户与用户之间、用户与品牌之间的内容共创，增加品牌内涵，形成品牌社群。

美的集团作为我国第一个进入世界 500 强的家电品牌，目前，已形成东芝、美的、Comfee 三个全品类品牌，以及开利、Eureka 等 13 个细分品类专业品牌；美的集团在全球拥有约 200 家子公司，业务覆盖 200 多个国家和地区，海外销售稳占公司总营收的 40% 以上。美的品牌之所以从无到有，再到成为拥有多产业、多元化品牌的国内外知名企业，有赖于数十年来不断创新发展的质量管理模式。2022 年年报显示，美的集团海外营收达 1426 亿元，同比增长 3.6%。美的集团相关人士表示："美的未来发展的必由之路就是全球化，通过对海外业务持续加大投入，以当地市场用户为中心，强化产品竞争力，自有品牌业务获得持续突破性发展。"

随着中国企业不断提升技术创新、产品质量与服务水平，许多企业已经从"模仿者"转变为"创新者"，并纷纷走出国门，成为全球市场的重要竞争者。不少企业迅速崭露头角，并以卓越质量和文化传承，赢得了国内外消费者的信任和青睐。以下将通过东风汽车和中国乳业品牌塑造的具体案例，展示中国品牌如何通过自主发展和合作交流，提升品牌竞争力和行业影响力。

◎ 品牌案例 2-2：乘"中国制造"的东风起飞

作为新中国第一批车企，最具代表中国汽车制造业水平的东风汽车公司也迎来了发展的新机遇。从最初无厂房、无技术到现在成为具有国际化视野与雄厚技术实力的汽车企业，东风汽车经历了 40 多年的求索，深刻认识到只有制造水平、技术和品质的提升，才能立足市场，赢得认可。如今，东风汽车在大自主战略的指引下，依托自主创新能力和军工品质在国内外市场形成品牌与产品焦点。

面对全球制造业的变革浪潮，作为"制造大国"的中国正积极寻求向"制造强国"的蜕变，《中国制造2025》的发布，正是中国实施制造强国战略的第一个十年行动纲领，旨在通过"工业强基"提升国家工业竞争力，告别"廉价的竞争"时代。

东风汽车凭借深厚的军工底蕴和卓越的自主创新能力，成为中国制造业转型升级的典范。历经四十余载的稳健发展，东风汽车深刻认识到，唯有不断提升制造水平、技术和品质，才能在激烈的市场竞争中立足，赢得国内外客户的广泛认可。

在东风汽车的大自主战略指引下，企业依托强大的自主研发能力，不断推出具有自主知识产权的新产品，形成了在国内外市场上独具特色的品牌与产品焦点。从新能源汽车的突破，到自主品牌的建设，再到互联网自动驾驶等前沿技术的应用，东风汽车始终走在行业前列，引领着中国汽车制造业的创新发展。

作为拥有深厚军工背景的汽车制造商，东风汽车始终将品质视为企业的生命线。从"东风猛士"荣获国家科技进步奖一等奖，到多次参加国庆阅兵式，再到纪念中国人民抗日战争暨世界反法西斯战争胜利70周年大阅兵上，东风军车以卓越的性能和高端的品质，向世界展示了中国军事装备的强大实力。这些荣誉不仅是对东风汽车军工品质的肯定，更是对其品牌价值的提升。

迎接挑战，共创工业4.0未来。面对"工业4.0"时代的到来，东风汽车积极应对全球产业结构变化、产业链条分布以及产业分工带来的挑战。东风汽车将新能源汽车、自主品牌以及互联网自动驾驶等新技术在汽车业的应用作为企业的三大任务。通过转型升级，东风汽车正逐步实现从传统汽车制造商向智能制造服务商的转变，为实现工业强国的目标贡献重要力量。

制造业是立国之本、强国之基。汽车产业是国家制造实力的重要标志。中国用了四十多年的时间，走完了欧美等西方国家数百年的发展历程。今天，世界制造业掀起了新一轮竞争格局。提升产品品质、打造中国汽车品牌的国际化，既要抓住新常态下的新机遇，系统部署、狠抓落实，也要保持战略定力，坚定方向、持之以恒，努力建设品牌强国，这是东风汽车义不容辞的责任。

（2015 年 9 月 11 日）

◎◎ 品牌案例 2-3：中国乳业拥抱全球化

中国乳业，在 70 年的风雨兼程中，已脱胎换骨，在奶源基地建设、技术设备、企业管理、质量安全等方面均取得长足进步。在全球乳业版图中，中国乳业正以蓬勃的姿态迎接前所未有的机遇与挑战。

一方面，中国乳业积极融入全球化浪潮，通过积极参与国际论坛、博览会等活动，深化与国际乳业的交流与合作。2019 年中国乳制品工业协会年会暨全球乳业合作与发展论坛在石家庄成功举办，汇聚了全球乳业界的精英，共商中国乳业的未来发展蓝图，不仅促进了中外乳业的深入交流与合作，更为中国乳业搭建起展示自身实力与品牌形象的国际舞台。在此背景下，伊利、飞鹤、君乐宝等中国乳业企业通过与国际市场的紧密接轨，积极投身于国际竞争与合作之中，持续提升自身的竞争力和品牌影响力。

另一方面，中国乳业在品牌建设的过程中也遭遇了多重挑战。国际市场竞争日趋激烈，消费者对国产乳制品的信任度尚需进一步提升，加之标准化体系建设的不完善以及产品质量控制方面的短板，均成为中国乳业品牌建设的重大阻碍。为有效应对这些挑战，中国乳业采取了一系列积极的举措。

一是强化品牌建设与营销推广。中国乳业企业致力于提升产品质量与消费者体验，通过加大品牌营销与公关活动的力度，塑造积极向上的品牌形象。君乐宝乳业凭借持续的创新与品牌建设，成功树立了具有全球影响力的品牌形象，实现了销售业绩的快速增长。

二是推动标准化体系完善与产品质量控制。当前大数据、物联网、人工智能、5G 等技术的发展，为乳业的提升以及智能化体系建设带来了新的机遇，加快标准化体系建设。中国乳业积极借鉴国际先进经验与技术，强化产品质量控制与监管，确保产品达到国际标准。同时，加强与国际标准组织的合作与交流，推动中国乳业标准的国际化进程，提升整体竞争力。随着经济全球化的深入发展，对外输出中国标准，掌握行业标准的话语权，这既是中国乳业面临的任务，也是中国乳业共同承担的使命。

三是深化国际合作与交流。中国乳业通过参与国际会议、展览等活动，拓宽与国际乳业的合作与交流渠道，学习借鉴国际先进经验与技术，提升自身竞争力。此外，积极寻求与国际乳业巨头的合作机遇，共同研发新产品、开拓新市场。

品牌是质量、技术、信誉和文化的重要载体。十年树企业，百年树品牌。展望未来，中国乳业信心十足，汇聚各方合力，加强品牌建设，坚持创新驱动，质量为先，更多中国品牌将脱颖而出，迈出新步伐、跨上新台阶。

（2019 年 9 月 3 日）

三、建立传播体系是品牌建设的重要途径

品牌是顾客与产品之间建立良好关系的纽带。品牌传播是企业向消费者传达品牌信息的过程，也是塑造品牌形象和积累品牌资产的过程，是建设品牌知名度、美誉度的重要途径。有计划、成系统的品牌传播，对塑造良好品牌形象具有关键作用，是企业的核心战略。建立符合自身特点的品牌传播体系，企业应整合多种渠道形成合力，做好公共关系传播、广告传播、新闻传播等。

重视公关传播，促进品牌人格化

公关是公共关系的简称，公共关系传播是品牌传播的方式之一，能够潜移默化地帮助消费者建立起对品牌的认知，是品牌战略的重要组成部分。建立大众对品牌的认知，必须注重从前期调研、落地执行到结果预期整个过程的规划。公关传播与品牌营销不同，其最大的特点和优点在于，可以促进品牌人格化，拉近品牌与大众的距离，激发大众的情感共鸣，帮助品牌赢得大众的信任。企业通常会在重大的时间节点策划一系列具有社会影响力的活动来引起媒体和社会的关注，提高品牌知名度，建立良好形象。

公关传播一般分为策划、执行、活动三个方面，建立在对政策、文化以及行业的深度思考基础上。公关人需要对媒体的写作风格、撰写角度等有深入研究和归纳总结，还需对客户需求、行业趋势、竞品话题等进行时时监测。公关人要具备记者的基本素养，以及危机处理的能力，对有损品牌形象的事件采取适当的对策予以化解，挽回品牌形象。为品牌选择合适的代言人，是公关传播的重要内容。品牌成功与否与代言人有直接关系，为此，不少企业的 CEO 走到台前为品牌打

摆，比如董明珠代言格力电器。

策划创意广告，保持品牌活跃度

广告是产品的一部分，广告成本应当计入产品的生产成本而非销售成本。广告宣传对品牌知名度、顾客态度、品牌的市场份额等有着重要影响。大企业投放广告，一般是为了树立品牌形象；小企业投放广告，一般是为了扩大知名度和销量，好的广告能够为品牌增值。

好的广告有品格、独特、不复杂。企业形象是品牌最鲜明的品格，广告宣传是对品牌形象的一次次巩固。传统广告多依靠主流媒体的力量进行传播，比如《人民日报》刊登的品牌广告有权威性。随着科技的进一步发展，现在的广告可以依托互联网按区域、按收入或者按时段等实现精准投放。社交媒体的崛起能使好的广告实现自发传播。未来，好的广告一定是产品本身，好的产品也一定具备广告效应。

有记忆点、朗朗上口、与品牌形象相符的广告词对企业发展至关重要，是品牌宣传的有力方式，有利于品牌资产的建立。比如"困了累了喝红牛""怕上火喝王老吉"，流传很广、深入人心，不仅给企业带来了产品销量的迅速增长，而且帮助企业成功树立起品牌形象。为了保持竞争优势，获得规模效益，品牌须加大广告投放，保持品牌的活跃度。

品牌想要永葆活力，锦上添花的广告创意不可缺少。广告获得成功的关键在于图像和文字的清晰、直观、突出。广告主要分为品牌广告和效果广告，"品"即品牌，"效"就是口碑效果。品牌广告的目的是建立品牌知名度，树立品牌形象；效果广告的目的是促进销售增长。企业需深入调查和分析目标人群、竞争对手等，精心设计广告文案，吸引大众，引导受众自发传播。

朋友在贵州茅台镇生产一款酱香白酒，笔者为该公司的品牌"稀窖"

撰写了广告词，"稀窖佳酿，赤水酱香"。"稀窖佳酿"直接嵌入品牌名"稀窖"，强化品牌记忆点；"赤水酱香"绑定茅台镇核心地理符号（赤水河）与品类香型，符合消费者对产地的敏感度，口语化表达易传播。接着，又推出了两个广告语，一个是"物以稀为贵，酒以窖为尊。""稀 -- 窖"形成品牌呼应，"贵 -- 尊"彰显价值递进。另一个是，"稀窖藏岁月，赤水酝酱魂。""藏岁月"，突出窖龄价值与时间沉淀，与"稀窖"形成因果关联；"酝酱魂"，精准传递酱香型白酒的厚重口感与收藏文化。

善待善用媒体，为品牌传播赋能

媒体在品牌传播中扮演着不可或缺的角色。与其他品牌传播方式相比，新闻传播不仅免费，而且受众更广泛，产生的效果和影响力也更大。相对广告，消费者对新闻的接受程度、信任度更高。企业应注重加强与媒体合作，通过不同渠道打造不同类型、不同特色的品牌。比如，海尔的品牌故事往往同时具备较高的新闻价值。品牌传播不能只顾自说自话，而需要有更宽广的视野、与社会有更深入的融合。

品牌不仅是企业的资本，而且是支撑经济社会发展的重要力量。传统媒体的营销传播以广告为主，新媒体也逐渐具备产品营销的功能。内容的影响力正从广告扩展到渠道、产品、组织等，成为企业未来重要的战略能力。融媒体时代的品牌营销，由传统的单一营销转向互联网营销，企业需要用丰富的内容、周密的策划、好的创意吸引目标人群。

企业为了自身的良好品牌形象，要善待、善用媒体。媒体是企业与公众交流沟通的平台。媒介素养不仅是能力，更是一种心态，企业对待媒体的态度，也是对待公众的态度。媒介传播是影响网络舆情的重要因素，企业应客观认识舆论监督与负面报道，充分认识到媒介传播与舆论监督的必要性。舆情不是"敌情"，媒体是社会的预警器。对热点事件、敏感问题的反映和关注，是维护人民群众利益、推动社会进步的重要力量。

全媒体时代，舆情传播速度快、影响范围广、关注者多，公众渴望获得相关部门的权威信息。具有权威性、公信力的主流媒体是品牌消除负面影响、恢复声誉的最佳渠道。媒体也要承担挖掘品牌内涵、讲好品牌故事的职能，帮助优秀的、有潜力的品牌脱颖而出，推动品牌在传播中实现新的突破，迅速成长。

坚定文化自信，讲好品牌故事

习近平总书记强调："要深刻认识新形势下加强和改进国际传播工作的重要性和必要性，下大气力加强国际传播能力建设，形成同我国综合国力和国际地位相匹配的国际话语权。"讲好中国品牌故事、传播好中国品牌声音，企业要为展示真实、立体、全面的中国作出积极贡献。

目前，越来越多的中国品牌已经或正在走向世界。中国品牌走向世界，一方面依靠品质提升、技术创新，另一方面依靠产品设计和品牌传播。国际品牌传播有其自身规律，不少品牌通过讲好品牌故事，成功拥有了知名度和美誉度。品牌是靠故事传播的，没有故事的品牌没有传播的生命力。以讲故事的形式，企业能够润物细无声地引领消费者变成品牌的忠实客户。品牌故事是品牌传播的基础，讲好品牌故事是品牌对外传播的最佳方式，好的故事能够带动口碑传播，树立起品牌形象。

传奇的故事，演绎出传奇的品牌。品牌故事的塑造，有以下几个关键：以消费者为主角、真诚、具备趣味性和独特性、人性化；让用户成为品牌传播的媒介，主动为品牌发声；以真诚的态度，传播有价值、消费者喜欢看、能够引起共鸣的内容。比如海尔用10年的工夫将"真诚到永远"做成自己的品牌识别特性。一个企业的品牌故事就是它与消费者沟通的语言，在品牌传播过程中，企业必须充分了解受众的思想观念、生活方式、宗教信仰等，用受众乐于接受的方式讲好品牌故事。我国是世界上最大的工业制造国，但是享誉全球的中国品牌却不多。中国品牌在国际传播上还需下功夫，需立足中国文化与世界文化的共通点讲好中国品牌故事。

整合营销传播，形成品牌合力

品牌传播是一个系统工程，要协调多种要素，结合市场，进行整合营销传播。一方面把广告、促销、公关、新闻媒体等传播活动都涵盖于营销活动中，另一方面，将统一的传播资讯传达给消费者，用一个声音说话，借助不同的传播手段实现宣传的低成本化。

品牌营销大致有三个目标：激发消费者的试用意向、鼓励消费者使用并购买、促使消费者建立起对本品牌的忠诚度。整合营销传播即研究如何有效地向他人传递信息，最终实现对其认识和行为的改变。为了达到"有效"，首先须了解对方想了解什么信息，什么样的信息易于接受。品牌是长期价值的持续累积。品牌推广既要善于利用广告、公关等手段，又要善于利用名人、事件等因素，把握品牌质量，做好优质服务，树立长远发展战略。通过有力的品牌营销策略和有效的客户管理，企业能够巩固和加强与目标客户的联系，吸引更多消费者，多角度地塑造品牌形象。

品牌建设需要考虑知名度、美誉度和忠诚度。"低手"推销产品，"高手"推销品牌。营销就是发现机会、创造机会、抓住机会、利用机会。公益营销是品牌建设的良好途径，以春风化雨的形式在公众心目中树立起良好的品牌形象。公益营销不仅能传播品牌，而且能为企业创造商业合作的机会；不仅能让受众感受到品牌的人情味，而且能吸引大众自发传播。企业可以借助媒体的力量让消费者参与到品牌建设中去，将公益营销打造成品牌 IP，增加品牌的核心竞争力。公益营销是一种有价值的传播方式，帮助企业在消费者心目中建立起"为民、为公"的形象。进行公益性宣传的同时不知不觉地传播公司形象，提升消费者对产品和品牌的关注。随着中国品牌不断走出国门，中国品牌的营销活动也将在全球市场中变得越来越重要。整合营销传播有助于中国品牌提升营销传播能力。

在构建成功的品牌传播体系时，企业必须根据其独特的市场定位和战略目标，灵活整合多种传播手段，充分发挥各个传播渠道的协同作用。用友作为数智化企业服务领域的领导者，通过精准的品牌传播策略和高效的公关执行，成功打造了业内领先的品牌形象。下述案例将深入探讨用友如何通过全方位的传播体系，进一步巩固其在市场中的领导地位，并在竞争激烈的行业环境中脱颖而出。

◉ 品牌案例 2-4：用友打造数智化企业服务领导品牌

2023 年 9 月，2023 年凯度 BrandZ 最具价值中国品牌 100 强榜单正式发布，用友作为全球领先的企业数智化软件与服务提供商再次上榜。凯度 BrandZ 最具价值中国品牌是中国市场内权威公正的品牌排行，品牌估值综合衡量品牌的财务表现与品牌在消费者心目中的品牌力。中国品牌有着得天独厚的人群优势，能够直接触达全球最具活力、最令人兴奋的消费经济体。

用友网络科技股份有限公司作为中国领先的企业服务提供商，凭借其深厚的行业积累和技术创新，不断引领企业数智化转型的新趋势。2021 年 10 月 23 日，用友在京成功举办了以"商业创新的力量"为主题的 2021 商业创新大会，不仅展示了用友在数智化领域的最新成果，也彰显了其独特的品牌塑造之路。

聚焦商业创新，打造品牌核心价值。用友始终将"商业创新"作为品牌的核心价值，致力于通过数智化技术推动企业转型升级。用友网络董事长兼 CEO 王文京明确提出，数智企业应具备"客户导向、员工能动、生态共荣、数据驱动、实时感知、智能运营"六个特性，强调了数智化转型对企业实现竞争优势、提高经营绩效和可持续发展的重要性。这一理念的提出，不仅为用友品牌注入了新的活力，也为企业客户提供了清晰的数智化转型路径。

构建数智企业体验馆，增强品牌体验。为了更直观地展示数智化转型的成果，用友打造了数智企业体验馆，围绕数字营销、智能制造等核心领域，结合各行业数智化解决方案，全面展示了数智企业的业务运营和管理创新。这一举措不仅让嘉宾能够沉浸式体验数智商业的前沿发展，也极大地增强了用友品牌的知名度和影响力。

互联网本身就是创新的产物，因而被称作"20 世纪最伟大的发明之一"。互联网在发展过程中不断创新突破，对经济社会诸多领域都起到很强的带动作用。创新已涵养出中国品牌的全新气质。只有推动科技创新、产品创新、业态创新、管理创新，中国品牌才能在市场占有率、品牌忠诚度和全球领导力等方面取得长足突破。用友 BIP（商业创新平台）作为用友的核心产品，新增了众多场景化应用和服务特性，已有14656 家大型及中型企业客户选用。用友在 2021 商业创新大会上展示了 BIP 的最新成果，为企业提供网络协同、连接资源、数据智能、重塑流程、敏捷创新等五大核心价值。这一举措不仅强化了用友在数智化技术领域的领先地位，也进一步提升了其品牌的竞争力。

（2021 年 10 月 25 日）

3

第三章　推动中国品牌走向世界

目前，"指牌购买"已成为一种重要的购买方式，品牌已成为经营者不可或缺的重要工具。"指牌购买"是指消费者在购买商品时，直接选择某个品牌的产品进行购买，而不是在多个品牌之间进行比较或选择。指牌购买通常反映了消费者对某个品牌的忠诚度，他们更倾向于选择自己信任或熟悉的品牌。这种现象在市场上也表现为某些品牌能够迅速走红，吸引大量消费者直接选择其产品。品牌是舟，消费者是水。水可载舟，亦可覆舟。中国品牌的发展环境持续向好，综合实力与日俱增。中国制造的品种越来越丰富、品质越来越优良、品牌越来越响亮。中国品牌的美誉度稳步提升，越来越受到社会认可。中国品牌的影响力不断扩大，越来越多的中国产品、中国服务、中国标准在国际市场精彩亮相。

以科技创新推动产业创新的格局正在形成，创新是中国品牌能否"后来居上"的关键和决定性因素。当前，我国轨道交通装备、船舶与海洋工程装备、新能源汽车、光伏、通信设备、动力电池、稀土等产业处于行业并跑乃至领跑位置。实施品牌赋能，企业要不断创新，紧跟市场的变化和消费者的需求，保持品牌的新鲜感和竞争力。"苟日新、日日新、又日新。"科技为我们带来技术创新、理念创新、管理创新，科技成果转化是品牌实现技术赋能、构建核心竞争力的核心路径。品牌如逆水行舟，不进则退。消费者转移品牌喜好，喜新厌旧是人的天性。品牌只有不断创新，才能保持消费者的信赖。

据统计，我国网民规模由 2015 年底的 6.88 亿增长到 2022 年底的 10.67 亿，互联网普及率由 50.3% 提升到 75.6%。工业互联网通过人、机、物全面互联，构建起全要素、全产业链、全价值链全面连接的新型生产制造和服务体系，是数字化转型的关键途径。平台经济从消费互联网向工业互联网加速拓展。平台经济解决了"供需不对称"的痛点，降低交易成本。但是，平台经济的无序扩张已经成为当下的监管重点之一。

成功的品牌是相同的，失败的品牌各有各的不同。"品牌"有三个口，一是产品，离开产品谈品牌是无源之水。二是品质，"好产品自己会说话"，品质是品牌形成的根本，主要有质量、价格和服务三大要素，产品质量高、价格合理、服务周到是赢得消费者和社会认可的前提。三是用户之口，即有口皆碑。如果没有好的产品质量保证，建设"品牌大厦"无异于空中楼阁。从某种意义上讲，大国与强国产品的根本区别就在于质量。一般来说，通向世界名牌的必由之路，是规模化、集团化、多样化、国际化的"四化"道路。

一、高质量发展呼唤世界一流品牌

质量不仅是国家现代化的基础支撑，也是国家竞争力的重要标志。

经济发展规律表明，一个国家或地区在经历高速增长后，必须推动实现从量的扩张转向质的提高的根本性转变，才能真正走上强盛之路。企业竞争，根在质量，重在标准，赢在品牌。深入实施"增品种、提品质、创品牌"的"三品"战略，推动我国品牌建设取得积极进展。品牌是一个系统工程，是市场经济发展到一定阶段的形态，是大国较量的利器。21 世纪是品牌经济的时代，品牌的核心价值是产品质量，产品质量的提高是企业核心竞争力转化为市场竞争力的直接体现。世界一流企业拥有高质量的产品和服务，拥有自主知识产权的核心技术和世界级品牌，具有行业领先的盈利能力、经济规模以及强有力的全球配置资源能力。中国品牌建设将推动中国产品迈向世界一流。

"高质量"代表："高"水平的协同；"质"的有效提升；"量"的合理增长。质量反映一个国家的综合实力，是企业核心竞争力的体现；既是科技创新、资源配置、劳动者素质等因素的集成，又是法治环境、文化教育、诚信建设等方面的综合反映。坚持质量第一，效益优先，推动全社会牢固树立品牌意识，引导企业坚守工匠精神，在国际竞争中锻造品牌，努力提高产品和服务的质量与综合竞争力，使更多中国品牌成为国内外市场值得信赖的选择。用好国际国内两个市场，不断推进科技、管理、产品、市场和品牌创新。争创世界一流的中国品牌，做大、做优、做强，实现高质量的可持续发展。

高质量发展　助力品牌强国

"好产品自己会说话"，说明质量是企业的根基，基础不牢，地动山摇；"酒香也怕巷子深"，说明品牌是企业的魂。质量和品牌则构成了企业向"微笑曲线"两端攀登不可或缺的两个因素。品牌一头连着消费者，一头连着企业。从企业的角度来看，品牌是质量、服务与信誉的重要象征，是企业参与市场竞争的核心资源。质量决定着企业能否在竞争激烈的市场中站稳脚跟，品牌建设则决定着企业能走多远。没有质量，品牌就没有根基。品牌是推动企业高质量发展、提升竞争力的核心要素之一。高质量发展意味着全方位建设质量强国，而质量强国最终的落脚点在于"品牌强国"。品牌建设无捷径，企业需要将工匠精神、社会责任融入生产、经营、管理之中，常抓常新。通过提升质量来改善供给，打造符合国内外消费者需要的优质品牌。衡量我国经济是否实现高质量发展的一个指标，就是能不能涌现一批世界级品牌。在品牌培育和传播方面，更需要用全球化视野认识品牌价值，中国品牌的全球化将助推我国实现从"制造大国"到"制造强国"再到"品牌强国"的三个转变。

品牌是生产者和消费者共同的追求，是供给侧和需求侧升级的方向。加强品牌建设，有利于推动经济大国向经济强国转变，满足人们更高层次物质文化需求，弘扬中华文化、提升国家形象。制造业是立国之本、兴国之器、强国之基。推动制造业高质量发展，必须加强品牌建设。坚持以创新驱动发展、质量提升、加强品牌建设以及鼓励优质品牌"走出去"等方式，打造更多世界知名的中国品牌，助推我国制造业高质量发展。目前，我国已经发展成为世界上制造业体系最完整的国家之一，200多种工业制成品产量居全球首位，成为世界制造业第一大国。在未来，通过优质产品和服务"走出去"带动中国品牌"走出去"，通过并购、合资等方式与国际知名企业建立互利共赢的品牌创新联盟，充分整合品牌、技术、渠道、文化等资源，为中国品牌走向世界提供重要推动力。

弘扬工匠精神　助力高质量发展

品牌是质量、是信誉，科学制定品牌培育规划，大力实施品牌战略。

通过品牌引领高质量发展，借助高质量发展推动品牌成长提升。以品牌为引领、以科技为动力、以资本为支点，推动经济高质量发展正在成为新时代的一大主题。高质量发展核心就是通过品牌的要素驱动作用，引领经济发展从低端向高端迈进，实现经济内涵由有形要素驱动向无形要素驱动的战略升级，迈入品牌战略发展阶段。以品牌为引领，实施管理创新、科技创新，培育发展新动能、新业态，推动产业发展。品牌是品质保障，是溢价能力，是与消费者的情感共鸣，品牌降低了与消费者沟通和交易的成本，提升了价值感知和期待，无论是留存老客户还是拉动新客户，拉升销量还是提升价格，品牌都是基石。

品牌是高质量发展的重要特征，品牌建设是高质量发展的必然要求。我国经济发展已由高速增长阶段转向高质量发展阶段，在质量、品牌、创新等方面实现新的突破，促进我国产业迈向全球价值链中高端，在更高层次上大力弘扬工匠精神。工匠精神是提升企业质量管理水平的动力源泉，打造质量标杆企业，培育更多中国品牌。

近年来，华侨城集团全面推进精益管理，从产品供给、质量管控等方面加强品牌建设，持续擦亮品牌，努力加快建设世界一流企业。天津大学牛占文教授是研究精益生产方面的专家，他强调，精益生产和质量是智能制造的前提和基础，如果生产是粗放型的，那就没办法搞智能制造。精益生产既是智能制造的基础，又是智能制造的目标。精益生产的核心是零库存和快速适应市场变化，降低成本、改善质量、缩短生产周期，品质追求零缺陷，最终目标是生产高质量的产品。

坚持以质取胜　增强品牌美誉度

君子务本，本立而道生。无论在哪个领域、是什么产品，谁能做到质量过硬、服务到位、贴近市场、价格公道，谁便能博得青睐、建立起品牌忠诚度。品牌是品质的保证，品质是品牌的基石。品牌建设应深刻洞察市场发展、把握消费需求，不断增强人们的幸福感、满足感和获得感。通过品牌建设，提振市场信心，实现品牌引领。质量是一种感觉，起着决定性作用，消费者感知质量低于预期，其价值贡献是负面的，品牌价值下降；感知质量高于预期，价值贡献就上升。品牌质量的有效维护和提升促进了有形资产的增值，只有维护好品牌的质量，才能不断扩大品牌的市场占有率，增强消费者黏性，实现品牌持续盈利。"品牌背后是品质，有了卓越的技术、产品和服务，才能创造出更大的品牌价值。"中国石化集团负责人表示，中国石化将把创新作为品牌建设的原动力，加快突破一批关键核心技术，让一流的技术、产品和服务成为品牌建设最稳固的基石。

以匠心铸精品，以质量树品牌。优秀的中国品牌，离不开过硬的品质，没有品质基础，品牌建设就是无源之水、无本之木。"炮制虽繁必不敢省人工，品味虽贵必不敢减物力"是老字号同仁堂始终坚持的原则。格力电器坚持自主创新，加大研发投入，成为2018年唯一获得中国质量奖的家电企业。品牌代表着企业对消费者的承诺，也代表着消费者对企业的信任，坚守品质初心才能铸就不凡品牌。伊利以"伊利即品质"为企业信条，持续用高品质的产品和服务筑牢品牌根基。凭借优秀的产品品质，伊利的品牌美誉度不断提升。加强品牌建设，培育更多优秀的中国品牌，不仅是补短板的需要，更是为高质量发展提供有力支撑的必然要求。只有被消费者感知到的质量才能转化为品牌的竞争力，知名度、美誉度、忠诚度是品牌文化的三重境界，是提高品牌竞争力的有效途径。

十年树企业，百年树品牌。加快建设质量强国，是推动高质量发展、促进我国经济由大向强转变的关键举措。当前，我国消费市场总体运行平稳、稳中提质，消费升级趋势明显，这对中国制造业的品质提出了更高的要求。"十四五"规划纲要明确提出，坚持把发展经济着力点放在实体经济上，加快推进制造强国、质量强国建设。品牌是质量的价值体现，加强品牌建设，是高质量发展的必然要求。品牌建设需要质量和技术支撑，还要有科学的评价体系。加强品牌建设，推动市场竞争力提升，以创新驱动为核心、以先进科学技术为支撑，打造一批能够体现我国国际地位的优质品牌。高质量发展呼唤世界一流的中国品牌，不断推动品牌建设迈上新台阶，努力把我国建设成为品牌强国，让"中国品牌"闪耀世界！

品牌的生命力和市场竞争力取决于产品的核心质量和企业的工匠精神。作为中国化工行业的重要企业，兰州石化始终坚持工匠精神，致力于寻求产品质量和品牌建设的持续突破，成功塑造了企业在市场中的核心竞争力。接下来，我们将深入探讨兰州石化如何通过品牌战略，践行高质量发展理念，成为行业内的质量标杆，推动企业迈向世界一流品牌行列。

◉◉ 品牌案例 3-1：兰州石化大力实施品牌战略

近年来，兰州石化大力实施品牌战略，全面强化品牌引领，坚持把加强品牌建设落实到"绿色发展、奉献能源，为客户成长增动力、为人民幸福赋新能"的实践中，不断塑造与企业愿景相匹配的一流品牌，为推进中国式现代化贡献兰石力量。

兰州石化大力弘扬劳模精神、工匠精神，助力高质量发展，加强新时代产业工人队伍建设，打造创新实践基地，认真落实品牌强国战略。在新发展阶段，兰州石化将秉持"创新、协调、绿色、开放、共享"的新发展理念，在打造黄河流域高质量发展示范企业的征程上，继续履行国企责任和使命，创造新成绩，续写新辉煌。

2021年8月，在陕西省榆林市的毛乌素沙漠腹地，兰州石化公司长庆乙烷制乙烯项目指挥部与参建单位共同见证了这一历史性的时刻——项目投料开车一次成功，顺利产出合格产品。这一成就不仅标志着中国石油炼化业务转型升级迈出了坚实的一步，更彰显了兰州石化在品牌建设过程中对高质量发展、工匠精神及以质取胜的坚定承诺。

长庆乙烷制乙烯项目作为具有自主知识产权的示范工程，自立项之初便承载着优化乙烯产业布局、深化供给侧改革的重要使命，致力于打造绿色工程、效益工程、阳光工程。通过采用先进的乙烷裂解技术，不仅提高了乙烯回收率，还显著降低了能耗和物耗，为行业的绿色低碳发展树立了标杆，彰显了企业积极履行社会责任、推动可持续发展的决心和行动。

产品质量是客户口碑的基石。质量，是研发、设计、制造、管理出来的。高的品牌力，背后一定是高品质。大国制造，质量强国，品牌和质量密不可分。在项目施工过程中，兰州石化及参建单位坚持工匠精神，严把施工质量关，全力打造精品工程。从盛夏的烈日炙烤到寒冬的坚守一线，每一位员工都以高度的责任心和使命感，确保项目按时、高质量完成。特别是智能化工厂的建设，通过大数据管理、生产系统优化及自检预警等功能，实现了生产管控一体化，进一步提升了生产效率和产品质量。

长庆乙烷制乙烯项目的成功投产，不仅是中国石油自主技术创新的重要成果，也是兰州石化坚持质量第一、创新驱动发展的生动体现。

项目采用的中国石油自主技术，实现了乙烯生产技术、关键设备及控制系统的全面国产化，打破了国外技术垄断，提升了国内乙烯产业的竞争力。同时，借助 5G 技术和"互联网＋"优势，项目在智能化、自动化方面取得了显著进展，为行业转型升级提供了有力支撑。

（2021 年 9 月 17 日）

二、创新推动中国品牌行稳致远

创新是企业发展的根本动力，创新主要有三种方式，原始创新、集成创新、引进消化吸收再创新。原始创新能力在很大程度上决定着一个国家、一个民族的核心竞争力。创新是建设现代化经济体系的战略支撑，打造品牌强国的关键在于进行科技、产业和管理等方面的创新，加快形成以创新为主要引领的经济体系和发展模式，不断增强中国制造的附加值和吸引力，推动中国品牌逐步壮大，在市场占有率、品牌忠诚度和全球领导力等方面取得突破。优秀的品牌需要不断创新，包括科技、体验、服务、场景、商业模式等。引导企业大力实施科技创新与品牌战略，创造更多具有核心竞争力的产品。实施品牌赋能，企业需要不断创新，紧跟市场的变化和消费者的需求，永葆品牌的新鲜感和竞争力。

"十四五"规划提出，"坚持创新在我国现代化建设全局中的核心地位，把科技自立自强作为国家发展的战略支撑"。尽管我国的科技创新已取得了巨大成就，但是还存在一些短板和弱项，原始创新能力不足，我国芯片进口额已经多年超过石油，2019 年进口额更是超过 3000 亿美元，光刻机等关键核心技术受制于人。要努力发挥举国体制的优势，打好关键核心技术攻坚战。奥地利经济学家熊彼特认为，企业的基本职能是创新，企业家是创新的主体。企业家创新的动力源于企业家精神。创新是企业家精神的灵魂，是人类对未知领域的有益探索，是人类与生俱来的天性。弄潮儿向涛头立，手把红旗旗不湿。坚定信心、努力拼搏，更多中国品牌将会家喻户晓、誉满全球。

技术创新是品牌建设的核心

品牌的价值来自市场的评价，来自产品创新。创新是品牌获得和保持核心竞争力的关键，是持续提升品牌价值的重要动力和塑造品牌独特性的重要因素。提升品牌价值，创新和营销都是必做的首要功课。品牌创新包括技术、管理、营销和服务创新，要有营销的新途径、新方式，要有服务的新水平。技术创新体现在产品升级、企业升级、产业升级；营销创新就是新产品用新的方式来促销，采用顾客需要的营销方式。知名品牌代表的是对市场的强势影响力和控制力，我国大力实施创新驱动发展战略，逐步掌握了一批关键技术，一些领域向"并行者""领跑者"转变。提升自主创新能力，不断提高产品质量的影响力和科研能力，是提高中国品牌形象和品牌竞争力的前提条件。技术创新可以为企业带来直接的经济价值，降低生产成本、提高效率、增强企业整体竞争力，还可以提升消费者对品牌的知名度和美誉度。技术创新是品牌战略的基础，如小米作为科技型企业，始终坚持"技术为本"，2022 年研发投入超 200 亿元。

创新可以降低品牌的成本，提高品牌的盈利能力和市场竞争力，是品牌永葆青春的不竭动力。没有核心技术，品牌就成了无源之水、无本之木。立足新发展阶段、贯彻新发展理念、构建新发展格局，找到新的发展突破口。我国与发达国家的创新能力相比还有较大差距。芯片"断供"是中国信息产业发展的一大难题。早在 2005 年，笔者有幸陪同倪光南院士去深圳考察神舟电脑公司，聆听了他关于发展"中国芯"的呼吁，"中国芯"的重要性，"关键核心技术要不来、买不来"。"世上无难事，只要肯登攀"，加强技术创新与品牌工作的结合，引导企业大力实施科技创新与品牌战略，创造更多具有核心竞争力的科技产品，打造一批具有国际竞争力的品牌。华为不断学习世界一流企业的先进经验，2019 年研发费用投入达 1317 亿元人民币，2021 年 6 月，"鸿蒙"系统正式发布。比亚迪秉持"技术为王、创新为本"的发展理念，每年技术研发投入占销售收入的比重在整个行业位于全球前列。

创新是品牌建设的原动力

创新、协调、绿色、开放、共享的新发展理念是实现我国发展全局深刻变革的科学指引。品牌的核心要义在创新，通过产品创新，才能造就品牌差异性；通过服务创新，方能提升品牌美誉度。企业必须树立品牌意识，重视创新研发，打造属于自己的品牌，才能增强市场竞争优势和可持续发展能力。管理大师德鲁克说："企业的两个功能是市场营销和创新。企业家不能仅忙于具体事务，花时间和精力去思考先进的管理理念和战略方法，思考企业的未来"。2001 年，柯达的品牌价值位列全球第 27 名，仅仅过了 11 年，柯达公司申请破产保护，市值由高峰时的 300 亿美元跌至 1 亿美元左右。就在柯达破产的同月，日本富士数码相机新品发布会在美国举行。风起于青萍之末，所有品牌要关注趋势的发展，柯达和富士的浮沉，背后是科技创新带来的巨变。

品牌发展，战略为先，创新为要。实施品牌战略是引领产业转型升级的重要抓手，建设世界一流企业是打造世界一流品牌的应有之义。以创新为核心、以先进技术为支撑，积极采用新材料、新工艺，研发生产满足市场多层次需求的新产品、新服务，做到人无我有、人有我优。以品牌引领带动企业高质量发展，通过积极打造中国品牌，带动产品、技术、标准走出国门。要把自主创新作为培育品牌的内核，加大技术研发投入，形成自主知识产权和品牌优势。有的专家说，持续创新是品牌的活力之源，质量服务是品牌的立根之本；使命愿景是品牌的价值之魂；专业经营是品牌的发展之道。我国作为世界上人口最多的国家和世界第二大经济体，拥有广阔的市场和庞大的潜在消费群体。2018年春节期间，笔者去英国、法国旅游，在伦敦和巴黎看到了许多共享单车。共享单车为人们解决了"最后两公里"的出行问题，并在最近几年走出国门。

实施创新驱动发展战略

抓创新就是抓发展，谋创新就是谋未来。实施创新驱动发展战略，推动科技、产业、市场、管理等创新，不断增强中国制造的附加值和吸引力，推动中国品牌逐步壮大。发挥品牌引领作用，推动供需结构升级，激发企业创新活力，树立中国品牌的消费信心。当前，中国互联网、大数据、人工智能等高新技术快速传播，促进各行业生产效率提高，产生了巨大的经济效益。新冠疫情对传统行业造成了很大冲击，疫情防控期间，智能化浪潮由线上向线下奔涌，5G、大数据、云计算、人工智能等数字技术与传统产业加快融合，孕育着经济发展的新动能。中国经济体制改革研究会原会长高尚全指出，"创业、创新、创牌三创可以改变中国。创业是基础，创新是关键，创牌是目标。经济在下行的时候，靠创新，可以促进经济发展，技术创新是关键，理论创新是先导，制度创新是保障"。

"新故相推，日生不滞。"新事物不断涌现并不断替代旧事物，这是不以人的意志为转移的客观规律。品牌的根基是产品，而产品的根基是研发，以技术创新维护品牌声誉。企业通过品牌差异化，在消费者心目中树立不同于其他品牌的形象，使消费者认同品牌的质量、服务高于一般产品与服务。"增品种、提品质、创品牌"战略深入实施，不断增强核心竞争力，是企业发展永恒的主题。创新须紧紧围绕客户需求，引导开发出低成本、高增值的产品，这才是有效的创新。推动经济发展的质量变革、效率变革、动力变革，离不开科技创新引领。企业要积极发挥创新主体作用，依靠科技创新打造新增长点。

科技助推品牌升级

品牌作为实现政治、经济、文化综合创新的重要载体，成为推动中国经济提速的新动能、新力量。实施"双创"（大众创业、万众创新），引领创新驱动；实施"三品战略"（增品种、提品质、创品牌），规划供需升级。建设中国品牌，需要企业、社会、国家多方合力共建，在竞争中改善品质、改良技术，树立中国品牌的良好形象；依靠"互联网+"让实体经济搭上信息网络技术的便车，造就互联网时代的品牌振兴之路；利用新能源，改变旧的产能结构，塑造中国品牌的生态形象；寻求传统文化与现代经济的接合点，推进中国品牌做大做强。

深圳三面临海，是国家改革开放发展的前沿，也是高新技术产业推动品牌发展的模范城市，拥有华为、腾讯和比亚迪等国家级高新技术企业超过10000家。近年来，深圳每年投入超过700亿元进行科研和创新，贯彻执行国家技术和品牌融合创新发展的战略。

千帆过尽皆成序，乘风破浪再奋楫。党的十九大报告将创新引领作为培育新增长点、形成新动能的重要领域和深化供给侧结构性改革的主攻方向之一，这不仅仅是国家战略布局的选择，更是成为世界一流企业的重要途径。实现高质量发展，必须依靠创新驱动的内涵型增长，尽快突破关键核心技术，实施人才战略，善于利用全球创新资源。

在品牌发展的过程中，创新不仅仅是推动产品进步的关键，更是塑造品牌差异化竞争力的重要手段。随着消费者需求的不断变化，如何通过创新不断提升产品质量、优化消费体验，成为众多品牌争夺市场份额的重要策略。下述案例将借助小仙炖鲜炖燕窝的创新历程，深入探讨创新如何驱动品牌成功，引领行业潮流，并为其他品牌提供宝贵的经验和启示。

◉ 品牌案例 3-2：小仙炖鲜炖燕窝创新引领行业新风尚

近年来，蓬勃发展的中式滋补市场中，燕窝以其独特的滋补效果和丰富的营养价值，迅速成为消费者追捧的热门产品。然而，随着市场的不断扩大，燕窝行业也面临着产品质量参差不齐、生产标准不统一等挑战。在此背景下，小仙炖鲜炖燕窝凭借其高标准、高质量和创新精神，成功塑造了优质的品牌形象，引领着鲜炖燕窝行业的发展。

面对行业标准化管理的空白和消费者对高品质滋补产品的需求，小仙炖采取了积极的响应策略。公司深知标准化是确保产品质量的关键，因此投入大量资源，打造了从原料管理、生产加工到物流运输的全产业链管控标准。通过一系列的标准化措施，不仅确保了产品的高品质和安全，也为行业的规范化发展树立了标杆。同时，小仙炖始终聚焦于产品创新与研发，致力于为消费者提供新鲜、营养、便捷的燕窝滋补体验。公司投入大量资金和资源，用于研发新的生产技术和产品配方，以满足消费者的多样化需求。

在品牌建设方面，小仙炖同样不遗余力。公司不仅注重产品本身的质量和创新，还通过一系列的品牌建设活动，如参加行业展会、举办品鉴会等，提升品牌知名度和美誉度。这些努力使得小仙炖的品牌影响力大幅增强，成为鲜炖燕窝行业的领军企业。

小仙炖成立之初，便通过开创鲜炖燕窝这一新品类，让中式滋补重新建立了与当下用户沟通的纽带，帮助消费者建立了周期式的中式滋补生活习惯，让中式滋补行业焕发出新的生机。一流企业做标准，标准是高质量发展的判断依据，只有高标准才有高质量，才能创造品牌。"风起于青萍之末，浪成于微澜之间"，生活场景总是先于生活方式。2021年，小仙炖的首家沉浸式中式滋补旗舰店在北京SKP商圈揭幕，让消费者可以更直观地了解小仙炖品牌以及中式滋补的魅力。

此外，小仙炖还以高标准撬动产业链上下游协同发展，与原料供应商、生产加工企业和物流企业等合作伙伴建立了紧密的合作关系。由中国产学研合作促进会归口，小仙炖鲜炖燕窝牵头，联合中国标准化研究院等多家权威机构、知名高校及鲜炖燕窝全产业链上下游企业共同制定的《鲜炖燕窝良好生产规范》系列标准，填补了行业中对生产过程进行标准化控制管理的空白，为行业的规范化发展提供了有力支撑，成为推动行业标准化、规范化和产业化发展的有力抓手。

（2021年3月5日）

三、"互联网+"给中国品牌注入活力

1986年，中国发出第一封国际电子邮件；

1994年，中国引入互联网，国家邮电部正式向社会开放互联网接入业务；

1997年，张朝阳创办了搜狐，丁磊成立网易工作室；

1998年，马化腾开发出腾讯通信软件，刘强东创立京东；

1999年，马云创办阿里，李彦宏创办了百度。

他们共同经历了中国互联网的从无到有，互联网深刻地改变着中

国的经济格局与产业版图。经过 20 多年的发展，中国成为最具活力的全球第一大互联网市场。从"互联网 +"到"+ 互联网"，不同行业之间互相渗透、兼并、联合。互联网思维，就是用数据的对称，去取得不对称的价值，本质是用户思维，体验为王，渠道扁平。品牌卓著是一流企业的必备要素和典型特征，打造卓著品牌、建设一流企业，中国品牌建设必须有互联网思维、清晰的品牌战略和实施路径。《人民日报》客户端出品的"军装照"H5，浏览次数（PV）超过 10 亿，成功于互动功能的引入。

"互联网 +"改变生产、生活方式

"刷脸"就能购物，扫码即可用餐，在线即可问诊，共享单车和外卖配送走进每个人的生活。从文创产业中让千年文物"动起来"的创意 H5 和衍生产品，到美妆领域将古典护肤配方与现代科技的完美结合。随着信息网络化、服务智能化，智慧中国建设为探讨全球可持续发展提供了一个样本。

"互联网 +"的六大特征是跨界融合、创新驱动、重塑结构、尊重人性、开放生态、连接一切。"互联网 +"，可以理解为"互联网 + 各行各业"，它强调的是连接，发挥互联网在社会资源配置中的优化和集成作用；"互联网 + 医疗"，是基于互联网连接所带来的信息交换能力，让医疗企业服务快速触达用户。"互联网 +"的本质是连接，适度宽松的监管环境、开放多元的生态才能为"互联网 +"释放源源不断的动力。

中国互联网的发展经历了"传统互联网—移动互联网—万物互联"的过程。传统互联网就是 PC 互联网，它解决了信息对称问题；移动互联网解决了效率对接问题；未来的物联网需要解决万物互联问题，做到数据自由共享、价值按需分配。过去的二十年，中国消费互联网积淀了大量技术，培养了庞大的在线消费市场，这为数字技术助力实体经济发展打下了坚实的基础。

创始于 2009 年的"双十一"，既是中国电商迅猛发展的黄金期，也是手机逐渐取代 PC 端成为互联网生活中心的见证。网购为企业降低促销流通费用，降低成本和价格，消费者可以寻找最优的价格。2020 年"双十一"期间，天猫和京东两大平台销售额总计约 7700 亿元，京东大数据显示，京东平台上销售过亿的品牌中有 81% 的品牌为国产品牌。其中，华为、小米、海尔成为成交额排名前三的品牌，而蒙牛、伊利、苏泊尔则成为销量排名前三的品牌。创新给中国品牌和经济发展注入新的活力，有利于中国品牌走向世界。"品牌"代表了质量保证，降低了选择成本，"互联网 +"给品牌带来了与用户更多的沟通机会。

人工智能推动经济高质量发展

2016 年 3 月，谷歌研发的 AlphaGo 战胜围棋世界冠军李世石，成为互联网进入智能时代的标志。随着新的信息技术与传统实体经济的融合，产生了华为、阿里、腾讯、百度等一大批有国际影响力的世界级企业。2017 年 11 月，科技部公布首批国家新一代人工智能开放创新平台，依托百度建设自动驾驶创新平台，依托阿里建设城市大脑创新平台，依托腾讯建设医疗影像创新平台，依托科大讯飞建设智能语音创新平台。人工智能得到了广泛的重视，并在机器人、经济政治决策、控制系统、仿真系统中得到应用。5G 的出现，让产业智能有了一个飞跃。人工智能发展的目标是将机器智能和人脑智能两者结合起来，构建一个比人和机器更聪明的智能体。人工智能的核心要义是让机器模拟人的智慧，使其像人一样认知、思考和学习。

目前，人工智能广泛运用于预测、导航、规划等一系列领域，智能革命是机器主动来学习和适应人，无人驾驶有望将车祸数量大大降低。"智慧城市"充分运用信息和通信技术手段感测、分析、整合城市运行核心系统的各项关键信息，为人类创造更美好的城市生活。车联网作为出行服务的载体，把车与路、车与车连接起来，通过云服务，构建出一个全面连接的生态。在未来，依托于语音识别和大数据等技术的发展，车联网将与移动互联网结合，为用户提供更具个性化的定制服务。人工智能助推品牌建设，品牌已经成为连接不同市场、不同经济体之间的桥梁和纽带。

近年来，我国人工智能快速发展，赋能经济社会成效显著。据《人民日报》报道，我国脑机接口创新生态不断完善，技术持续深入迭代，向着规模化方向发展。天津大学副校长明东说："脑机接口综合了医学、计算机、电子、机械、材料等多个学科的先进理论与前沿技术。"天津大学神经工程团队是国内最早从事脑机接口研究的团队之一。"神工"系列产品实现了主动康复训练对皮层、肌肉活动的同步整合与协同，取得了运动康复领域的突破。中国科协主席万钢表示，人工智能发展赋能实体经济、支撑社会发展，形成了具有中国特色的研发体系和应用生态，引领经济社会各领域从数字化、网络化向智能化跃升。

工业互联网是数字化转型的关键

早在 2011 年，"工业 4.0"一词首次在汉诺威工博会出现。2012 年，美国通用电气提出了"工业互联网"概念；2013 年，德国政府推出了"工业 4.0"；2015 年，我国出台了制造强国中长期发展战略规划《中国制造 2025》，全面部署并推进制造强国战略。随着这一概念进入第二个十年，"工业 4.0"也被赋予新的期望。工业互联网对支撑制造强国和品牌强国建设，提升产业链现代化水平，推动经济高质量发展和构建新发展格局，都具有十分重要的意义。

海尔集团总裁周云杰认为，工业互联网不等于工业"淘宝"，不同于消费互联网的流量经济，工业互联网是包含"全场景、全要素"的价值经济，是以用户为中心的大规模定制，主要解决供需匹配的问题。没有互联网的制造业没有希望，没有制造业的互联网更没有希望。工业互联网的本质是通过开放的、全球化的网络平台把设备、生产线、工厂、供应商、产品和客户紧密地连接和融合起来，高效共享工业经济中的各种要素资源，从而通过自动化、智能化的生产方式降低成本、增加效率，推动制造业转型发展。近年来，我国发布了一系列5G和工业互联网典型应用场景，推出加快工业互联网建设的一系列举措。"产业互联网"除了强调互联网的连接作用外，还强调互联网技术与具体产业的深度融合，除人与人之间需要连接之外，人与物、物与物之间也需要连接。

发展平台经济　激发创新活力

平台经济，是连接业务通道而产生的一种经济模式，经历了从萌芽到高速成长，再到壮大的发展过程。品牌建设越来越依赖数字平台，推广品牌效率高，平台具备精准探知用户需求和推送的能力，使品牌影响力更加个性化。平台经济是一种以互联网、大数据、云计算为技术支撑的跨地域、跨部门、跨领域、跨行业的数字化的跨界经济。平台经济把传统的线下服务搬到线上，使得传统经济变成了信息化支撑的新经济体系，有利于降低运行成本，提高效率，也有利于传统产业的升级。平台经济有两大优势，一是零成本复制性，二是开放性，使平台经济具有外部性和共赢的特点。在互联网平台上，供应商想要保持销量不断增长，创立自己的品牌，用产品品质绑定消费者是不二法门。

互联网成为品牌建设新载体，平台可以缩短企业品牌建设周期，从而让更多品牌脱颖而出。

"赢者通吃"是平台经济的普遍规律。从应用角度分类来看，平台经济可分为各种交易平台、媒体平台、金融平台、约车平台、教育平台、医疗平台等。平台经济对优化资源配置、推动产业升级、拓展消费市场以及增加就业，都起到了有力的推动作用。我国互联网企业比美国起步晚，得益于国内大市场，在规模上大多实现了赶超。据报道，截至2018年7月，全球市值最高的10家企业中有7家是平台企业，阿里和腾讯位列其中。在平台经济发展过程中出现了无序扩张、不正当竞争、商品以劣充优、大数据杀熟等现象。2021年的《政府工作报告》提出："国家支持平台企业创新发展、增强国际竞争力，同时要依法规范发展。"如果只顾着抢夺社区门口的"几块钱"而不能仰望星空，拥有再多的数据也很难有自己的高科技成果。2021年4月，市场监管总局依法对阿里处以182亿元罚款。规范是为了更好发展，国外平台经济的快速崛起，国家间的鸿沟与壁垒的蔓延，都要求我们时刻保持警惕。

互联网时代一切变化皆有可能

国家"十四五"规划纲要提出，要"积极稳妥发展工业互联网和车联网"，"在重点行业和区域建设若干国际水准的工业互联网平台和数字化转型促进中心"。互联网时代，出行、智能交通将会有很大的变化，电动车、无人驾驶技术和分享经济的融合对整个产业带来巨大的改变。当前的汽车或许不再是一个"机械"，而是一个由传感器、天线、接收器、显示仪等众多电子零部件组成的"电子产品"。互联网时代，品牌价值的核心逐渐从"物的关系"转向"人的关系"，这是构建生态品牌的原点。随着物联网时代的到来，市场营销的三大基石媒体、渠道、用户，都发生了根本改变。品牌成功的关键不再是在竞争中成为第一，而是要成为用户选择的唯一。

新冠疫情暴发后，网购、线上教育、视频会议、远程办公等新业态、新模式不断涌现，不仅保障了人们日常生活工作和社会正常运行，也丰富了数字技术的应用场景。以信息基础设施为代表的新基建，推动我国经济转型升级。远程医疗是发展"互联网＋医疗"新业态的重要内容，在新冠疫情防控中，"互联网＋医疗"在应对疫情、满足群众就医需求等方面发挥了重要作用，展示了互联网赋能卫生健康事业的广阔前景。中国的云医疗技术在推动抗疫国际合作方面发挥了重要作用。医渡云打造以疾病和患者为维度的医疗人工智能平台，公司副总经理徐丹介绍，在文莱他们参与建设的疫情防控大数据平台，帮助文莱政府实时监测和动态预测疫情变化，平台支持民众自我筛查，在疫情中取得了良好的效果。

世界因互联网而愈发多彩，生活因互联网而更加丰富。21世纪第一个十年叫网络化，第二个十年叫平台化，第三个十年叫智能化。加快发展数字经济，推动实体经济和数字经济融合发展，不断提升公共服务均等化、普惠化、便捷化水平。2020年9月，由人民日报文化传媒公司和华为公司联合主办的新基建、新经济高峰论坛在上海举行。论坛提出，加强以5G、人工智能、工业互联网、物联网等为代表的新型基础设施建设，这是数字经济时代的必然要求，也是我国经济高质量发展的应有之义。数字经济已经成为重塑经济发展模式的主导力量，成为传统产业升级转型的重要推手。我国曾经遗憾地错过了机械化、电气化、信息化三次科技革命，而今走进新时代，踏上新征程，抓住新机遇。

在"互联网＋"的浪潮中，医疗行业也迎来了创新转型的关键时期。

从传统医疗到智慧医疗的演变，不仅仅是技术的更新换代，更是行业模式与用户体验的深刻变革。通过智能化技术的引入，医疗服务不仅变得更加高效和精准，而且能够触及更多的人群，真正实现"精准普惠"。医渡科技作为这一领域的先锋企业，通过互联网技术与人工智能的结合，不仅提升了医疗服务的质量，还开辟了全新的品牌发展路径。

◎ 品牌案例 3-3：医渡科技：智能医疗　精准普惠

近年来，人工智能在促进医疗行业高质量发展和提高人民健康水平等方面的地位作用愈发凸显。医疗卫生事业关乎人民生命健康，医疗智能行业作为新一代信息技术与医疗健康行业的交叉学科，正在迎来更广阔的发展空间。

作为国内医疗智能领域的先行者，自2014年成立以来，医渡科技便以"使价值导向的精准医疗惠及每一个人"为使命，致力于医疗智能的开发与应用。在人工智能、大数据、云计算等前沿技术的持续探索与加强下，医渡科技不仅为医疗健康领域的发展提供了坚实的技术支持和智力支撑，更通过平台经济的模式，塑造了其独特的品牌优势。

面对医疗信息数据质量参差不齐的挑战，医渡科技自主研发了基于预训练模型和医学逻辑的自然语言处理平台，成功将繁杂的医疗信息转化为可计算的数据，让机器能够读懂人类医疗语言。这一技术突破，不仅解决了数据质量问题，更为后续的人工智能模型构建提供了坚实的基础。通过深度学习、符号知识推理模型、知识图谱等先进技术的融合应用，医渡科技成功构建了支撑公共卫生、研究、诊疗等多场景应用的模型体系。

历经多年的持续研发与投入，医渡科技打造的"医疗智能大脑"YiduCore 已具备强大的数据处理和 AI 算法能力，积累了海量的医疗知识、洞见和疾病模型。该模型不仅为医疗产业生态系统提供了强大的支撑，还通过技术转化，推出了医学数据智能平台与专病智能科研平台等实实在在的产品，二者均获得由中国信息安全测评中心颁发的"自主原创产品测评证书"，也赢得了市场的广泛认可。

在经营主营业务之余，医渡科技还致力于助力更多民众获得更普惠、更精准、更优质的医疗保障。医渡科技深知，医疗健康产业关乎每个人的福祉。因此，公司始终将最前沿的创新技术服务于人民健康作为己任，致力于让疾病得到更精准有效的治疗，让老百姓用上更便宜的药，让普通家庭不因大病致贫返贫。在此理念指导下，医渡科技积极协助保险公司开发创新保险产品，提供更快、更精准的承保和理赔服务。截至 2022 年 9 月 30 日，医渡科技"惠民保"业务已覆盖 3 省 10 市，累计服务 2000 多万参保人。

（2023 年 4 月 18 日）

四、中国品牌而今迈步从头越

创建世界一流企业是中国现代化强国建设的关键工作，产品卓越是高质量发展的起点。"产品卓越、品牌卓著、创新领先、治理现代"的 16 字方针，为深化企业改革、加快建设世界一流企业指明了方向。改革开放以来，中国经济创造了一个又一个奇迹，在世界上发挥的作用也越来越重要。华为、海尔、格力等许多中国品牌走出国门，并获得消费者认可。中国品牌"走出去"不仅是中国经济发展的需求，也是积淀已久的必然结果。麦肯锡的研究报告指出，世界一流企业有三个特征：一是要大，在体量上要有足够规模，在行业甚至在全球范围内有显著影响；二是要强，在行业内通过不俗业绩来保持领先地位；三是要基业长青，企业要有在市场风云变幻中屹立不倒的长期性，并在发展中积累长盛不衰的国际声望。中国品牌跑出好速度，2020年，我国有133家企业进入世界500强，居世界首位。

推进品牌建设 提升品牌价值

品牌是质量、技术、信誉和文化的重要载体，是推动经济高质量发展、提升国际竞争力的核心要素之一。以品牌强国为抓手推进"双循环"战略，推动高质量发展，在质量、品牌、创新等方面实现新的突破，促进我国产业迈向全球价值链中高端。坚持"质量第一"，为市场提供高质量的产品和服务。建设世界一流品牌应该具备高附加值、有差异化、有核心竞争力的"拳头产品"。中国社会科学院原副院长高培勇认为，无论是出于保护和激发企业活力的需要，还是统筹发展和安全的需要，都要求我们提升企业竞争力、做强做优企业品牌。企业在做好产品的前提下，积极塑造品牌，以品牌带动标准，以标准树立和巩固在行业的领先地位。

制造兴国，品牌强国。打造世界一流品牌，要结合实际，制定符合企业特点的品牌战略。一个国家缺乏世界级品牌，往往处于价值链中低端。发达国家凭借其品牌、资本、技术和管理等优势，将其品牌推向全球，成为世界品牌。品牌经济是将品牌作为核心要素、带动经济发展的高级经济形态。目前，我国经济不平衡、不充分的问题仍然存在，品牌发展滞后于经济发展，产品自主创新能力不强。企业的核心竞争力从产品为王、渠道为王，上升到品牌为王。企业核心竞争力包含高品质的产品、服务和整体性的战略规划。世界进入品牌经济时代，全球市场竞争越来越集中地体现为品牌竞争，要想成为世界品牌，必须提升产品和服务的质量。把打造世界知名品牌和建设世界一流企业目标紧密结合，整体提升品牌价值和品牌实力，面向世界舞台，发挥品牌建设和品牌经济的引领带动作用，让中国企业真正走上品牌引领位置，提高国际竞争力。

对标世界一流　助力品牌强国

很久以前，"中国制造"瓷器已经誉满全球。改革开放以来，通过引进国外先进技术、先进管理经验，中国品牌逐渐走出国门。同时，我国大举引进欧美关于品牌建设的制度、法律以及专业知识，助力品牌建设与国际接轨。目前，我国世界级品牌数量较少，含金量不够，企业缺少核心技术。中国品牌建设促进会理事长刘平均指出，随着经济全球化和国际市场竞争的加剧，国际市场已由价格竞争、质量竞争上升到品牌的竞争。全球生产力布局、行业标准与技术创新引领、世界公认的品牌和顶层设计的治理结构是构建世界一流企业的内在要素。在品牌强国战略引领下，对标世界一流企业，全面提升企业运行和产品服务质量。

"海尔作为国际知名品牌，已经成为世界家电行业领头的企业，物联网时代，海尔不再是一个单纯的产品品牌，而是一个以生活方式为核心的生态品牌。"海尔集团总裁周云杰说。

创建更多享誉全球的中国品牌，有利于推动经济高质量发展，提升供给质量、促进消费升级。世界级中国品牌是我国对外开放水平、全球化程度以及自主发展的最直接的体现。品牌要得到长远发展，其重要指标就是品牌国际影响力。形象是品牌的外在体现，精神是品牌的灵魂所在。品牌形象可以通过广告、促销、赞助活动等整合营销来传播，向世界推广品牌是当前国家和企业发展的重要内容。体育运动是全世界共同的语言，海信通过赞助大型体育活动向外界传递海信的理念与自信，从而提升海信品牌影响力。2016 年，海信成为欧洲杯设立 56 年来的第一个中国顶级赞助商；2018 年，海信成为俄罗斯世界杯官方赞助商，海信的海外市场被快速拉动。在伦敦，比亚迪制造的纯电动"红色双层巴士"为英伦文化增添了中国元素。

"一带一路"上的中国品牌

中国品牌积极发挥自身优势服务消费者，并不断地提升品牌价值，在不断超越自我的同时，把中国的成功经验带到海外市场，赢得了海外消费者的信赖。目前，我国的贸易伙伴已发展到 230 多个国家和地区，"一带一路"倡议为提升中国品牌影响力提供了良机。近年来，中国高端装备制造业快速成长，高铁、核电、自主品牌汽车等企业不断走出国门。华彬集团董事长严彬认为，在"一带一路"倡议引领下，中外经贸合作领域不断拓展，产经融通度不断深化，中国经济改善全球市场供给的内涵，已经实现由产品输出到技术输出、服务输出，再到管理方式输出、发展理念输出的跃升。2018 年以来，笔者去了英国、法国和德国等欧洲国家，感受过中国高铁以 350 公里 / 小时的速度飞驰，可是伦敦至巴黎的火车很慢；在德国，当地正如火如荼推进智慧城市建设，所用互联网技术却并不比我国的先进……

在人工智能、移动互联等新技术浪潮推动下，我国企业正在以产品本地化、定制化为导向赢得海外市场，让品牌经济成为发展的新动能。2018 年 9 月，柏林国际轨道交通技术展中，我国 174 家相关领域的企业展示的技术和产品，获得了众多专业人士的好评。中国中车的CETROVO（新一代碳纤维地铁车辆）成为展会的焦点。Interbrand 2018年全球最具价值品牌榜单中，中国仅华为一家企业入选。中国吉利汽车通过并购沃尔沃并有效合作，在较短时间内入围《财富》全球 500 强企业。有"地下航母"之称的盾构机已经成了新的"中国名片"。2020年9月，在中铁装备郑州盾构总装车间，直径为8.64米的一台盾构机正式下线，这是中国中铁自主研制的第1000台盾构机。目前，中国盾构机不仅在国内市场的占有率达到90%，还出口到30多个国家和地区。

打造世界一流企业，要深入开展国际化经营，开拓全球市场。只有面向全球市场的企业才可能成为世界一流企业。企业开拓全球市场，可以扩大规模、分散风险、降低成本、促进增长。加强品牌建设，拓展国际视野，推动中国品牌"走出去"，在更宽领域和更高层次开展国际合作。中国的一些品牌在质量、技术、科研等方面已走在世界前列，但在资金运作、渠道建设和品牌传播上与国外品牌差距较大，加强渠道建设，提升传播力是中国品牌今后需要着力解决的问题。品牌国际化是中国未来经济发展的核心和关键，也是中国企业实现跨越式发展的必由之路。中国品牌要想赢得海外市场，首先要做的就是明确自身的核心竞争力，让品牌走进海外消费者心中。品牌品质好，体验好，才能获得消费者青睐。中国品牌"走出去"展示了当今中国制造的实力，为世界了解中国提供了一个切入点，给传播中华文化提供了一个新的平台。推动中国品牌"走出去"，不仅是企业自身需求，也是我国扩大对外开放的必由之路。中国品牌不仅"墙内开花"，还要努力实现"墙外香"。

在全球制造业竞争日益激烈的今天，高端装备制造业已成为衡量一个国家制造实力的重要标志。中国品牌正从"制造"向"智造"转型，以技术创新、质量提升和品牌塑造为核心，推动产业迈向全球价值链高端。中铁装备作为中国高端装备制造的代表企业，凭借自主创新和优质服务，成功塑造了全球领先的盾构机品牌，为全球基础设施建设提供了"中国方案"和"中国装备"。下述案例将探讨中国品牌如何依托科技创新和品牌建设，在全球市场中实现突破，展现中国制造的硬实力。

◎ 品牌案例 3-4：中铁装备为全球提供中国装备

2014年5月10日，习近平总书记视察中铁装备，作出"推动中国制造向中国创造转变、中国速度向中国质量转变、中国产品向中国品牌转变"重要指示。

制造业是国民经济的主体，是立国之本、兴国之器、强国之基。盾构机被称作"工程机械之王"，是衡量一个国家制造业水平的重要标志。中铁装备以盾构机为核心产品，展现了中国品牌在高端制造业领域的全球竞争力。中铁装备紧跟国家"一带一路"倡议，不仅在国内市场占据领先地位，还成功将盾构机技术推向国际市场，为全球基础设施建设提供了中国智慧和中国装备。目前，全球每十台盾构机就有7台来自中国，我国盾构机的上下游企业已经有上千家，仅中铁装备，盾构机订单总数超过1600台。

2019年1月15日，中国出口非洲大陆首台盾构机"中铁665号"在中铁装备公司天津工厂成功下线。

"中铁665号"是中铁装备与意大利承包商签署的盾构机供货合同的主要内容，机型为土压平衡盾构，直径10.5米，整机总长91米，具备180米的水平转弯能力，满足设备在掘进过程中纠偏调向需求。这一装备将适用于阿尔及利亚阿尔及尔地铁延伸线的工程建设，其项目隧道全长9565米，包括9个地铁车站和10个通风竖井。

这一装备的成功下线，不仅展示了中铁装备在盾构机领域的强大技术实力，也为中国企业推进国际产能合作提供了有力支撑。通过技术创新，中铁装备成功解决了盾构机在复杂地质条件下的掘进难题，为全球客户提供了高效、可靠的解决方案。

中铁装备的品牌影响力，不仅源于其技术实力，更在于其对市场需求的深刻洞察和精准把握。公司紧跟市场趋势，不断调整产品结构和市场策略，以满足国内外客户的多样化需求。通过优化服务流程、提升服务质量，中铁装备赢得了客户的广泛赞誉和信赖。同时，公司还积极参与国际竞争，与全球知名承包商合作，共同开发第三方市场，进一步提升了中铁装备品牌的国际知名度和影响力。

丈夫志四海，万里犹比邻。中国正由"世界工厂打工者"向"全球资源整合者"的角色转变，当下的中国企业，既有信心，也有能力，以全球化视野拥抱新时代的新机遇，追光向前。中铁装备的成功经验表明，品牌建设是企业发展的重要支撑。通过技术创新、市场洞察和优质服务，中铁装备成功打造了中国盾构机领域的知名品牌。创新树品牌、质量铸品牌。中铁装备不断汇聚起促进品牌高质量发展的合力，增强信心、把握机遇、奋发进取，不仅提升了企业的国际竞争力，也为中国高端制造业的转型升级树立了典范。

（2019 年 1 月 22 日）

4

第四章 品牌强国战略引领中国品牌

品牌就是护城河。——巴菲特

品牌是现代市场经济的产物，不仅代表着商品的质量、属性，还代表市场和消费者对产品、售后服务以及企业所在国家的文化价值的认可。世界品牌是一流品质的代名词，只有赢得了国际高端市场竞争，才真正称得上是世界一流品牌。评价一个国家或地区是否强大，该国或地区拥有多少世界知名品牌也是极为重要的标准。对于企业而言，品牌赋能与价值成长息息相关。一流的企业打造一流的品牌，每一个成功的中国品牌都应努力争取打造成为全球性的"世界品牌"。

增强信心，笃行不怠。全球化时代，我们加大对外开放，提出了"同一个世界、同一个梦想"的主张，向世界宣称"我家大门常打开"。越来越多的中国品牌正在走出国门、走向世界。凯勒教授的代表作《战略品牌管理》被誉为"品牌圣经"。在他看来，随着竞争的加剧，市场的同质化趋势日益明显，品牌成为企业引导顾客识别自己并区分与竞争对手的重要标志，也是企业的核心竞争力。

党的十八大以来，我国汽车产业抓住电动化、智能化、网联化转型机遇，强化顶层设计，着力推动技术创新、产品创新、市场创新，培育新增长点，一批核心技术相继取得突破。中国自主品牌汽车产业的进步，不是一蹴而就，而是以科技创新、文化及个性等多种方式积累而成的。新时代给中国品牌带来了跟世界一流品牌并驾齐驱，甚至超越的机会。随着中国汽车产业的快速发展，家用汽车不再是高不可攀，真可谓"旧时王谢堂前燕，飞入寻常百姓家"。

一、做强中国制造，赋能中国品牌

2014年5月10日，习近平总书记在河南考察时作出"推动中国制造向中国创造转变、中国速度向中国质量转变、中国产品向中国品牌转变"的"三个转变"重要指示。2017年国务院批复同意设立中国品牌日，标志着我国将"发挥品牌引领作用"上升到国家战略高度。"中国品牌日"的设立，可以使更多的企业意识到品牌的重要性、在品牌上投入更多，品牌无形资产就会增多。党的十九大报告提出，建设现代化经济体系，为建设科技强国、质量强国、航天强国、网络强国、交通强国、数字中国、智慧社会提供有力支撑。推进品牌战略，推动中国品牌迈向全球价值产业链中高端的时机已经到来。

打造卓著品牌

品牌已经成为一种经营理念和经营模式，是对社会和消费者的承诺。品牌建设是构建现代化经济体系、形成新发展格局的内在要求。打造卓著品牌、建设一流企业，探索具有中国特色的品牌发展模式；培养全球化的品牌战略思维和开放视野，带动形成一批产业链和产业集群品牌。品牌是整合资源的有效手段，优秀的品牌，往往是一个国家的名片。联合国相关机构公布的数据显示，占全球品牌不到3%的世界知名品牌，其产品占据全球市场的40%以上，销售额占到全球市场的50%。当前，中国品牌与世界知名品牌之间的差距，体现在市场占有率、品牌溢价等硬实力以及品牌信任、购买意愿等方面。中国经济总量在高速增长，但具有国际竞争力的世界知名品牌较少。

随着经济全球化进程的加快，拥有国际知名品牌已成为世界一流企业引领全球资源配置和开拓市场的重要手段。互联网极大地推动了生产制造业转型发展，人工智能、工业4.0成了制造业的发展方向。在互联网时代，品牌经济是网络经济、知识经济和服务经济。品牌经济是建立在产品品牌基础上、商品经济高度发达、工商文明高度发育的一种经济形态。它以品牌为载体，整合政治、经济、社会和文化等要素，形成具有更大范围集聚、深度配置和整合资源要素等功能，促进一个地区实现高质量发展。现阶段，我国推动品牌经济发展的核心是提质增效，通过提高产品质量，增加产品附加值。

制造兴国　品牌强国

大国制造，"可上九天揽月，可下五洋捉鳖"。世界经济发展史表明，制造业兴，则经济兴、国家强；制造业衰，则经济衰、国家弱。制造业是立国之本、强国之基，是实体经济的重要组成部分。打造具有国际竞争力的制造业，是我国提升综合国力、建设世界强国的必由之路。企业经营是一个整体，只有管理、创新、市场和品牌战略齐头并进，才能在竞争中掌握主动并立于不败之地。制造兴国，品牌强国，品牌已经成为各国之间力量对比的重要指标。当今世界，经济强国都是品牌强国。一流品牌是企业竞争力和自主创新能力的标志，是高品质的象征，是企业知名度、美誉度的重要体现。国家发改委原副秘书长范恒山表示，制造业现代化是国家现代化的根本支撑，要把我国建设成为制造强国，需要三策联动：坚定方向，矢志不渝；夯实基础，固本强根；完善支撑，优化生态。

近年来，"微笑曲线理论"颇为流行，产业链条上价值最高的区域集中在研发和品牌上，因其位置酷似人微笑时嘴角上翘形成的曲线上端而得名。企业做好生产制造保障产品质量是根本，通过不断地创新研发提升附加值，通过差异化的营销和服务打造品牌，做好品牌心智与用户连接。对于企业而言，要想提高盈利水平和竞争力，就需要向微笑曲线的两端延伸和发展，即加强研发和设计能力，提升销售和服务水平，从而获取更高的附加值和市场份额。一花独放不是春，百花齐放春满园。"品牌赋能，价值成长"，作为行业领先品牌，既要考虑企业自身，也要站在行业和社会的视角，还要看它给所处的行业带来了什么。2019 年 1 月，小米提出了手机双品牌的发展策略，其中，红米品牌主打大众市场，小米品牌冲刺高端市场。2021 年，小米在境外高端市场表现亮眼，高端智能手机出货量同比增长超过 160%。

建设世界一流企业

世界品牌是指在国际市场上知名度、美誉度较高，产品辐射全球的品牌，代表了企业在全球市场的影响力。国务院国资委要求世界一流企业做到三个领军、三个领先、三个典范，其中包括品质领先，成为全球知名品牌的典范。党的十八大以来，我国不断推动品牌建设，品牌管理能力明显提高，形成了高铁、中国航天、华为、大疆等具有行业话语权和美誉度的中国品牌，增进了全球消费者对中国品牌的认同。

在全球化竞争的氛围下，许多国家都在宣传本国产品的"国家品牌形象"，如美国的"创新"、日本的"品质"、德国的"严谨"、法国的"时尚"。国家品牌形象的塑造来自品牌化的产业支撑、品牌企业的引领。瑞士的名表劳力士享誉世界；德国的宝马、奔驰令人津津乐道；日本的精益生产诞生了大量的电子品牌；美国创造了麦当劳、肯德基、苹果、特斯拉等既豪华又实用的强势品牌。在未来，我们努力提升中国品牌全球化水平，打造更多享誉世界的"中国品牌"。

对企业来说，高质量的产品、先进的技术、优质的服务是打造一流品牌的基础。企业加大技术创新、管理创新力度，提升优质产品开发能力，为品牌建设夯实基础。全球工程机械制造商 50 强中，有 11 家中国企业，其中，湖南企业占了 4 席，全部都位于长沙市，分别为三一重工、中联重工科技、铁建重工和山河智能。2022 年，武汉经开区高新技术企业达 1000 多家，包括湖北军缔悍隆科技公司在内的国家级专精特新"小巨人"企业 26 家。军缔悍隆是一家国内最早进行汽车轮胎中央充放气系统研发、生产、销售及服务的高新技术企业，拥有各类专利 80 余项，多次被一汽解放、东风越野车等主机厂授予创新集成开发商等称号。截至 2024 年底，我国已累计培育专精特新"小巨人"企业 1.46 万家，通过品牌培育，这些企业有望进一步提升为"中国品牌"。

推动品牌国际化

"浩渺行无极，扬帆但信风。"当今世界，品牌的力量不断彰显，品牌国际化已经成为我国企业面对全球化竞争、提升企业竞争力的重要战略。"一带一路"倡议成为推动中国品牌建设的大舞台，其自身也成为提供新动能、改善全球经济治理的大品牌。亚太贸易协定工商会执行主席王燕国表示："作为区域多边国际合作工商组织的亚太贸易协定工商会，以促进亚太贸易协定各成员国及亚太地区投资自由化、贸易便利化为宗旨和已任。"国内越来越多优秀品牌走出国门，华为、小米、比亚迪等企业不仅拓宽了品牌国际化的广度，还扩展了品牌本土化的深度。

"道虽迩，不行不至；事虽小，不为不成。"实施品牌强国战略，推动更多中国产品、中国制造、中国服务成为世界名牌。随着我国产业整体实力、抗风险能力显著提升，中国制造在全球供应链体系中发挥着越来越重要的作用。技术创新居于品牌内涵的核心，实施品牌战略培育更多国际知名品牌。努力攻克技术难关、提高产品创新能力、加快实现品牌化发展。我国制造业增加值连续 10 多年保持世界第一，是唯一拥有联合国产业分类中所列全部工业门类的国家，220 多种工业产品产量居世界第一。

2023 年 12 月，广汽埃安智能生态工厂入选"全球灯塔网络"，成为全球仅此一座的新能源汽车"灯塔工厂"。在这里，定制化生产点亮制造灯塔，更"聪明"的产线可实现 100400 种配置组合，每 53 秒就有一辆新能源汽车下线。"灯塔工厂"代表着当今全球制造业智能制造和数字化的最高水平，新晋 21 座"灯塔工厂"中有 12 座在中国。

二、推动我国实现品牌强国

品牌是企业乃至国家竞争力的综合体现，代表着供给和需求的方向。品牌具有知名度和美誉度，有了知名度和美誉度，才具有凝聚力和传播力。未来属于品牌，尤其是属于世界品牌。品牌建设是指品牌拥有者对品牌进行的规划、设计、宣传、管理等行为。品牌建设，以诚信为先，以产品质量和特色为核心，才能获得消费者的认可，在市场上占有一席之地。在品牌建设中，产品创新是"关键一环"，必须加大对产品的研发力度，培养员工精益求精的工匠精神，完善对产品的质量把控。品牌建设应与时俱进，根据具体情况进行整合传播和品牌维护，建立与消费者长期的联系。品牌建设提升国家经济和企业竞争力，是企业崛起的最快方式，是做精产品、做强企业、做大产业的过程。

找准品牌定位　实施差异化

品牌定位是品牌赋能的核心。定位大师特劳特认为，"品牌是品类及其特性的代表，当消费者有需求时，立即想到这个名字，才算真正建立了品牌"。品牌之所以能成功，就是因为品牌拥有或占有了某个词汇。百度拥有了"搜索引擎"、王老吉拥有了"预防上火"。品牌定位是品牌建设的前提，通过对企业的产品、服务、形象进行规划设计，给消费者留下深刻印象。好的品牌名称，能赢得消费者对品牌的关注、记忆和认同。好的品牌规划，等于完成了一半的品牌建设，为消费者创造价值，为股东创造财富。品牌定位是创建品牌资产的一部分，有助于消费者减少购买商品的时间、传播品牌信息和制定传播目标，与竞争对手区分。知己知彼，百战不殆。品牌定位分四步走：分析竞争环境，了解竞品在消费者心目中的位置；分析自身品牌，了解自己与竞争对手之间的差距以及在消费者心中的位置；分析消费者和行业环境，结合自身情况，研究出围绕解决消费需求的品牌概念。

品牌是一种承诺。给消费者带来认同和归属感的，是品牌能够提供的差异化产品、服务、理念或体验。找到与竞争者不同的差异点，是进行品牌建设的关键；洞察与消费者相关的价值需求，提高品牌质量、知名度和消费者忠诚度，是进行品牌建设的核心。品牌建设过程就是运用定位战略把差异化植入消费者心智的过程。产品差异化更好地满足消费者的需求，吸引重复购买，培养消费者对品牌的忠诚度，有利于扩大品牌的销量。差异化是建立知名品牌的关键因素，品牌开始走下坡路的原因之一是差异化丧失，只有独特的品牌形象才能保持消费者的品牌忠诚度。品牌的形象资产具有进一步区分产品、服务和实体的功能，成为某一品类的代言者，首选甚至是唯一选择。"开宝马、坐奔驰、安全就找沃尔沃"，说的就是品牌无形资产管理运营中，在利益相关方积累起来的独特资产。做品牌不一定要超越对手，而是要与对手形成差异。品牌从同质化走向差异化，从价格走向价值，从制造驱动、渠道驱动到品牌驱动，助推中国品牌崛起。

提高产品质量　推进自主创新

质量是品牌的基础，质量不好，品牌就是无源之水、无本之木。国家"十四五"规划纲要明确提出深入实施质量提升行动，推动制造业产品"增品种、提品质、创品牌"。一流的服务是"名牌产品"不可缺少的组成部分，不仅满足消费者在使用产品时特有的荣耀心理，还有期待无缺陷的安全感、持久感。质量是品牌的核心要素，是品牌建设的基石。树立质量第一的意识，坚持以提高质量和核心竞争力为中心，打造质量标杆企业，培育更多"中国品牌"。品牌建设，在保证产品优质生产的基础上，通过品牌升级推动中国制造业转型升级为中国创造。品牌建设促使企业更加专注于提升产品品质，提高品牌含金量，拓展品牌的发展空间，增强经济活力。

创新是引领发展的第一动力。没有创新，社会无法进步；没有创新，人类文明难以推进。品牌建设的过程，就是品牌不断创新、发展的过程。创新是品牌价值的增长动力，技术创新可以使品牌保持竞争优势。品牌是价值的载体，企业通过设计创新、生产制造和营销服务全过程为产品赋予价值。没有创新，品牌就没有差异化的魅力。坚持从中国制造向中国创造转变，在自主创新的引领下，不仅重视技术创新的硬实力，更强调文化创意的软实力。中国品牌只有不断创新，才能在市场上赢得荣耀，得到消费者的认同。品牌战略是一种高层次市场竞争策略，企业要通过创新来调整产品结构，借助自身特色拉近与消费者的距离，获得更大的市场份额，从而树立自己的品牌。

　　开展整合传播　　促进品牌建设

　　品牌大师大卫·奥格威曾说，每一个品牌都是一个产品，但不是所有的产品都是品牌。企业应将更多的资源转移到品牌建设上来，开展整合营销，把所有的营销活动看成一个整体，创造统一的品牌形象，赞助文体活动或者公益活动，运用事件营销、活动营销、公关策划、广告宣传等多种方式开展活动。企业内部可能由不同部门主管公关和广告，但这两个部门应该向同一个领导汇报工作，这样所有公关活动才能够协调，并且与企业期望的品牌认知或形象保持一致。品牌发展到一定高度，品牌建设的重心要从追求品牌"知名度"转向品牌"认知度"，从注重客户"流量"转向注重客户"关系"，从品牌"价值"创造上升为品牌"声誉"资产管理。

　　品牌体验是品牌赋能的最好途径之一。企业需要提供出色的产品和服务，为消费者创造愉悦的购物体验和品牌体验。优质的品牌体验不仅能够吸引和留住现有客户，还能产生正面的口碑传播。品牌体验中的公益营销能创造合作机会，拉近与用户的距离，起到事半功倍的效果。在品牌营销策划方案制定中，分析当前的品牌传播环境，找到自己的定位，做详细深入的 SWOT 分析。制定品牌传播的目标、营销，方案要细致、周密、灵活、可行性强。公关活动和广告策划都是品牌建设的有效途径，耐克的"just do it"、海尔的"真诚到永远"广告语耳熟能详。营销大师科特勒曾说，满意的顾客是最好的广告。最好的广告一定是产品本身，最好的产品也一定具备广告效应。品牌建设不仅是做广告，还包括活动赞助、品牌代言人、品牌旗舰店等。良好的赞助活动可以强化品牌知名度，有效延伸品牌，加强品牌的广度和深度以及维护与客户之间的关系，能够有效促进品牌建设。

发挥政府主导　健全政策支持

品牌建设，应该充分发挥政府的主导作用，共同促进品牌建设的良性发展。加大对品牌经营的支持力度，引导有条件的企业"走出去"，在"一带一路"倡议的大背景下，企业应充分利用好国家层面品牌培育的机会，抓住机遇，快速建立起品牌构建的管理体系。品牌建设要依据企业实际情况，结合运营、融合文化，多角度思考、全方位落实。加强品牌建设有助于降低成本、提高效率，打造出一批满足多元消费需求、运营能力良好的优质品牌，实现产业链的全球布局，获得最佳产品和成本配置，提升经济运行效率。品牌作为实现政治、经济、文化综合创新的重要载体，成为推动中国经济提速的新动能、新力量。要大力实施"双创"（大众创业，万众创新），引领创新驱动；实施"三品战略"（增品种、提品质、创品牌），规划供需升级。

品牌建设关系到国家战略安全、中华优秀文化的传承和发扬。跨国公司在全球组织研发、采购和生产，凭借资本、技术、品牌、管理和服务等优势，收购或者冷冻中国品牌，要引起我们的重视。学习德国品牌的严谨细致、日本品牌的精益求精、美国品牌的自由创新和法国品牌的浪漫，打造中国品牌的特质，实现中国品牌从文化认同向精神认同的升级。让品牌成为国家文化软实力的重要载体，用优秀传统文化培育有特色、有内涵、有底蕴的中国品牌。品牌既是打开潜在市场大门的敲门砖，也是用来保护原有市场的防护堤。当前，国内企业普遍对品牌的认知不足，在品牌建设投入上不足。

完善品牌维护　满足顾客需求

品牌建设中，企业要根据市场和自身情况对品牌进行不断的维护和提升。产品品质是决定一个品牌成败的根本。三鹿集团因三聚氰胺轰然倒塌，标王秦池酒业因几瓶勾兑的假酒黯然离场。产品品质不过关，品牌建设就无从谈起。品牌维护体系包括品牌危机管理、对品牌市场的反馈机制和对品牌管理体系的持续优化和改善。品牌维护通过综合执法，打击假冒伪劣，增强企业作为市场主体追求品牌的动力。如果企业采取单品牌战略，会出现"一荣俱荣，一损俱损"的情况；企业采取多品牌战略，若单一品牌出现问题，对其他品牌影响较小。通过检测、认证，支持企业更好提升质量，培育品牌。

品牌建设之路并不是一帆风顺，诺基亚、摩托罗拉、柯达旦夕之间灰飞烟灭，提醒我们品牌不是万能的，单靠品牌的力量不可能获得消费者的信任，如果没有有竞争力的产品做支撑，品牌的力量也会苍白无力。德鲁克曾经说，"企业的使命是创造并留住客户"。提供可行的解决方案满足顾客需求、尊重顾客、制定公平的价格，方便顾客，节省顾客的时间和精力。诚信与友善是底线，代表着做好事；创新则代表着做好事的实力和能力，没有创新很难形成美誉度。有了核心技术，企业就有了核心竞争力。靠产品特色、差异化来竞争，靠优质的、特色的服务，同样可以造就核心竞争力。品牌的最高境界，就是让顾客成为你的推销员。一个品牌要获得长期的竞争力，必须抢占顾客的心智资源。有条件的企业可以成立会员俱乐部、品牌社区等，加强与消费者之间的联系，增强消费者的良好体验。

随着我国由制造大国向制造强国转变，中国产品逐步走向世界。成立于 2001 年的雅迪集团，现已成为集电动自行车、电动摩托车及其零配件研发、生产与销售于一体的高端两轮电动车制造企业。雅迪研发成果斐然，拥有 1350 多项专利。据统计，雅迪全球用户超 7000 万，产品受到全球 100 多个国家和地区用户的喜爱与认可。我国的品牌建设还处在一个任重道远的阶段，需要投入大量的时间和精力，一旦中途停止，就会前功尽弃。因此，打造具有国际竞争力的中国品牌，是我国提升综合国力、保障国家安全、建设世界强国的必由之路。中国品牌建设促进会理事长刘平均指出，未来要培育 1000 个左右的国内外知名品牌，推动我国由质量经济阶段跨入品牌经济时代，推动我国实现品牌强国、经济强国的目标。

在中国品牌崛起的进程中，飞鹤乳业的品牌战略展现了如何通过产品创新和质量提升来推动产业升级与品牌强国目标的实现。作为国内乳品行业的佼佼者，飞鹤不仅通过深入了解消费者需求进行精准品牌定位，还在自主创新和产品差异化方面不断突破，进一步增强了其在国内外市场的竞争力。通过持续的品牌建设与技术创新，飞鹤乳业不仅提升了品牌价值，也成功引领了行业发展的新趋势。接下来，本文将以飞鹤乳业为例，探讨其在品牌建设中的战略布局及其带动产业升级的成功经验。

◉ 品牌案例 4-1：飞鹤乳业争创产业升级引领者

在企业的成长过程中，一直伴其左右并相互促进的就是品牌，企业越壮大，品牌力越深厚，品牌力又会反过来推动企业扩大规模。近年来，中国企业增强品牌意识、把握发展机遇，打造出一大批知名度高、美誉度强、影响力大的优秀品牌，有着60多年悠久历史的飞鹤奶粉就是其中一员。

飞鹤乳业是我国国产婴幼儿奶粉领域的佼佼者，其品牌塑造的成功经验不仅体现在对全产业链模式的深度推进上，并且在于其对消费者服务水平的持续升级，以及对产品品质的严格把控。这些举措共同构成了飞鹤乳业品牌塑造的坚固基石，使其在激烈的市场竞争中脱颖而出，成为产业升级的引领者。

品牌的力量源于对品质的坚守。飞鹤乳业早在十余年前就开始探索全产业链发展模式，从饲草种植到奶牛养殖、生产加工、物流配送、消费者服务，每一个环节都精益求精。在北纬47度的黄金奶源带上，飞鹤乳业打造了8座专属牧场，采用TMR（全混合日粮）饲养方式，确保每一头奶牛都能得到均衡的营养。这种从源头把控奶源安全的做法，不仅保障了产品的品质，更赢得了消费者的信赖。同时，飞鹤乳业在智能工厂的建设上也投入巨大。整条生产线实现了密闭化、管道化、自动化和标准化，确保了产品在生产过程中的安全性和稳定性。此外，飞鹤乳业还建立了严苛的质检标准，坚持"不合格原料坚决不投产，不合格产品坚决不出厂"，这一原则进一步巩固了其在消费者心中的品牌形象。

品牌价值背后离不开科研创新，持续的创新及不断追求高品质正是飞鹤奶粉赢得用户信任、权威认可的关键。在未来，飞鹤将专注于强化技术支撑和创新引领，着力破解制约品牌建设的技术瓶颈，全面提升产品质量水平，持续提高品牌建设运营能力，用实力擦亮中国品牌"金名片"。飞鹤乳业多次承担国家重大课题项目，专注研究中国母乳，并联合专业机构在业内最早开展权威临床喂养试验。这一举措不仅提升了飞鹤奶粉的科技含量，更使其成为真正适合中国宝宝体质的奶粉品牌。以此为代表的一系列创新成果不仅增强了飞鹤乳业的品牌竞争力，更为其赢得了良好的口碑。

飞鹤乳业积极探索多元化消费者服务模式。公司成功打造出了行业内首个全产业链全程可追溯系统，让消费者能够清晰地了解到产品的来源、生产过程和质量信息。这一可视化全产业链的推出，既体现了飞鹤乳业对消费者权益的尊重和保护，也成为展示其品牌形象的又一亮点。

飞鹤乳业的品牌塑造之路是一个不断探索和创新的过程。品牌是质量的体现，质量是品牌的根基。好品牌是培育出来的，也是竞争出来的。持之以恒、一以贯之注重创新，企业才能塑造知名品牌。飞鹤乳业始终坚持以消费者为中心，不断提升产品品质和服务水平，同时积极履行社会责任，为行业发展做出了积极贡献。这些努力共同铸就了飞鹤乳业在国产婴幼儿奶粉领域的领先地位。

（2016 年 1 月 4 日）

三、实施品牌战略

品牌是企业权威性、知名度、诚信度、影响力的统一，也是产品的标识、品质、特色和文化的总和，更是企业实力的具体体现。党的十八大以来，党中央、国务院加快实施制造强国、品牌强国战略，设立中国品牌日，积极发挥品牌引领作用，加快推动供需结构升级，塑造品牌优势，在服务和融入新发展格局中彰显品牌力量。

不谋全局者，不足以谋一域；不谋万世者，不足以谋一时。战略就是战争的谋略，是如何创造价值和实现增长，泛指统领性的、全局性的谋略、方案和对策。企业要想基业长青，就要实施品牌战略，建立自己的核心竞争力。品牌战略是企业实现快速发展的必要条件，服务消费者，将消费者视作企业的战略资产，把"以消费者为中心"当作企业战略的核心。企业战略是对企业整体性、长期性、根本性问题的谋略。影响企业战略的要素是企业愿景和企业使命。品牌的良好声誉具有战略价值，可以使企业获得超额利润。企业战略决定市场战略，市场战略决定品牌战略。企业战略是为君之道、市场战略是为将之道、品牌战略是为战之道。

优秀的品牌战略体现了产品的优点、差异点和消费者需求的痛点，把企业战略与品牌战略结合起来。企业必须同时追求低成本和差异化战略。与竞争对手相比，成本领先战略通过采取一系列措施，以最低的成本提供消费者所接受的某种特性的产品或服务，并为消费者创造价值。差异化战略指一系列的行动，按照消费者需求，提供的不同的产品或服务，着重点是消费者认可的产品或服务的差异化特征。实施全球化战略，不同国家市场的产品更趋于标准化，竞争战略更集中。但是，全球化战略在实施过程中会面临多重风险与复杂性，包括因政府不稳定、国内外战争等因素导致的政治风险，货币汇率波动等引发的经济风险，以及贸易壁垒、高昂的物流成本、文化差异所带来的运营复杂性。

品牌战略是高层次竞争方式

战略管理，就是通过战略分析、战略制定、战略实施、战略评价和调整等一系列活动，保证企业生存发展，并获得竞争优势。迈克尔·波特被誉为战略大师，其三种竞争战略是差异化战略、专一化战略和总成本领先战略。小企业讲竞争、拼价格，因为缺乏市场影响力；大企业重联盟、讲合作。战略定位是企业的发展方向，表现为一定的扩张路径取舍；它是在对企业内外部竞争环境分析的基础上，确定企业的产业边界、商业形态和竞争地位，并奠定战略管理的必要基础。品牌差异化战略是集中力量加强自己的优势，以优势来吸引消费者，赢得市场。从以生产为中心向以用户为中心的转变是品牌发展的趋势，从竞争到合作，从优秀到卓越。

清晰的品牌理念是企业品牌战略的出发点，并将品牌理念贯彻到企业生产经营的每个环节，如马云创建阿里时提出的"让天下没有难做的生意"。要获得品牌效应，就必须制定明确的品牌战略，采取有效措施使这一战略落到实处。制定品牌战略规划，形成品牌成长的长效机制。制定品牌战略，一个是品牌组合，另一个是品牌架构。品牌组合是指特定公司在特定品类内出售的所有品牌的总和；品牌架构显示了公司产品之间相同的和独特的品牌元素的数量和性质。建立品牌架构的关键是决定什么时候对现有品牌进行延伸，帮助销售人员确定产品和服务，确定将品牌名称、标志、符号等应用于产品中。产品、技术及管理等容易被对手模仿，而品牌一旦树立，则不但有价值并且不易被模仿。许多企业没有品牌意识，很有前景的品牌就在这种思维下夭折。培育一批能够代表国家的中国品牌，必须改变短视思维，树立起做百年品牌的品牌战略。

非战略 不品牌

实施品牌战略，必须从企业级层面出发，由高层领导者自上而下推动。品牌战略首先是行业分析，准确把握行业发展的宏观方向。其次是用户分析，了解用户消费习惯和行为的变化趋势。领导者的任务主要是"定战略、搭班子、带队伍"，首先是"定战略"。品牌是质量、服务与信誉的重要标志，提升技术和质量水平，提升品牌形象，丰富品牌文化内涵，促进技术迭代和质量升级。打造国内领先、世界知名的品牌，进一步增强企业的核心竞争力。品牌可以为客户带来更好的忠诚度，增强公司形象，以及更具相关性的身份认同。企业不能等做大后再实施品牌战略，战略如果很容易被复制，就不是战略，充其量只是一种策略。品牌战略一旦确定，必须长期坚持，不能朝令夕改。近年来，山东省委、省政府深入实施质量强省和品牌战略，全面谋划推进"好品山东"品牌建设，引导企业以区域品牌带动自主品牌发展。

品牌的本质就是和消费者建立信任，降低交易成本，推动品牌升值。一个品牌，须有独特的价值系统，才能有独特的品牌价值，产生品牌溢价，提升品牌资产。只有将品牌提升到企业发展战略的高度，才符合品牌的本质。品牌战略既体现了产品的优势，又是与竞争对手的重大差异点，更是消费者需求的痛点。营销需要依托品牌而策划，没有和品牌结合的营销缺乏长久的生命力。品牌定位，就是找到与竞争对手的差异点，给客户一个选择的理由。好的营销定位，就是使其成为品类的代名词。一个品牌，当资源和能力达到稀缺并无法替代的时候，便成为企业的核心竞争力。跨国公司扩张，核心竞争力就是品牌。

品牌战略促进企业转型升级

品牌大师大卫·艾克认为，品牌战略的作用，是描绘"品牌愿景"，成为品牌发展的指南。品牌战略要建立品牌身份系统，建立品牌长期发展的核心要领。品牌价值主张属于品牌的战略定位，决定品牌的发展方向、消费定位，给客户购买产品的理由。品牌口号可以带来品牌知名度，品牌故事可以树立品牌形象。企业战略、愿景和使命，都是企业的长期性规划，愿景回答企业将来应该是什么，使命回答企业存在的目的，而战略则要解决企业如何发展业务。定位大师特劳特认为，品牌是品类及其特性的代表。品牌的终极目标是成为某个品类的代表，当消费者需要这个品类的产品时，品牌直接引导消费者去购买，如小仙炖拥有了"鲜炖燕窝"、王老吉拥有了"怕上火，喝王老吉"。

世界一流企业是全球创新领导者，普遍追求的战略目标，要么第一，要么唯一。创新是做出"好卖的产品"，运营是"将好卖的产品卖好"。企业发展过程中会面临各种风险，风险管控不当会遭受巨大损失，甚至消亡。企业需要居安思危、未雨绸缪。品牌战略是中国企业转型升级的共同选择，但当前中国企业普遍的状况是品牌力较弱，没有清晰的品牌定位，缺少品牌附加值和溢价能力。建设品牌的过程是提升企业竞争力和国家经济实力的过程，品牌是企业产品和形象的展示，是企业自主创新能力的体现，是做精产品、做强企业、做大产业的过程。创建品牌要建立广泛的品牌认知，确保消费者建立与产品或服务相关的品牌认知。

将品牌战略纳入国家发展战略

品牌战略既是产品的优势，与竞品的差异点，更是消费者需求的痛点，因此才能引发关注并与消费者达成共鸣。品牌强国作为国家战略，正在进入全面升级的关键时刻。努力培育中国品牌，支持重点企业利用互联网技术建立大数据平台，分析市场变化，精准定位消费需求，为开展服务创新和营销创新提供支撑。将品牌战略纳入国家整体发展战略，从经济社会发展全局的高度推动品牌建设。不断强化关键核心技术和前沿技术研发的同时，加强对战略性新兴产业的品牌培育、对相关企业的商标加强保护。质量是品牌的基础，缺乏高质量的支撑，产品就不能形成对行业和市场的领导力和影响力，企业就无法走向国际市场。只有高质量的产品，才能获得较大的市场占有率和收益。

"致广大而尽精微"是成事之道。实施品牌战略，通过优质产品与服务"走出去"，带动中国品牌"走出去"，不断扩大中国品牌国际影响力。"全球化"是中国企业未来发展的重要机会，也是中国品牌的必由之路。长城汽车哈弗已经将"全球化"作为品牌最新的战略方向，开启了打造全球领先 SUV 品牌之路。格力电器在"走出去"的过程中，基于内外环境因素制定了"先有市场，后有工厂"的"走出去"战略，制定"让世界爱上中国造"的品牌战略。目前，安踏集团旗下已拥有15 个品牌，包括母品牌安踏、子品牌可隆、迪桑特、始祖鸟等，不仅覆盖了全场景、全赛道，还不断满足消费者的差异化和个性化需求。

在品牌竞争日益激烈的市场环境下，成功的品牌战略能够助力企业实现长远发展，而战略选择的失误则可能让曾经辉煌的品牌迅速滑落。品牌战略不仅关乎市场定位和产品创新，更决定了企业能否在激烈竞争中保持持续增长。贵人鸟作为曾经的行业佼佼者，曾凭借精准营销和渠道扩张迅速崛起，但在品牌战略的关键抉择上出现失误，导致品牌价值逐步削弱，最终陷入经营困境。下述案例将借助贵人鸟的发展历程深刻揭示品牌战略制定与执行的重要性。

◎ 品牌案例 4-2："贵人鸟"缘何成了"折翼鸟"

"三十年河东，三十年河西。"这句话套用在中国运动品牌曾经的王者贵人鸟身上最为贴切。3 月 29 日，贵人鸟正式从上交所摘牌，结束了十年上市历程。2014 年贵人鸟成功上市，荣登"A 股运动品牌第一股"。在 2015 年最高峰时，市值突破 450 亿元，超过李宁、安踏成为中国市值最高的运动鞋服品牌。然而，不到三年，贵人鸟就陷入巨额亏损，破产重整、业务转型仍无法自救，最终还是走向了退市。

贵人鸟，一个在20世纪80年代从家庭小作坊起步的品牌，经过创始人林天福的不懈努力，逐渐发展成为专业鞋厂，并在2002年推出了自主品牌。凭借2008年北京奥运会的全民体育热潮，贵人鸟通过重金赞助多支国家队，迅速崛起为业内赞助国家运动队数量最多的体育用品品牌。2011年，贵人鸟门店数量突破5000家，达到了品牌的巅峰时期。

然而，随着市场竞争的加剧和消费者需求的不断变化，贵人鸟逐渐显露出其品牌战略上的不足。首先，贵人鸟未能及时适应市场变化，依赖传统的营销手段和市场扩张模式，忽视了产品研发、渠道管理和消费体验等核心竞争力的建设。当"奥运红利"逐渐消退，运动鞋等行业开始走入下行期时，贵人鸟未能及时调整战略，导致品牌逐渐失去市场竞争力。

其次，贵人鸟上市后盲目追求多元化投资，涉足赛事运营、体育经纪、体育服务等多个领域。这些投资不仅分散了公司的资源和精力，还未能带来预期的回报。贵人鸟仍然停留在"创品牌就是卖广告"的思维模式，忽视了品牌愿景和品牌活力的建设，以及顾客资产的重要性。这种思维模式导致了贵人鸟在品牌建设和市场营销上的失误，未能形成独特的品牌形象和消费者忠诚度。

在全球运动品牌市场走向存量竞争的态势下，贵人鸟忽视了对消费者和竞争对手的关注，未能保持其差异化优势。品牌差异化是建立知名品牌的关键因素，但贵人鸟在产品、服务和营销策略上未能形成独特的品牌形象，导致消费者对其品牌的忠诚度逐渐降低。当国潮热过去，贵人鸟缺乏以产品研发、渠道管理、消费体验与服务等形成的品牌支撑，最终被消费市场和资本市场所反噬。

2014 年贵人鸟挂牌上市，上市后不久，贵人鸟的营收就开始陷入困境。2018 年，贵人鸟突然爆出 6.94 亿元的巨亏（前一年还盈利 1.88 亿）。稳步、踏实，始终是品牌在激烈的市场竞争中立于不败之地的"武器"。"还是要踏踏实实地做实业，步子不要迈得太大。"贵人鸟创始人林天福给出的结论。

2020 年 8 月，贵人鸟因为一笔 250 万元的货款被债权人申请破产重整。2021 年 7 月，贵人鸟重整完毕，黑龙江粮食贸易公司泰富金谷以 4.2 亿元取得了贵人鸟 20.36% 的股票，贵人鸟保住了上市地位。在新老板的带领下，贵人鸟开始向粮食贸易业务转型。

2023 年 9 月，贵人鸟宣布不再经营运动鞋服业务，把贵人鸟品牌授权给了泉州荣顺鞋业有限公司，授权费仅 100 万元 / 年。此时贵人鸟依然有大约 1500 多家门店。

十年上市一场梦，百亿市值终成空。2024 年 3 月 29 日，因为股价连续两月低于 1 元，贵人鸟被迫退市。

时代抛弃的，是那些只会原地踏步的人。一个品牌想要屹立不倒，需站在宏观的角度，为企业规划正确的发展方向。品牌战略正确，就会得到与消费者在一起和实现增长的机会。贵人鸟上市后没有继续深耕运动服饰品牌，定位失误，盲目投资。在品牌愿景和品牌活力就是品牌的核心，顾客资产比品牌资产更加重要的今天，没有与时俱进。贵人鸟反而热衷赛事运营、体育经纪、体育服务等多个领域，步子迈得又大又急。

从全球趋势来看，运动品牌市场也正在走向存量竞争的态势。企业最大的风险是忽视对消费者和竞争对手的关注，知己知彼才能扬长避短，基业长青。差异化是建立知名品牌的关键因素，品牌开始走下坡路的原因之一是差异化丧失，只有独特的品牌形象才能保持消费者的品牌忠诚度。当国潮热过去，缺乏以产品研发、渠道管理、消费体验与服务等形成的品牌，必然会遭受来自消费市场和资本市场的反噬。贵人鸟的折翼，凸显了抓住时机和制定正确品牌战略的重要性。

（2024 年 3 月 30 日）

四、早日把我国建成汽车强国

据中国汽车工业协会统计，2023 年中国汽车总出口量达到 491 万辆，首次跃居全球第一，是中国从汽车大国迈向汽车强国的重要里程碑。改革开放 40 多年来，我国汽车产业从"市场换技术"起步，坚持自主创新，做大做强中国汽车品牌。汽车工业是国民经济的支柱产业，中国汽车品牌要想全面崛起，成为世界级品牌，必须做好产品智能化、品牌高端化、市场全球化的发展战略。

党的十八大以来，我国开启从汽车大国迈向汽车强国的新征程。2014 年 5 月，习近平总书记在上海考察时指出，"发展新能源汽车是我国从汽车大国迈向汽车强国的必由之路"，为中国汽车工业的发展指明了方向。2017 年 4 月，工信部、国家发改委、科技部联合印发的《汽车产业中长期发展规划》指出，到 2025 年，若干中国汽车品牌企业产销量进入世界前十，形成若干家进入全球前十的汽车零部件企业集团，中国汽车品牌在全球影响力得到进一步提升，迈入世界汽车强国行列。为此，《汽车产业中长期发展规划》对应提出了关键技术取得重大突破、中国汽车品牌全面发展、国际发展能力明显提升三个目标。

近年来，中国汽车品牌经历了快速起步，在品种和品质上取得了长足的进展。但是，在品牌溢价、品牌内涵和个性、品牌忠诚度等方面还明显处于弱势。品牌忠诚度体现在两个方面，一个是重复购买，另一个是向他人推荐。我国汽车目前尚未形成核心竞争力，一个是技术，另一个是品牌。我国汽车企业的品牌战略，要明确市场定位，先守住比较擅长的中低端市场，再向中高端发展；明确自己的竞争优势，保住成本比较优势，创造新的竞争优势。作为国家战略发展的支柱产业，中国汽车品牌应抓住机遇，通过产品技术创新，理念创新，提高整体质量水平，提升品牌价值，从而实现快速、健康发展。

不断提升产品力和品牌影响力

汽车被誉为"工业王冠上的明珠"，因其市场规模大、技术含量和管理精细化程度高而被视作衡量一个国家制造业水平的重要标志，是我国经济高质量发展的重要内容。1956年7月，我国第一辆国产解放汽车下线。一路逐梦，勇毅前行。经过30年的发展，自主品牌汽车制造能力进步较快，特别是新能源汽车已达到世界先进水平。在产品上，中国汽车品牌不仅在"颜值"上不输任何国际品牌，在技术上也加快了创新的速度，迎来了品牌高端化的"爆发期"。中国汽车产业提品质、拓市场，形成了一汽红旗、东风、长安、长城、吉利、奇瑞、比亚迪等一批具有独特优势的自主品牌，受到越来越多国内外消费者的欢迎。抚今追昔，令人感慨万千。历经70多年风雨，中国汽车工业从无到有，建成全球最大的汽车市场，连续15年产销量居世界首位。

"等闲识得东风面，万紫千红总是春。"在2019年上海车展上，我国自主品牌纷纷开拓电动化、智能化、网联化等新领域，不断提升产品力和品牌影响力。无论是一汽、东风等央企背景的自主品牌企业，还是吉利、长城、比亚迪等民企自主品牌的领军者，近年来都成为中国汽车产业参与全球竞争的重要力量。除从零开始独立打造品牌之外，车企还可以通过收购和与国际品牌开展合作提升品牌影响力。荣威的技术来源于上汽收购的英国罗孚汽车，荣威取意"创新殊荣、威仪四海"，融入了中国的传统元素。吉利成为戴姆勒最大股东、长城与宝马成立合资公司、比亚迪与丰田在新能源汽车领域展开合作……，中国自主品牌车企已经深度参与全球汽车产业链的布局与合作，成为全球汽车业颇为活跃的"中国力量"。

中国一汽踏上新征程

红旗，是中国汽车品牌中的一颗明珠。2018年，中国一汽发布了包括红旗在内的中国一汽战略，提出到2025年"打造世界一流的移动出行服务公司"的总目标。红旗、解放两大自主品牌表现优异。红旗品牌以打造"中国第一、世界著名"高端汽车品牌为目标，经过4年多的努力和奋斗，实现从4000多辆到30多万辆的增长，2021年品牌价值达1036亿元，创造了新时代高端汽车品牌发展的奇迹。

近年来，汽车产业经历着巨大的变革冲击，以电动化、智能化、网联化、共享化的"新四化"为核心，给汽车企业带来了巨大的冲击。中国一汽为此进行了一系列的改革、布局。在智能网联领域，中国一汽已建立智能网联应用示范区，同时与腾讯、华为、百度等互联网科技企业加强合作，共同推动红旗智能网联技术、产品和平台快速向前发展。红旗品牌建起覆盖全球的创新研发基地，攻克了一系列重大关键核心技术，单一品牌专利申请量连续多年均位列中国汽车行业第一。

东风得意马蹄疾

沧海横流，方显英雄本色。1969年，东风艰难起步，经过几十年艰苦奋斗、自力更生，中国初步建立起比较完整的工业体系。早在2017年，东风公司着眼于未来发展，率先提出汽车"五化"概念，着力布局"轻量化、电动化、智能化、网联化、共享化"业务。由世界品牌实验室发布的《2018 年中国 500 最具价值品牌》,东风位列榜单第 37 位,品牌价值从 2004 年的 89.45 亿元上升至 1292.38 亿元。在 2019 年上海车展上,东风公司自主开发的 Sharing-VAN,成为展台最大亮点。东风公司董事长竺延风介绍,此次车展东风汽车参展车辆高达 121 辆,首发 10 款车型中有 9 款新能源车,代表了东风品牌的最新成果。

东风公司始终坚持科技创新,提升品牌核心竞争力。产品出口和本地化生产是品牌国际化的另一个关键,2020 年,东风公司海外出口达 15 万辆。近年来,东风公司以"智能化和电动化"为契机,推出高端产品,成为汽车业一道新风景。作为东风公司发力新能源市场的首款高端车型,岚图汽车不仅开发出 ESSA 原生智能电动架构,还在体制机制上进行了大胆创新。东风公司岚图汽车为独立法人运营,核心员工持股约 10.4%,体现了东风公司发展高端新能源汽车、品牌向上的坚定决心。

奇瑞铸就世界品质

早在 2001 年,一位叙利亚外商向奇瑞汽车订购了 10 辆轿车,由此拉开了奇瑞汽车向"一带一路"合作伙伴开拓市场的序幕。随后,奇瑞在东欧、中东、北非等"一带一路"合作伙伴展开布局,与"一带一路"倡议不谋而合。2013 年,习近平主席提出"一带一路"倡议后,依托相关配套政策措施,奇瑞进一步加大了合作伙伴市场的投入。目前,奇瑞已经覆盖"一带一路"沿线 46 个国家,建立了 5 个生产工厂和近 900 家销售服务网点,沿线市场销量已占到奇瑞总出口量的 75% 左右。2005 年,奇瑞进入了俄罗斯市场,目前累计销售超过 20 多万辆,位居中国汽车在俄罗斯市场累计销量第一。

2016 年 11 月，在人民日报社主办的第二届中国品牌论坛上，奇瑞董事长、总经理尹同跃发表了《匠心打造卓越品牌》的演讲：品牌带来的溢价，能确保企业有能力投入技术创新，使企业获得良性发展。品牌是一种生活方式。要做好一个品牌，首先要回归对人的分析，找准目标用户群体，弄明白这个群体的生活方式和需求，根据他们的需求为他们研发、生产适合的产品。中国汽车品牌未来的出路，就是把产品做好，把品牌做亮。2023 年，奇瑞汽车累计销售 188 万辆，同比增长 52.6%。尹同跃还表示，奇瑞今后不仅要出口整车、散件，更要输出品牌，为当地的就业、纳税、人才培养、经济发展等做出中国人的贡献。中国汽车"出海"在产品力、品牌力不断增强的同时，不断向高质量"出海"挺进。

新能源汽车品牌闪亮登场

在新能源领域，自主品牌占据着新能源汽车市场的主要份额。新能源汽车的发展为中国汽车产业提供了弯道超车的机会，中国车企将有可能借此机会打造中国汽车高端品牌。我国新能源汽车产业正处于由导入期向成长期过渡的关键阶段，引领和加速了全球汽车电动化进程，推广新能源汽车作为"蓝天保卫战"的重要战略支撑，就要赋予新能源汽车用户更多的路权和准购权。随着新技术、新产业、新业态层出不穷，汽车行业发生深刻变革，整体向中高端迈进。在新能源化带动下，中国头部车企研发和制造技术与大型跨国汽车公司差距逐渐缩小。一汽、东风、比亚迪、奇瑞等品牌在数十年积累的基础上研发和推出高端产品，一批互联网公司带动自主创新能力强的车企快速成长。

中国新能源汽车的快速发展既是适应市场需求变化的必然结果，也是其提升产品力和品牌力，迈向价值链中高端，实现高质量发展的重要途径。在燃油车时代，传统车企的核心技术主要体现在发动机、变速箱和底盘三大件，而在智能电动车时代，车企的核心技术能力已变为"三电"系统、数字化和自动驾驶等。2021年7月，支持新能源汽车加快发展，首次出现在中共中央政治局会议上。在全国政协常委、经济委员会副主任苗圩看来，在电动化、智能化新赛道上，我国原来制定的2035年新能源汽车占比超过50%的目标，很可能在2025年，最晚到2026年就能提前实现。

中国汽车品牌任重道远

1998年8月，吉利汽车推出第一款汽车。2010年，吉利收购了沃尔沃的轿车业务，到目前为止，吉利已经拥有吉利、领克、沃尔沃等多个汽车品牌。在王传福眼里，"技术为王，创新为本"是比亚迪始终坚守的发展理念，技术梦想使比亚迪突破一个又一个巅峰。十多年前，比亚迪就通过技术研发"预测"到了新能源汽车时代的到来。长城汽车率先进入SUV细分领域布局，在SUV品类中建立了一个主导型品牌，打造出"品类之王"。2019年，长城汽车在俄罗斯建厂，2020年推出潮玩SUV品牌"坦克"。国际权威品牌价值评估机构Brand Finance发布的《2022年全球品牌价值500强》榜单，长城汽车旗下哈弗品牌首次入选，位列第372位。

据报道，长安汽车将在"十四五"期间投入1500亿元，打造三大纯电平台，陆续推出26款全新智能电动汽车。在未来，汽车包含许多智能化、网联化等新要素。自动驾驶汽车要依靠5G、云计算、大数据、物和物之间的互相通信和交流。中国的汽车产业发展已经非常健康和强大，我们的短板是掌握一些核心技术和品牌力。中国质量协会"2021年度中国汽车用户满意度测评"报告显示，中国品牌满意度持续提升，产品质量已经达到甚至超越同级合资品牌。

事非经过不知难，成如容易却艰辛。改革开放以来，我国走以"市场换技术"路线，引进、消化、吸收、再创新，开拓了汽车市场。权威专家认为，中国品牌将进入一个全新的成长阶段，与世界知名品牌逐渐齐头并进。目前，我国成为汽车强国缺乏世界龙头企业，高端汽车品牌比例不高，利润率较低。智能汽车提倡软件定义汽车，然而我国汽车企业缺乏统一的操作系统。中国汽车品牌在技术、品质等方面具备较强竞争力，但在品牌塑造方面还不尽如人意，在全球拥有知名汽车品牌是汽车强国的标志。我国汽车品牌的培育需要长期的努力，汽车强国最重要的标准是掌握核心技术，只有缩小与跨国车企之间的技术差距，才有希望成为汽车强国。在未来，中国汽车品牌要准确识变、科学应变、主动求变，坚持电动化、智能化、网联化发展方向，加快补短板，不断提高产业发展水平和国际竞争力，为早日把我国建成汽车强国继续奋斗。

品牌的价值不仅体现在技术创新和产品品质上，更在于企业对社会责任的主动承担和长期践行。在中国汽车品牌不断追求高质量发展的同时，东风公司以实际行动诠释了品牌的责任担当，通过精准扶贫、社会公益和区域帮扶，展现了企业在履行社会责任方面的深远影响。东风的援藏行动正是这一理念的生动体现，不仅助力西藏地区的经济与社会发展，也深化了品牌与消费者之间的情感连接，为东风品牌塑造了更具温度和信赖感的形象。

品牌案例 4-3：东风进藏一家亲

品牌的价值，既植根于技术创新、产品品质，也来自努力担当、积极奉献。多年来，东风公司秉承"关怀每一个人，关爱每一部车"的经营理念，主动履行社会责任、服务国家发展大局，积极致力于企业自主发展、绿色发展、和谐发展的科学发展之路，努力打造更具责任感、备受社会信赖的汽车企业。

东风公司通过实施"赋能工程"、打造"脱贫套餐"，在西藏、新疆、广西、湖北等脱贫攻坚战场上展现央企担当，奋力书写山乡巨变的"东风故事"。东风公司坚持抓特色、树品牌、拓渠道，助力帮扶地区产业健康可持续发展。企业是品牌的主体，企业履行社会责任、创造更大社会价值，是品牌建设的内在要求和应有之义。

东风汽车是我国行业领先的汽车制造商之一，公司不仅在技术创新和产品质量上追求卓越，更在社会责任领域展现出了深厚的情怀与担当。自2002年起，东风汽车启动了对口帮扶西藏贡觉县的援藏项目，这一举措不仅为贡觉县带来了实质性的物质援助与基础设施改善，更帮助东风汽车树立了积极正面的品牌形象。

东风汽车累计投入近亿元物资与资金，实施了63个援藏项目，包括建设综合办公楼、东风宾馆等，极大地改善了贡觉县的办公条件和投资环境，提升了县城的整体形象。这些基础设施的完善，不仅为当地居民提供了更加舒适的生活环境，也为地方经济发展奠定了坚实基础，体现了东风汽车作为大型央企的社会责任感。

在教育领域，东风汽车援建了县中心小学的教师宿舍和学生宿舍，解决了师生住宿难题，并通过选派教师到东风技工总校学习，促进了贡觉县职业教育的发展。在医疗方面，东风汽车不仅派出多批医疗人员赴贡觉开展援助工作，还建立了远程医疗系统，将武汉协和医院的专家资源引入贡觉，极大地提高了当地的医疗服务水平。这些举措不仅解决了当地民众的实际困难，也加深了东风汽车与贡觉人民的深厚情谊。

为了确保援藏工作的持续性和有效性，东风汽车成立了专门的援藏办公室和援藏工作领导小组，由公司高层挂帅，定期召开会议研究部署援藏方案，看望援藏干部，检查援藏成果。这种组织上的高度重视，确保了援藏工作的顺利进行，也展现了东风汽车对社会责任的深刻理解和长期承诺。

在援藏过程中，东风汽车涌现出一批优秀的援藏干部，他们带着东风人的深情厚谊，在高海拔地区踏实工作，真诚奉献，不仅为当地带来了先进的管理思想和方法，也树立了东风公司援藏干部的良好形象。东风汽车对这些典型人物的宣传，进一步增强了品牌的社会影响力和美誉度。

"东风进藏一家亲"是东风汽车长期、系统承担社会责任的一个缩影，不仅体现了企业对于社会责任的深刻理解和积极践行，也为企业品牌注入了更加丰富的文化内涵和社会价值，帮助企业树立了良好的形象，增强了品牌的社会影响力和竞争力。

（2015 年 10 月 21 日）

第五章　传承优秀文化　壮大中国品牌

文化是一个国家、一个民族的灵魂，文化兴国运兴。

"文化，是一种成为习惯的精神价值和生活方式。它的最终成果，是集体人格。"这是余秋雨先生给文化的定义。德国诗人海涅说，在小说、戏剧和诗歌领域，有三位登峰造极的巨人，那就是塞万提斯、莎士比亚和歌德。4 月 23 日被联合国定为"世界读书日"，源于 1616 年 4 月 23 日，莎士比亚与塞万提斯同年同月同日去世。读万卷书，行万里路。文化跨越历史的巨大力量，也推动笔者探访了莎士比亚和歌德的故居。

品牌不仅是经济现象，更是一种文化现象。文化是品牌发展的底蕴，文化力是品牌的灵魂，为品牌注入深厚的文化底蕴和价值观。品牌建设已经成为企业成功的关键之一。一个深入人心的品牌，不仅能够提高企业的知名度和价值，还能够增强企业的市场竞争力和可持续发展能力。企业通过塑造好的品牌文化、创作好的品牌故事，打造深入人心的品牌形象。只有这样，才能在激烈的市场竞争中脱颖而出，获得更多的消费者的青睐。

"九月登高"是传统，"对酒当歌"是文化。茶含蓄内敛，酒热烈奔放，代表了品味生命、解读世界的两种不同方式，既可以酒逢知己千杯少，也可以品茶品味品人生。越来越多的人通过酒和茶文化，找寻诗意与远方。品牌的竞争，实质上也是一种文化的交流、文明的对话。品牌文化源于企业文化，品牌文化所倡导的价值观、审美观对消费者起到引导作用，提高消费者的追随度和忠诚度，进而提高品牌价值。茅台生命力的源泉就是茅台酒文化，文化酒是品牌酒更高级的表现形态。美好生活的构建离不开品牌，从文化视角来看，品牌承载着价值观和文化，品牌的建设目标，就是满足人们对美好生活的向往。

品牌强国，文化兴邦。用文化滋养品牌，用品牌发扬文化。一个品牌最持久的含义是它的价值、文化和个性，它们确定了品牌的基础。品牌是文化的载体，中国品牌要想与国外品牌竞争，需要从中华优秀传统文化中汲取营养，融入中国特色，中西合璧将成为一种新的发展趋势。品牌文化是品牌的根基，只有文化丰盛，品牌之树才能长青，用文化自信创造新时代特色国潮品牌。一个国家的出口产品，包括物质产品和文化产品，都是民族文化的集中体现。

一、文化助力中国品牌

文化是品牌的精神内核，品牌是文化的重要载体。坚持以文化引领品牌建设，激发企业的创造性和积极性。每个品牌都有自身独特的文化内涵，既体现着民族精神，又体现着自身的企业文化，它深藏在品牌的内涵中，又显现在品牌各构成要素中，并形成一种文化力量。

中国品牌需坚定文化自信、增强文化认同，提升品牌的附加值和差异化竞争优势。中国品牌在海外市场的拓展，不仅带来了经济效益，还传播着中华文化魅力。

"观乎天文，以察时变，观乎人文，以化成天下。"文化是一个民族的灵魂，文化自信也是国家兴、民族强的体现。北京冬奥会闭幕式上"折柳寄情"，为全球观众送上独具中国文化韵味送别方式。近年来被反复提及的"文化自信"，是民族发展更基本、更深沉、更持久的力量。品牌专家刘瑞旗说：文化是习惯，品牌是记忆；文化决定命运，品牌决定财富。文化是品牌之道，不同国家、不同人群有不同的消费习惯，要想获得认可、赢得口碑，首先要获得文化认同。

茶叶、丝绸、陶瓷和白酒将诞生世界品牌

我国的茶叶、丝绸、陶瓷和白酒的文化底蕴丰厚。作家吴晓波做过这样一个预判："在未来 20 年，将诞生一大批'新国货'，并且可能在茶叶、丝绸、陶瓷和白酒中出现来自中国的世界奢侈品。"中国茶有着 4000 多年的悠久历史，2019 年，中国茶叶国内销售总额为 2739.5 亿元，总产量占全球的 70%。中国是全球最大的茶叶生产和消费国，这个市场容量足以诞生出数家年销售额达百亿元的中国茶品牌。在很长一段时间内，中国的茶叶销售出现两个极端。一端是将茶叶视为农产品，未经细加工的茶叶按斤廉价销售；另一端是几百元甚至上千元一斤的高端茶。我国不缺稀有好茶，但它们通常缺乏标准化的生产流程，导致难以实现量产。

"春水春池满，春时春草生。春人饮春酒，春鸟弄春声。"这首题在唐代长沙铜官窑瓷器上的五言诗，距今已有 1000 多年的历史，读来如春风拂面，体验如此之美，还未"饮春酒"，就看到了"春水、春草，听到了春鸟声"。

"天青色等烟雨而我在等你",《青花瓷》以流行歌曲的形式传播中华文化。300 年前,以瓷器为首的"中国制造"誉满全球,欧洲皇室和富人们珍爱有加。瓷器是中国人发明的,古代丝绸之路和中国瓷器文化享誉世界,是中国品牌走向世界最早的标志,中国(CHINA)的英文名称来源便是瓷器(china)。河北省在中国瓷器史上的地位举足轻重,唐宋时期,河北省是重要的瓷器产地,邢窑、定窑、磁州窑瓷器遍布全国。中国邢窑博物馆位于河北省内丘县,是国内首家以邢窑为主题的遗址博物馆。景德镇瓷器几百年前就名扬海内外,宋真宗景德元年(公元 1004 年)因产青白瓷质地优良,遂以皇帝年号为名置景德镇,沿用至今。观照轩作为天津市津南区非遗项目保护单位,以瓷器为载体弘扬匠心精神。"水为茶之母,器为茶之父。""茶瓷文化"成为近年来茶文化发展的一个新切入点,茶瓷文化的兴起,带动茶相关产业的蓬勃发展。

"无酒不成席,无酒不成礼。"白酒是我国历史悠久、具有中华文化特色的传统产业。传统白酒都是以历史、文化作为卖点,大多强调高端品位。白酒酿造技艺精湛,白酒文化深深融入中华民族文化基因。白酒作为中国文化最好的物质载体之一向海外传播,成为文化"走出去",展示中国文化的重要途径。五粮液集团负责人表示,五粮液将把握好共建"一带一路"机遇,打造"中国酒 + 中国菜""展示 + 品鉴""产品 + 文化"的海外运营模式,引领中国白酒和文化"走出去"。苏轼对于酒与茶都有精深的研究,在他的设想中,以茶叶发酵而酿成的酒,综合了茶香与酒醇的特色。他说:"茶酒采茗酿之,自然发酵蒸馏,其浆无色,茶香自溢。"今天,泸州老窖以"茗酿"为标志,完成了茶酒的科学性达标要求。"茗酿·萃绿",是泸州老窖自主研发的高端绿色生态健康酒，把茶叶中蕴含丰富的多酚类物质，与陈年老酒融合。老酒与古茶的结合，让"茗酿·萃绿"具备极致的感官体验。

中餐、中医药和中华武术是中国的代表性元素

品牌文化是品牌发展过程的历史足迹和文化沉淀，反映了对品牌的理念、价值观和精神情感的追求，是一个品牌区别于其他品牌独特的个性形象和文化符号。品牌文化的定位决定了品牌的个性、用户群和市场定位。品牌文化是用户识别品牌、选择品牌的重要标志和依据。中餐、中医药和中华武术是我国在世界上的代表性元素，优秀的品牌文化可以使消费者对其产品的消费成为一种文化自觉。聚焦中国传统优势行业，尤其是具有独特的文化特色的产业，如中餐、中医药、丝绸、茶叶、白酒等产业，可以形成独特优势，构建国家级的竞争力。

"有目必好色，有口必好味。"清朝才子袁枚给后人留下了珍贵的遗产——《随园食单》，记有 326 种南北菜肴。中国饮食文化历史悠久，源远流长，经历了几千年的发展与沉淀，成就了中餐文化的博大精深。中餐品牌对内拉动农业产业的发展，助力乡村振兴，对外带动中华文化"走出去"。老乡鸡、庆丰包子等中式快餐不断提升餐品质量。但是，中式餐饮规模化、标准化、资本化程度不高。据泰合资本统计，截至 2021 年 5 月，中国只有 15 家餐饮上市企业，相较于美国的 50 家、日本的 97 家上市餐企，头部品牌数量过低。

2023 年，我国餐饮收入突破 5.2 万亿元，创历史新高。"国潮"元素融进菜品、传统文化融入餐饮体验、中式糕点成为新宠。东坡美食已成为四川眉山餐饮的文化符号，吸引八方食客，并传播到海外。中餐是中华文化的瑰宝，是极具感染力的文化品牌。目前，海外华人华侨有 6000 多万，分布在大约 200 个国家和地区，蕴藏着巨大的商业机

会。中国品牌要紧抓海外华人的痛点，中餐外卖是海外华人的刚需。"食不厌精，脍不厌细。"对于身处异乡的人来说，一顿家乡的饭菜，可慰藉思乡之情。"乡愁"是一种无法割舍的情怀，所谓最好吃的菜是妈妈做的菜，最好的回忆是童年的回忆。家乡味，故乡情，海外中餐正蓬勃兴起。目前，海外中餐馆已近 30 万家，遍布全球，中餐已成为外卖新宠。

"仰手接飞猱，俯身散马蹄。"武术源于中国，是我国的国粹。武术的定位不仅仅是一项强身健体的体育运动，更是弘扬传统文化、民族气节的有效方式。武术是促进广大青少年积极参加体育锻炼、增强体质、培育民族精神非常重要的手段，在互相交流中促进中华武术的传承与发展，让武术成为国际交往的纽带。2018 年 1 月，中国文化管理协会梅花拳文化委员会成立大会在京举行。梅花拳是中国传统的武术流派之一，已传播到美、加、英、韩等十几个国家和地区。

"但愿世间人无病，宁肯架上药生尘。"中医药是中华传统文化的积淀，对世界文明有重要贡献。深入发掘中医药宝库中的精华，推进中医药产业化、现代化，让中医药走向世界。目前，我国传统中医药学受到越来越多的消费者和业内人士的推崇和信赖，迎来发展的重要契机。在抗击新冠疫情中，中医药取得的效果显著。中国工程院院士、天津中医药大学校长张伯礼指出，中医的着眼点是整个身体，而不是病毒。药食同源是营养保健品未来的大市场，是对几千年传统滋补培养起来的消费习惯的充分响应。目前，国内传统滋补型企业有同仁堂、东阿阿胶、小仙炖等。据统计，目前在欧美国家平均消费中，保健品的消费占总支出的 25% 以上，而中国不到 5%，随着《"健康中国 2030"规划纲要》的出台，保健品也被推上消费热潮。

中华传统节日提升文化内涵

"有钱没钱回家过年"，不管家在穷乡僻壤的山野，还是在热闹的都市，都要千里迢迢、跋山涉水往家奔，谁也阻挡不住中国人回家过年的脚步。文化需要载体，春节、中秋节等节日体现着文化的精神内涵。过年吃饺子放鞭炮，元宵节闹花灯，端午吃粽子，中秋吃月饼。2021 年，海澜之家成为央视春晚独家服装合作伙伴，成为春晚历史上首个合作的服饰品牌。春节拥有着 4000 多年的历史传统，其传播至海外的过程，经历了伴随着世界历史格局的演变。春节文化为各国人民观察和感知中国打开了一扇窗口。如今，春节已经走进全球近 200 个国家和地区，成为国际性节日。2018 年春节期间，笔者一家人在英、法短短的几天旅游，映入眼帘的是许多中国元素。英国伦敦市中心的特拉法加广场亮起"中国红"，庆祝中国春节的到来。在大英博物馆，馆内工作人员正在制作舞龙。地球村很小，在法国塞纳河畔的巴黎圣母院偶遇女儿同学一家人，兴高采烈地谈起春节话题。春节在全球的流行，印证了春节文化的独特魅力。

唯有讲好中国故事，才能创新中国品牌。以节日为依托，发展节日经济，最终形成以文化艺术为主导的节日经济产业链。王老吉围绕"吉文化"展开的节日营销深入人心，与消费者进行深入的情感交流，既扩大了品牌的声量，又赋予了品牌差异化内涵。2012 年开始，王老吉开始推广和培育"吉文化"，每年都营造良好的节庆气氛，推动"吉文化"融入大众生活。让品牌与消费者建立起情感链接，品牌才能拥有更长远的竞争优势。树立文化自信，通过"走出去"和"引进来"相结合，传播中华优秀传统文化为中国品牌注入文化内涵，提升中国品牌美誉度。

优秀传统文化融入品牌

中国的传统文化根基深厚，其中大部分通过言传身教进行传承。中医、茶艺、京剧等作为活态的文化，正成为一种国家品牌，承担着塑造国家形象的责任与使命。立足时代发展的新要求，其发展必须与世界各国文化进行交流与对话。2018年8月，专家学者走进北京华夏珍宝博物馆，感受中华文化的魅力。经济日报原总编辑冯并、中国历史博物馆原党委书记谷长江，光明日报《博览群书》杂志社总编辑董山峰等嘉宾，围绕传统文化产业如何向"两创"要动力、如何更好地实现"三个转变"、如何更好地"走出去"、大力弘扬"工匠精神"等话题展开了研讨。清华大学研究员邱海洋认为，随着中国国力的提升，中华文化走向世界是历史的必然。

山东京博集团负责人曾经说，"今天的事靠经营，明天的事靠创新，后天的事靠培训，未来的事靠文化"。真正的品牌，要靠强大的文化内涵。品牌是有基因的，这个基因常常是企业创立之初的商业模式、企业文化。过去需要几十年才能做成知名品牌，现在可能几年时间品牌就能打响。品牌专家徐浩然认为，品牌的要素即品质、品格与品位。首先要保证产品品质；其次要注重品格，品格是品牌背后的文化、价值观、使命与愿景；最后要注重品位，品位是品牌赢得喜爱的支撑力量。将我国优秀传统文化融入品牌中，向世界传播和推广，促进世界各国不同的文化有效的交流和融合，有利于中国品牌获得更多消费者的认可和信赖。近年来，荣宝斋每年接待大量外国驻华使节参观，并积极参加海外各种文化艺术活动，推动中华文化"走出去"，为建设文化强国作出积极贡献。

"问渠那得清如许，为有源头活水来。"没有文化根基的品牌犹如无源之水、无本之木。品牌的文化基因里杂糅着地域文化、企业文化和品牌的个性文化。品牌之所以成为品牌，是通过长期经营形成特定的历史和文化积淀。品牌文化是品牌的个性特征，传递品牌理念、价值观、精神追求和情感表达。品牌文化来自企业文化，集中反映了员工的共同价值观，能够产生凝聚员工的向心力。让品牌成为国家文化软实力的重要载体，用优秀传统文化滋养品牌、擦亮品牌，培育有特色、有内涵、有底蕴的中国品牌。世界上没有哪个大国品牌不立足本国的文化土壤，成为本国文化的传承。"等闲识得东风面，万紫千红总是春。"只有增强文化自觉和文化自信，创造更多创意丰富、制作考究的精品，才能在世界舞台上展现中国风格、中国气派。

在中国品牌的国际化道路上，文化自信是推动品牌高质量发展的关键因素。正如先前所探讨的，品牌不仅是产品的象征，更是文化价值的载体。威高集团的品牌建设案例正是这一理念的体现。作为中国医疗健康领域的重要代表，威高通过融合传统文化与现代创新，不仅提升了品牌的国际竞争力，也为行业树立了标杆。下述案例将深入探讨文化如何在品牌建设中发挥独特的作用。

◎ 品牌案例 5-1：威高集团品牌建设助推高质量发展

企业的品牌建设有两大重要支撑，一是品质，二是文化。威高集团始创于 1988 年，经过 30 多年的发展，形成了"良心、诚心、忠心"的"三心"文化，并以此作为企业的核心价值观。威高集团以先进的生产技术加速提升制造能力，绿色低碳发展、投身公益活动，践行企业社会责任；加强品牌建设，推动企业高质量发展。2005 年 6 月，威高集团的"洁瑞"商标被国家工商行政管理总局认定为"中国驰名商标"。

2016 年 12 月，威高集团获得第四届中国工业大奖。2021 年 9 月，获得第四届中国质量奖提名奖。

威高集团是我国医疗器械生产行业的领军民族品牌，始终致力于科技创新与高质量发展。深厚的文化底蕴和品牌建设是威高集团成功的重要原因。威高集团将中华优秀传统文化作为支持品牌建设的重要环节，通过一系列文化活动，不仅提升了企业的文化内涵，也增强了品牌的社会影响力和美誉度。

2019 年 7 月 20 日，威高集团携手中共威海市委宣传部，在威海市威高民俗文化艺术馆成功举办"创新威高，健康中国"书法名家邀请展。此次展览邀请了众多书法名家参展，共展出 300 余幅思想深邃、艺术精湛的作品。这些作品不仅展示了书法艺术的魅力，更传递了威高集团对传统文化的尊重与传承。通过此次展览，威高集团不仅丰富了员工的文化生活，也向社会展示了其深厚的文化底蕴和积极向上的企业形象。

威高集团在企业文化建设中，始终坚持以社会主义先进文化为指引，融合中华优秀传统文化精髓，树立了"良心、诚心、忠心"的企业核心价值观。这些价值观不仅体现在企业的日常运营中，也渗透到了员工的行为规范和思维方式中。通过传统文化的熏陶和感染，威高集团的员工更加注重诚信、责任和创新，为企业的持续健康发展提供了强大的精神动力。

威高集团充分利用优秀传统文化的独特魅力，通过书法、绘画、诗词等多种艺术形式，将企业文化和品牌理念融入艺术作品中，形成了独特的品牌传播方式。这些艺术作品不仅展示了威高集团的文化底蕴和创新能力，也增强了品牌的社会影响力和美誉度。同时，威高集团还积极参与社会公益活动，将优秀传统文化与公益事业相结合，进一步提升了企业的社会责任感和品牌形象。

威高集团作为中国医疗器械生产行业的民族品牌，多年来，积极践行健康中国战略，坚持以科技创新推动企业实现高质量发展。目前，威高集团生产的医疗器械和药品已有700多种，2018年实现销售收入450亿元。30多年来，威高集团累计上缴税金130多亿元，成为中国企业500强，获得了全国五一劳动奖状、全国自主创新示范企业等多项荣誉。

（2019年7月22日）

二、文化为品牌赋能

品牌是社会物质形态和精神形态的统一，是消费心理和文化价值取向的结合。文化支撑着品牌的丰富内涵，没有文化就不可能创造品牌，更不可能成就名牌。品牌是工业文明商业的硕果，IP（Intellectual Property，知识产权）是信息文明商业的开端。从品牌到IP，是文明的跨越，商业生态的演进。品牌建设的核心是围绕品牌文化展开，每个IP都有自身的定位，都有自己专属的受众。只有选择与品牌目标受众相一致的IP，才能实现有针对性、精准的营销。文化，因交流而隽永；创意，在合作中绽放。"酒香也怕巷子深"，对文创企业而言尤其如此。好的创意，需要有效的包装和传播，才能够打开市场，为更多人所熟知。美好生活离不开品牌，品牌代表着高品质和可信赖，从文化视角来看，品牌承载着价值观和文化，满足人们对美好生活的向往。

品牌文化是品牌建设的最高阶段

企业给消费者的心理感受和心理认同，就是品牌文化，是联系消费者与企业的平台，是品牌建设的最高阶段。品牌文化代表着价值观、生活方式，是"品牌"与"文化"的有机融合，品牌文化的形成需要一系列的品牌理念，包括品牌愿景、品牌使命、品牌价值观、品牌形象、品牌故事和品牌口号等。品牌文化能增强品牌溢价能力和市场竞争力，提高品牌的管理效能，增强品牌的竞争力。品牌逐步形成的文化积淀，是品牌文化以及企业形象的总和。品牌文化通过赋予品牌深刻而丰富的文化内涵，建立鲜明的品牌定位，利用传播途径形成消费者对品牌的高度认同，最终形成品牌忠诚。品牌文化为企业带来高额利润，通过形象塑造、产品销售等途径影响消费群体，进而形成一个忠诚的品牌消费群体。

品牌依托文化资源，传递给消费者一种理念，受到参与者的喜爱，提高消费者对品牌的认可度。品牌建设以优质的产品为基础，围绕产品、品牌文化打造消费者喜欢和信赖的品牌。跨界合作越来越成为当下国潮品牌不可或缺的发展方向。IP跨界一般都是购买IP的授权，授权方拥有具有商业价值的商标、品牌、形象等知识产权，被授权方以合同的形式获得在约定地区、产品和时间的使用权。人有人品，牌有牌品。品质、品味、品格，加在一起叫"有文化"。跨界合作不仅可以扩大品牌知名度，还能满足消费者个性需求。联名款是一种常见的品牌跨界合作类型，通过和其他品牌、IP、名人的合作产生新的产品，借助于双方的影响力，提升品牌的价值。联名的双方中，有营销需求的一方视为品牌方，把自带流量的一方视为IP。IP助力品牌实现知名度提升、情感打造，通过赞助、营销、跨界联名不同的合作方式赋能品牌。

文创产品是文化的重要载体

近年来，从"冰墩墩""雪容融"萌萌的形象展现了中华文化的博大精深，到故宫文创产品大受欢迎，均契合了消费者的需求。文创产品是文化的重要载体。文创产品就是"文化＋创意＋产品"。"文创＋"提高产品的独特性、丰富产品的内涵，提升产品的美学水平。创意是基于对生活需求的深度理解，是区分产品高下的关键。文化价值是文创产品的核心价值，挖掘 IP 的文化特性和价值，增加产品文化内涵，促进产业转型升级和产品销售。文创研发需符合市场规律，明确定位，搭建完善的经营结构，才能促进社会效益和经济效益双丰收。文创产品具有观赏和收藏价值，优秀的文创产品要植根于民族的文化，并且以国际化的语言表达。"印二哥党建之家"品牌的创立，成为华包集团以高质量党建引领企业高质量发展的例证；"中包定制"等文创产品逐渐丰富起来，"二厂记忆"品牌入选"2019 年度中央企业品牌建设典型案例"。

品牌 IP，一个是商业品牌的 IP 化，另一个是文创 IP 的品牌化。没有文化的品牌经不起任何风浪，与时俱进，不断创新，把品牌当文化经营。文创产品要有元素性、创意性和故事性，文化故事是文创产品最重要的"IP"。以文促创、以创彰文，才能让文创产品脱离形式化、同质化的桎梏。去外地出差、旅游，许多人通常会选购一些当地有特色品牌的土特产和文创产品。"一门父子三词客，千古文章四大家"，"唐宋八大家"，苏家父子占了三席，眉州三苏祠的文创区，吸引了不少游客驻足观赏。"人民日报文创"是人民日报社主管并授权，在文化产业园区文旅项目经营、IP 授权管理、文化产品研发、文化内容生产等领域共同发力的"大文创"聚合平台，通过产品定制、渠道合作、IP 联名、文创大赛、产业园区等为品牌赋能。人民日报文创与万事利丝绸推出"美好生活"高端蚕丝被系列产品，同万事利丝绸摸索出一条"传统产业＋文化创意＋高新科技"的转型升级路径。

国货品牌发展正当时

国潮就是"国风＋潮流"。"国潮"成为审美风尚，彰显了人们的家国情怀和文化自信。让文创产品有机地融入生活，产品是基础，文化是羽毛，影响力是腾飞的力量，中国品牌正逐步建立文化自信。从F3到今天的"秦、唐、宋"，比亚迪融入中国元素是对中国传统文化的传承。2020年"双十一"期间，超两万个品牌在京东超市成交额同比翻倍增长，1.3万多个国产品牌成交额增速超2倍，200多个老字号品牌成交额翻番。国产品牌成为满足我国消费市场新需求的生力军。品牌最重要的是，以满足消费者的精神需求为核心，通过国潮营销，增加用户对品牌和产品的感知力。国货不只靠情怀，品质飞跃才能让国货更自信。"国潮热"反映出消费者对中国品牌强烈的认同感。以文化浸润赋予产品生命，以品质信誉、责任担当推动品牌升级，实现中国品牌向全球价值链中高端迈进。

构建品牌文化价值、塑造品牌持久的生命力，有利于企业在全球竞争和文化交流中成为强势品牌，平台企业也积极参与国货品牌塑造过程。品牌知名度、品牌形象对品牌核心竞争力的提升十分关键，但目前市场上不少国潮服饰品牌对自身的品牌定位和风格特色并不明确，缺乏品牌意识。中国服装品牌要从中华文化中汲取营养，中西合璧打造一种新的发展趋势。"国潮"兴起于文化自信，应在充分汲取传统文化精华的基础上，以新创意丰富品牌内涵，以过硬的技术实力夯实产品质量，筑牢国货品牌的基础。河南广播电视台的《唐宫夜宴》应用了5G+AR技术，把虚拟国宝文物展现在现实舞台上并进行互动，成立唐宫文创科技集团。唐宫文创IP授权合作国际国内头部品牌100余家，为河南文旅文创产业注入新动能。

文化自信是一个国家、一个民族发展中最基本、最持续的力量。君子务本，本立而道生。文化之于时代、大众，就像水之于生命、蔚蓝之于大海。做优质文化的传播者，努力促进中国传统文化的创造性转化、创新性发展。中国品牌不断锐意开拓，在品质、设计、技术、创新等方面的能力已达到新高度。文化创意产业以文化为本源，产业发展为出发点，对资源的占用少，对环境的污染小，对经济的贡献大。中国品牌融入中国元素可增强品牌的情感价值，塑造差异化的品牌形象。华南理工大学段淳林教授表示，在打造国家品牌的过程中，可从故宫、长城、中餐等物质领域抽取中国元素。中国品牌代表中华文化，为传统企业赋能，打造差异化产品，提高产品辨识度，提升产品竞争力和知名度，助力企业转型发展。

品牌承载着深厚的文化价值和情感认同，尤其在当今竞争激烈的市场环境中，文化已然成为品牌差异化的重要手段，塑造了品牌的独特性和持久的市场竞争力。长城葡萄酒作为中国知名酒类品牌之一，在品牌建设上不断发掘和融入中国葡萄酒文化，通过跨界合作、现代营销和文化创意，为品牌注入新的生命力。下述案例将展示长城葡萄酒如何在文化赋能下，推动品牌的创新与转型。

◉◉ 品牌案例 5-2：长城葡萄酒探索品牌建设新路径

成就品牌魅力，与消费者共鸣，开展体验营销。构建体验营销是打造品牌的核心，消费者的体验差异是很大的，让消费者的体验能够真正变成品牌化，创造前所未有的感知差异，对品牌的建设更加重要。用消费者的思维、体验为核心来重新设计整个的链条和通道，创造企业的未来。他人可以模仿你的设计和产品，但是很少有竞争对手能够模仿你提供的卓越体验。要素品牌化，对于服务品牌来说，打造品牌的核心竞争能力，打造品牌体验，都是值得长期思考的问题。

长城葡萄酒作为中国葡萄酒行业的佼佼者，一直以来致力于将中国葡萄酒文化推向世界。随着消费市场的不断升级和消费者需求的日益多样化，长城葡萄酒开始探索以酒文化体验消费为核心的品牌建设新路径。通过创新业务模式，长城葡萄酒不仅丰富了葡萄酒的消费场景，也提升了品牌的文化内涵和社会影响力。

打造海藏酒体验馆，创新消费场景。2023年8月15日，长城葡萄酒在山东蓬莱举办了首家旗舰海藏酒体验馆启幕仪式。这家体验馆不仅展示了长城葡萄酒的海藏酒产品，还融合了餐饮、文化旅游和健康服务等四大板块，为消费者提供了一个全方位、多层次的葡萄酒文化体验平台。通过深度挖掘海藏酒的价值，长城葡萄酒成功地将葡萄酒从商务需求拓展到了更广泛的生活场景中，实现了从"高冷"到"接地气"的转变。

整合圈层资源，推动产业发展。长城葡萄酒海藏酒体验馆不仅是消费者体验葡萄酒文化的场所，也是长城葡萄酒整合圈层资源、推动产业发展的平台。通过与餐饮合作伙伴、加盟商等建立紧密的合作关系，长城葡萄酒成功地将海藏产业与餐饮、旅游、健康等产业有机融合，形成了独具特色的产业链条。这不仅为长城葡萄酒的高端酒业务发展开辟了新赛道，也为整个葡萄酒行业的创新发展提供了有益的借鉴。

长城葡萄酒借助"场景打造与培育"及"文旅体验与建设"一体化的新举措，将立足葡萄酒全产业链，进一步推动高效农业（种植）、绿色工业（酿造）、特色旅游＋餐饮服务（流通）的三大产业有机融合。通过以酒文化体验消费为核心的品牌建设策略，成功地将葡萄酒文化推向了更广泛的消费群体。通过一系列的措施，长城葡萄酒不仅提升了品牌的文化内涵和社会影响力，也为整个葡萄酒行业的创新发展树立了典范。

（2023 年 8 月 16 日）

三、品牌文化助力品牌强国

品牌的"品"是品质或产品质量；"牌"是口碑，就是在消费者心目中留下的美誉度。品牌是文化价值的体现，文化在品牌中得以体现。品牌文化的核心是文化内涵，包括诚信、创新、责任等。品牌文化反映了品牌的理念、价值观和精神情感的追求，是一个品牌区别于其他品牌独特的形象和文化符号，是品牌与传统文化以及企业形象结合的总和。品牌文化突出了企业外在的宣传、整合优势，将企业品牌理念有效地传递给消费者，进而占领消费者的心智。品牌文化的定位决定了品牌的个性、用户群和市场定位，是用户识别品牌、选择品牌的重要标志和依据。品牌文化不仅是企业形象的重要组成部分，更是企业在市场中竞争的重要资源。产品技术容易被竞争对手所模仿，唯有品牌文化是独一无二的，是企业具有差异化特质的核心竞争力。营销只能使品牌强大，文化才能使品牌伟大。

品牌文化特征

品牌文化使品牌具备文化特征和人文内涵，重点是通过各种策略和活动使消费者认同品牌所体现的精神，然后形成一个忠诚的品牌消费群体。品牌文化有内涵的兼容性、传播的持久性、鲜明的差异化等特征。企业在塑造和提炼品牌文化时，既可以体现企业的经营理念，也可以表现商品的属性，还可以彰显消费者的审美品位。品牌文化的形成需要企业进行持之以恒的有效传播，品牌文化内涵需要多年的积淀。品牌文化以品牌个性、精神的塑造和推广为核心，通过赋予品牌深刻而丰富的文化内涵，建立鲜明的品牌定位，充分利用各种传播途径形成消费者对品牌的认同，最终形成品牌忠诚。品牌的文化特征，不但要具备精神内涵，还要从策划、宣传、客户关系等方面进行整合，让消费者能够体会到品牌的个性。

打造"品牌名称、品牌标识、品牌口号"的品牌文化三件套，努力塑造品牌形象、传递品牌价值，进一步提升品牌的市场竞争力。"名不正，则言不顺，言不顺，则事不成。"一个理想的品牌名称，给品牌赋予文化内涵，使品牌如虎添翼，更容易获得成功。品牌名称要遵循"易记忆、寓意丰富、使人喜欢、可以转换、可以适应和可以保护"的六个标准；一图胜千言，选择可以关联视觉的名字。"今麦郎"名字的由来与该公司的创始人范现国先生的创业经历和思考有关。"今"代表了现代、时尚的概念；"麦"则代表了小麦、麦片；而"郎"则赋予了男性、力量和坚实的形象，寓意产品的坚实质量和口感。同时，"金麦"象征着丰收和优质的小麦。然而，"金"字略显俗气，将"金麦"改为"今麦"，从而诞生了洋气且联想度高的品牌名"今麦郎"，塑造了品牌的时尚感。

"强识别、低投入、优形象"是品牌设计 logo 的方向，可以塑造良好的企业形象、为企业节约时间、降低选择和执行成本，为企业带来经济效益。品牌口号与品牌名称一样，能快速建立品牌资产，帮助消费者抓住品牌的内涵、了解品牌是什么、有哪些特色。品牌口号与广告宣传紧密结合，强化品牌定位，如"困了累了喝红牛""怕上火，喝王老吉"。

在消费者更加注重品质和品牌消费的背景下，通过提高产品质量和文化创新能力，打造具有鲜明特色和较强影响力的品牌文化。产品要赢得市场、参与国际市场的激烈竞争，就必须走品牌化之路。品牌文化代表着一种价值观、一种生活方式，不仅给消费者提供某种效用，还帮助消费者实现梦想和追求。品牌文化赋予品牌强大的生命力，使消费者对其产品的消费成为生活中不可或缺的一部分。如果品牌成为某种文化的象征或者在生活中形成习惯，它的传播力、影响力和销售力前途无量。品牌文化是打造品牌的一种方式，全球化进程中暴露出一系列文化的冲突问题，企业并购的失败大多源于不同的文化。洋品牌与本土品牌的竞争，其深层次是文化的竞争。

品牌需要文化作为内核

品牌文化建设代表着价值观。企业应当充分利用品牌的美誉度和知名度进行品牌延伸，进一步提高品牌的竞争力；通过品牌文化建设强化品牌力，从而谋求更多的利润。品牌文化的建立，让消费者在享用商品的物质利益之外，还能获得文化上的满足。品牌文化建设有利于各种资源要素的优化组合，提高品牌的管理效能，使品牌充满生机与活力。打造独特的品牌文化，将现代管理理念与传统民族文化相结合，才能构成品牌核心竞争力。我国企业品牌意识的觉醒大致是从改革开放开始的，经过商标意识、名牌意识、品牌意识三个阶段。商标通过文字、图形等元素来标识产品或服务。商标是品牌的外在表现形式，是获得法律保护的一个主要途径。品牌不仅仅反映了企业产品的属性、质量，随着企业技术、管理等方面的提高，品牌可以不断增加自身的价值，从而推动企业获得更大经济效益。

"终南无捷径，诸君多修行。"品牌建设也无捷径，唯有脚踏实地，精心培育才能结出硕果。"十四五"规划提出"打造一批高端品牌"的目标，塑造中国品牌形象，提升品牌文化魅力。高端品牌是一个国家软实力的象征。高端品牌不仅代表了一种生活方式，还代表了一种文化。欧美发达国家的品牌建设已经有百年历史，美国是现代营销学、传播学的发源地。中国的品牌文化起步较晚，品牌文化和历史文化有着密不可分的关系。"酒香不怕巷子深"是我国自古以来内敛的文化传统，过分的宣传是华而不实的表现。改革开放之初，我国引入了国际上品牌文化的概念，因此我国的品牌意识至今也只有40多年的时间。当前，中国品牌建设水平远远落后于经济发展的速度，大力发展具有国际影响力的世界品牌，使中国企业在国际市场上占有一席之地。

文化是品牌的核心竞争力

文化是民族的精神命脉，文化自信是更基础、更广泛、更深厚的自信。品牌竞争的重要一环就是品牌文化的竞争，其实质就是竞争企业之间文化的较量。随着市场的全球化，品牌的价值和含义已经远远不是差异化识别的符号这么简单。品牌大师奥格威提出，商品的品牌之间没有品质上的差异时，产品的商标和特定属性成为获得竞争力的关键。品牌不仅仅代表了产品之间的差异化，不同品牌背后所特有的文化特性成为品牌的核心竞争力。一个国家经济的强大取决于自身拥有多少强大的品牌。韩国打造了现代、LG、三星等世界品牌，日本动画风靡全球。中国品牌在互联网行业发挥后发优势，网上购物、社交媒体、共享经济等诸多"互联网+"产品走在了世界信息化产业的前端，涌现出了BAT（百度、阿里、腾讯）等具有全球影响力的世界品牌。

波司登董事长高德康曾经说过，品牌是一个动态的过程，波司登对品牌的追求从来没有停止过。我们要做世界名牌，真正做到"创世界品牌，扬民族志气"。"一个企业要想成为百年企业，靠的就是品牌，而品牌的一半是文化。"红豆集团董事局主席周海江说。

建设中国品牌，是建设品牌强国的重要支撑。每个品牌都有自身独特的文化内涵，既体现着民族精神，又体现着自身的企业文化。品牌本身就意味着价值，在市场经济条件下，其价值已经远远超过了厂房、设备、产品等许多有形资产，成为企业最珍贵的无形资产。品牌文化是在品牌创建的过程中自觉形成的，它不但能够展示品牌个性，而且能够反映品牌运作和经营的自身规律。多年来，茅台积极融入"一带一路"建设，开展"走进俄罗斯、意大利、澳大利亚"等品牌文化传播交流活动，提高海外消费者对品牌的认知，助推茅台品牌国际化。未来属于品牌，尤其是属于全球性的世界品牌。中国品牌，往里走，修炼自我；往外走，寻找未来。今天，不断"走出去"的中国品牌，正用自己独特的方式把中国故事和中华文化讲给各国友人。

在品牌文化的构建与企业战略发展中，如何实现文化价值与产业创新的深度融合，已成为越来越多企业关注的焦点。尤其是在绿色健康产业快速崛起的今天，文化内涵不仅要与企业的产品和服务相匹配，还应当与社会责任、可持续发展等核心理念紧密相连。华彬集团作为行业中的领先企业，始终致力于探索文化与绿色健康产业协同发展的新路径，通过创新品牌文化和理念的塑造，在推动绿色健康产业发展的同时，也将文化自信与社会责任融入其中。

◉◉ 品牌案例 5-3：华彬集团打造国际人文交流新范式

品牌是企业最重要的无形资产，品牌价值的核心表达是践行社会责任。多年来，华彬文化基金会发挥民间组织的力量，以文化为桥梁和纽带，打造了"当东方遇见西方""丝路之旅""美丽中国"等系列特色公益品牌，持续探索文化与绿色健康产业协同发展的新路径。

华彬集团是我国大健康产业的领军企业，近40年来始终秉持绿色发展理念，致力于文化交流与实业共赢。在共建"一带一路"高质量发展中，华彬集团不仅推动了绿色生态的可持续发展，还通过文化交流活动，搭建了国际人文交流的新平台，展现了中国企业在世界经济文化交流中的新面貌。

坚持绿色发展，打造生态产业。华彬集团自创立之初，就将绿色发展作为企业发展的底色。在北京昌平，华彬集团通过近30年的沙坑改造和苗木种植，成功将昔日风沙地转变为环境优美的绿色园林，并在此基础上建立了华彬生态园。园区内引入高尔夫、马术等健康时尚运动，成为北京郊区休闲运动的热门打卡地。同时，华彬集团还在云南大理等地开展生态修复工作，带动当地绿色产业和文旅产业的可持续发展。

做活"水经济"，引领健康饮品潮流。华彬集团把握高质量发展和大健康行业快速发展的趋势，积极布局健康饮品市场。从最初的中国红牛到如今红牛、VOSS、唯他可可、战马等多元化品牌，华彬集团坚持健康饮品制造和销售，为消费者提供更多健康、时尚的饮品选择。同时，华彬集团还在全国范围内布局生产基地，提高生产能力，保障市场供应和消费者需求。通过做大做活"水经济"，华彬集团不仅实现了企业的快速发展，也推动了健康饮品市场的繁荣。

文化互融互鉴，搭建国际人文交流平台。华彬集团董事长严彬深知文化交流对于企业发展的重要性。他多次表示，中国企业要以中华文化为桥梁走出去，持续促进人文交流，为共建"一带一路"营造良好环境。华彬集团在泰国曼谷等地建立文化交流中心，以中式传统木结构营造技艺为特色，成为近半个世纪以来海外体量最大的中国传统建筑。

筑梦而生，踏地前行。品牌不仅仅以赞助商身份参与到文化活动中来，还以文化活动的发起者和参与者发挥着自己的作用。中国红牛通过赛事，让人们超越自我，带来超能力和梦幻般的体验。许多专家认为，如果没有中国红牛，许多极限运动将黯然失色。

华彬集团通过坚持绿色发展、做活"水经济"和文化互融互鉴等策略，成功塑造了独特的品牌形象，为消费者提供更多优质产品和服务，展现了中国企业在世界经济文化交流中的新面貌，为国际人文交流作出了应有的贡献。

（2023 年 10 月 20 日）

四、传承发展中医药事业

"遥知兄弟登高处，遍插茱萸少一人。"茱萸是一味中药，用于脾胃虚寒等病症。目前，我国传统中医药学受到越来越多的消费者和业内人士的推崇和信赖，国际社会对中医药的需求在不断增加，这无疑是我国传统中医药学发展的重要契机。2018 年，第 15 届世界中医药大会将每年 10 月 11 日设立为"世界中医药日"，进一步促进了中医药的国际传播和发展。一株小草治病救人、一枚银针联通中西、一缕药香跨越古今……中医药文化博大精深，源远流长。医者仁心、悬壶济世，保护着中华民族生生不息。

一部中医史就是一部抗疫史。据统计，我国 3000 多年的历史之中，发生的大小瘟疫次数达 500 多次。中医药在海外广泛传播应用，参与共建"一带一路"取得积极进展。截至目前，中医药学已传播到196个国家和地区，与43个国家和地区签署了专门协议，建设了30个海外中医药中心，中医药疗效被世界越来越多的国家认可。没有全民健康，就没有全面小康。2022年3月，国务院办公厅印发《"十四五"中医药发展规划》，提出到2025年，中医药健康服务能力明显增强，中医药高质量发展政策和体系进一步完善。做大中医药文化产业，培育一批知名品牌和企业，推进中医药高质量融入社会建设。

传承精华　守正创新

中医药的发展，其核心在于传承和发展中医学治未病的养生理念，让中医学与现代科学、医学有机融合。2015年，屠呦呦凭借"青蒿素"中医药成果摘得诺贝尔生理学或医学奖，是对中医科学的肯定。学习《抗击新冠肺炎疫情的中国行动》白皮书，以张伯礼院士为代表的中医药人，为抗击疫情做出了重要贡献。白皮书指出："中医药参与救治确诊病例的占比达到92%，湖北省确诊病例中医药使用率和总有效率超过90%。"曾两次获得诺贝尔生理学或医学奖提名、长年研究炎症的哈佛教授康景轩在接受21新健康专访时表示，不管现在还是将来，控制炎症对于降低新冠肺炎死亡率以及促进病人康复，都有着很重要的作用。康景轩指出，此次抗疫过程中，中医药发挥了重大的作用，但没有系统性地全面铺开。

品牌的背后是品质，唯有品质才能建设品牌。推动中医药创造性转化、创新性发展。创始于1902年的云南白药，被誉为中华老字号中的金字招牌。云南白药从创可贴、牙膏、日化等领域切入，实现了从单品类到多品类、从产品到品牌、从单品牌到多品牌发展变革。在经济全球化的时代，品牌已经成为企业核心竞争力乃至国家竞争力的重要标志。中医药的未来发展需要加大产品研发，拓展细分市场，巩固品牌竞争力，布局下沉市场和开展新型零售，实现从价值提供到价值共创的服务型转型，聚焦于无形资产，真正以用户为中心，让用户参与到品牌价值的共创里面。

推动中医药现代化、产业化

北京大学教授楼宇烈认为，中医是了解中国文化的一个重要突破口。推广中医药文化知识，打造中医药文化品牌，促进中医药文化产业发展。中医药振兴发展是一项系统工程，需要全盘布局、系统谋划、多方参与，促进产学研用一体化推进。加强中医药传承创新发展，产业现代化是依托。药材好，药才好。邵习东先生在《人民日报》撰文指出，传承发展中医药事业，需要传统中医药行业在药理解读、生产控制、质量保障等方面努力创新。我国传统中药生产存在"三高、三低、不适宜"的问题，即能耗高、污染高、成本高；工艺水平低、生产效率低、药材利用率低；相当大比重的工艺与装备不适宜现代中药生产。依托智能制造振兴中医药产业，尤其需要构建现代中药质量标准体系，建设中药材交易平台，发展和运用中医药大数据技术和提高智能化生产和管理水平。

加快中医药产业化进程，让科研走出去，让数据说话。技术创新为企业带来直接的经济价值，降低生产成本、提高效率、增强企业整体竞争力，还可以提升消费者对品牌的知名度和美誉度。质量是品牌的基础，决定了品牌的用户定位、价格定位、市场定位。品牌质量的有效维护和提升促进了有形资产的增值。只有维护好中医药品牌的质量，才能不断扩大品牌的市场占有率，从而实现品牌的持续盈利。中医药产业是笔者的家乡邢台市的特色优势产业，内丘县是扁鹊的行医圣地，拥有悠久的中医药文化传统。目前，邢台具备发展中医药产业得天独厚的条件，拥有千亩以上中医药示范园区 51 个，面积 52 万余亩，金银花的产量占到全国总产量的 60% 以上，酸枣仁产出占全国市场份额的 90% 以上。

推进医养结合　发展康养产业

在未来，中医药康养有望发展成为康养产业的核心领域，中医"防病于未然"的思想与康养理念不谋而合。在疫情中发挥重要作用的中医药疗法，其传承和创新发展重新受到国家和社会的关注。河南鄢陵县，被誉为"中国花木之都"和"长寿之乡"。近年来，鄢陵积极应对社会老龄化发展趋势，以生态资源和产业优势为依托，以医疗养老体制改革为突破口，建设"康养强县"。2019 年 3 月，由许昌市人民政府主办，鄢陵县人民政府承办的第二届鄢陵国际健康峰会举行。与会专家学者、企业家，紧紧围绕"乡村振兴与康养产业如何融合互动"等话题进行深度探讨。中医药康养产业借助"文化+"，注入了产业发展的创造力，延展产业链和价值链，提升产业附加值。

中医药提倡"预防为先"，融预防保健、疾病治疗和康复为一体，满足人民群众全方位、多层次、多样化的健康需求。亳州是"神医"华佗的故乡，也是我国历史上的四大药都之一，这里自古盛产多种地道中药材。中国产业集聚研究专家杨建国认为，从"亳州中药材市场"可以看到从"自发"走向"自觉"的全过程。目前，亳州共有药品生产企业 174 家，为推动企业自主创新，提高企业竞争力，亳州成功融合发展中医疗养、文化传播、商务会展为一体的健康养生旅游，形成了一批特色的中医药健康旅游品牌，实现了中医药产业与文化旅游产业的深度融合。

让中医药走向世界

"一缕药香跨越古今，一枚银针联通中西，一株小草改变世界。"中医治疗有许多优势，中医的针灸、推拿、按摩等在保健领域有很大作用。2016年巴西奥运会上，美国游泳健将菲尔普斯出泳池的一瞬间，背上的火罐印记吸引了众多目光。中医强调通过针灸、拔罐和推拿等治疗方法来提高人体健康，无副作用。中医药是民族品牌文化的重要载体，传统中医药学的治疗理念正逐渐被世界所接受，这为中医药的发展提供了广阔的空间。

中医药是中华优秀传统文化的重要组成部分，强调"道法自然、天人合一"，重视自然环境和社会环境对健康与疾病的影响。中医强调"待患若亲"，这与中华文化重视家庭伦理是分不开的。唐代医药学家孙思邈所著《大医精诚》一书，明确了为医者的基本要求："普同一等，皆如至亲之想。"截至目前，世界上有103个会员国认可使用针灸，联合国教科文组织已经将我国针灸医学列入人类非物质文化遗产。中华老字号同仁堂有300多年的历史，目前已成为我国第一个享誉海内外的中医药品牌，其业务遍布25个国家。同仁堂文化与匠心精神体现在"炮制虽繁必不敢省人工，品味虽贵必不敢减物力"这幅对联上。

五、让世界爱上中国茶

万丈红尘三杯酒，千秋大业一壶茶。"茶"，人在草木间，草木如人，人如草木。我国是茶叶的故乡，是世界上最早发现、栽培茶树、利用茶叶的国家，也是世界上最大的茶叶生产和消费国。上至帝王将相，下至平民百姓，无不熟悉茶。通过千年的传播，茶不但是一种饮料，更是一种文化。中国茶叶流通协会发布报告显示，2022年我国茶叶内销总量为 239.75 万吨，同比增长 4.15%；内销总额 3395.27 亿元，同比增长 8.82%。我国茶叶的产量已经连续多年位居世界第一，出口量位居世界前三。但是，中国茶产业大而不强，缺乏知名品牌，背后的主要原因是品牌建设的差异。2019 年 12 月，联合国大会将每年 5 月 21 日确定为"国际茶日"，弘扬茶产业的经济、社会和文化价值，促进全球农业的可持续发展。

中国茶文化源远流长

"坐酌泠泠水，看煎瑟瑟尘。无由持一碗，寄与爱茶人。"茶为国饮，既是文化和情感寄托，也是经济产业。千百年来，茶从我国出发，沿着古丝绸之路、茶马古道走向世界。茶叶及相关制品是人们日常消费的重要品类，经过上千年历史的沉淀，已经形成了包括茶道、茶艺、茶具、茶诗等多方面的深厚悠远的茶文化。文化与茶相辅相成，共同促进了我国茶产业的发展。从来没有一个产业像茶这样，与目前几项国家战略深度契合："一带一路"、健康中国、乡村振兴和共同富裕。

人生如茶须慢品，岁月似歌要静听。早在春秋战国时期，茶已经开始作为一种饮料，秦汉之后，逐渐融入日常生活中。唐朝是茶文化发展的"轴心时代"，达到了空前高度，陆羽的《茶经》是谈"茶之道"的一本集大成的专著，是世界茶文化的首部元典，陆羽本人也被尊称为"茶圣"。宋人梅尧臣诗赞曰："自从陆羽生人间，人间相学事新茶。"宋朝时期，茶大多用来招待贵客，并逐渐传到了日韩。明朝是中国茶文化发展史的重要阶段，后世优秀的茶著作许多诞生在明朝。

"寒夜客来茶当酒，竹炉汤沸火初红。""茶禅一味"，可意会不可言传的心境便是禅学的境界。佛教在茶文化的传播中起到了重要的作用，赵州禅师之"吃茶去"是中国佛教史上有关禅茶的著名公案。赵朴初先生诗曰："七碗受至味，一壶得真趣。空持千百偈，不如吃茶去。""吃茶去"，深蕴禅机。茶道传入日本后，"禅茶一味"成为日本茶道主要思想。

仁者乐山，智者乐水。茶产自山上，吸收天地的灵气，配上清洁的泉水，是饮者的深爱。名茶、名山、名水、名人、名胜孕育出各具特色的茶文化。我国茶类品种多，饮茶习俗各异，由于历史、文化、生活及经济的差异，形成了各具特色的茶文化。科学研究表明，饮茶所带来的保健功效，超过许多保健品。茶能生津止渴、消食降脂，有利于身体健康；更有醒脑明目、放松精神、激发灵感等作用。17世纪中期，茶叶开始由荷兰商人传到英国，英国人逐渐接受了这种健康的生活习惯，喝生水少了。饮茶，饮的是文化。茶越喝越清醒，能有效提高人体的抗氧化和抗癌能力，提高新陈代谢，缓解糖尿病症状，增强免疫力，提高记忆力。以茶待客，成为中华传统文化中最高的礼仪。在传统婚宴中，新人对长辈都是敬茶。

中国茶缺乏知名品牌

我国虽然是茶的故乡，但是斯里兰卡、印度等国茶叶产量、出口量的部分指标超过我国。好产品需要好品牌，才能够有长远的发展。我国茶历史悠久，名茶颇多，如西湖龙井、武夷岩茶、黄山毛峰、云南普洱等。我国有名茶，却没有知名的茶品牌；茶产业规模大，却无法拥有像茅台一样的酒类品牌。据统计，目前，我国共有7万多家茶企业，年产值为300亿元人民币。然而，英国立顿一家企业的年产值约230亿元人民币。我国的名烟、名酒都有世界品牌，唯独名茶只有品类。在中国白酒企业中，近20家登陆A股。国内茶企，尚无在国内主板上市，只有近20家企业挂牌新三板。国务院扶贫办原主任刘坚说，"世界卫生组织和粮农组织把茶列为第一健康饮料。每天电视台黄金时间的广告都是酒，却很少看到茶叶的广告。开门七件事，柴、米、油、盐、酱、醋、茶，茶在其中。我国酒文化源远流长，茶文化的底蕴更深，只是我们弘扬得还不够"。

中国茶品牌做不好，究其原因是没有实现工业化。我国的茶产品一直以农产品的形式出口，品质没有统一的标准，难以打造出优秀的品牌。数据显示，中国 7 万多家茶企，99% 的用最传统方式做茶，标准化和工业化程度低。安化黑茶产于湖南安化县，已经形成了一条围绕黑茶运作的特色产业链，成为湖南十大农业品牌之首。从品牌运作的角度看，通过投资建厂，既能对产品质量进行严格把控，给消费者带来信任感，保证供应的稳定性，同时也对企业产品的标准化、规模化做了铺垫。

打造具有竞争力的茶品牌

中国茶叶流通协会公布的数据显示，我国茶叶缺乏国际茶叶市场中的话语权和竞争力，把茶产业优势转化为品牌优势，打造出具有竞争力的中国茶品牌。目前，我国茶叶深加工技术处于国际领先水平，但在商品化、产业化方面还无法比肩国外。茶文化的发展可以促进茶叶品牌和价值的提升，促进茶产业链的延伸，为社会提供更多的就业岗位。目前茶产业，已进入品牌消费和品牌竞争时代，要从质量、品牌认知度和美誉度上下功夫，着力于增品种、提品质、创品牌。近年来，以喜茶、霸王茶姬等为代表的新茶饮品牌走进大众视野，受到越来越多的消费者喜爱。

专家认为，西湖龙井尚未出现大品牌，由于产地和品类限制，受到地域性和季节性的影响，以及对绿茶品类新鲜度的要求，企业规模难以扩大。很多茶企意识到了品牌建设的重要性，但知易行难。名茶多、名牌少，贴牌多、自主品牌少，一直是我国茶产业存在的突出问题。没有统一的品牌，就不可能有统一的产品标准；没有统一的产品标准，想把市场做大很难。建设中国茶品牌，要在标准化基础上做大规模，打好文化牌、科技牌，不断提高工业化生产能力和供应链管理能力。在国家标准化战略的推动下，我国已初步构建了较为完善的茶叶标准化技术体系，培育一批具有品牌影响力的龙头企业。在福建安溪，茶产业是民生支柱，农户收入的 56% 来自茶产业。安溪铁观音出口日本、东南亚、欧盟等 63 个国家和地区，成功入选中欧地理标志协定首批保护名录。

促进茶品牌可持续发展

人生如茶，"雪沫乳花浮午盏，蓼茸蒿笋试春盘。人间有味是清欢"。中国茶叶博物馆位于杭州，是国内唯一以茶和茶文化为主题的国家一级博物馆，注重茶知识、茶文化的保存与传承，着力打造独具特色的展览品牌。早在 2012 年，"普洱古茶园与茶文化系统"就成为全球重要农业文化遗产。目前，我国 22 项全球重要农业文化遗产中，有 3 项是茶类遗产。茶文化、茶产业、茶科技的三茶统筹发展，为新时代的茶产业发展指明了方向。三茶融合，使茶成为乡村振兴、共同富裕的重要抓手与载体。西湖龙井、吴中碧螺春、安吉白茶、太平猴魁、福鼎白茶等传统名茶的核心栽培区域，已被认定为重要农业文化遗产地。

"一壶牡丹全花茶，迎来多方懂花客。"近年来，河北省柏乡县依托汉牡丹文化资源，大力发展牡丹产业，通过一产种植、二产加工、三产文旅融合发展，助力乡村振兴。"汉牡丹"牌牡丹花茶、牡丹花蕊茶等产品与牡丹文化精准融合，打造县域经济新名片。茶产业的高质量发展，离不开创建高质量的茶品牌。只有积极适应和把握新常态，以市场为导向，以品牌为引领，才能实现茶产业更健康、高质量的发展。

"饮茶粤海未能忘，索句渝州叶正黄。"毛泽东主席在诗中以忆茶叙旧，好似围炉而坐，相互品茗畅谈，一下子就拉近了彼此的感情距离。李约瑟博士称，茶为中国四大发明之后对人类的第五大贡献。中华文化正面临着对内振兴发展，对外交流的双重机遇和挑战，要对中华民族的价值观、伦理观和审美观做深入的研究和深刻的反思。九届全国人大常委会副委员长许嘉璐提出了"一体两翼"的中华文化传播观念。"体"即上述的"四观"内涵；"翼"是让"体"能够飞起来的通道和形式，中医药和中国茶文化，两者双翼齐飞，中华文化扶摇直上九万里。志合者，不以山海为远。茶不仅是一种饮品，也是中华文明与世界文明沟通交往中的一颗璀璨明珠。通过"一带一路"，茶马古道，万里茶道，茶穿越历史、跨越国界，已经成为人类文明的共同财富。

第六章　大力发展品牌经济

　　品牌无处不在，打造国家品牌是实现我国和平崛起的战略布局，企业品牌是我国企业走向世界的名片，产品品牌是应对供给侧结构性改革的抓手。国家"十四五"规划纲要明确提出深入实施质量提升行动，推动制造业产品"增品种、提品质、创品牌""开展中国品牌创建行动，保护发展中华老字号，提升自主品牌影响力和竞争力"。以品种拓市场、以品质赢客户、以品牌立口碑。品牌经济是以品牌为核心整合经济要素、带动经济发展的高级经济形态。我国经济已经进入品牌经济时代。

　　清朝末年北京民间流传着一句谚语，反映了当时的消费时尚："头戴马聚源，身披瑞蚨祥，脚踏内联升。"岁月流逝，顾客更迭，而品牌永恒。老字号企业管理者的巨大挑战是在创新与怀旧之间保持平衡。老字号在确保传统文化得以有效传承的基础上，建立全新的生产、营销、自我保护机制，抓住机遇、紧跟时代潮流。老字号主动拥抱新潮流、焕发生机活力，产品服务更趋多元，文化特色更显浓郁，品牌信誉不断提升，推动经济高质量发展。我国企业正从"产品出海"走向"品牌出海"。从"中国制造"走向"中国智造"。中国品牌扬帆出海、让世界爱上"中国造"。

市场是培育品牌的根本机制，品牌已经成为连接不同市场、不同经济体之间的桥梁和纽带，推动了全球经济发展和社会文明进步。品牌的主体不仅是企业的产品和服务，还可以包括城市、个人等。如果用经营的眼光来看待整个城市资源，城市可以作为最大的产品来规划、设计、建设和经营。"一流的城市做品牌，二流的城市忙推销。"一个企业需要品牌，一个城市同样需要名片。城市有了自己的知名度，有了品牌，就可以吸引到更多的投资，形成更强的竞争力。

农业品牌化赋能乡村振兴。品牌是农业竞争力的核心标志，是现代农业的重要引擎，是绿水青山成为金山银山的一把钥匙，更是乡村振兴的关键支撑。当前，农产品区域品牌建设不仅是乡村振兴战略的重要抓手，也是标准化在农业领域的具体实践，有利于促进农民增收、农业提质增效。加强农产品区域品牌标准化建设，有利于推进质量兴农、品牌强农，实施乡村振兴战略、推动农业高质量发展。

一、弘扬老字号　焕发新光彩

2021 年 9 月，中华老字号"张小泉"正式登陆 A 股创业板。老字号品牌上市后可以获得投资者关注，这对企业的品牌、销售有很大的促进作用。老字号有品牌传承优势，也有自己的特色，借助资本市场发展，就是锦上添花。老字号企业通常拥有较好的品牌知名度和美誉度，但创新能力相对不足。上市能有效解决发展资金问题，帮助化解流动性差、创新能力弱、团队老化等难题。老字号有历史、有故事、有品牌，可以通过上市增强估值，利用品牌获得溢价。通过上市，老字号也能获得更多资本的关注和青睐，强化品牌的认知度，获取更大的市场。

目前，已经上市或准备上市的老字号主要集中在医药、食品饮料等领域，如茅台、同仁堂、全聚德等。"老字号"是中华民族数百年留下的精品，成立时间不晚于 1956 年，商务部先后认定了 1128 家中华老字号企业，历史最悠久的北京便宜坊已走过 600 多年的岁月。期待老字号挖掘历史文化资源，擦亮招牌、做强品牌。

不忘历史才能开辟未来，善于继承才能善于创新。从"保护、传承、创新、发展"四个方面，商务部等部门制定了促进老字号发展的意见。"十四五"规划和 2035 年远景目标纲要提出，开展中国品牌创建行动，保护发展中华老字号，提升自主品牌影响力和竞争力，率先在消费品领域培育一批高端品牌。

保护传承老字号　培育工匠精神

品牌价值传递是品牌赋能的重要环节。老字号品牌是消费者信赖的保证，品牌发展的首要任务是构建并提升品牌价值，品牌价值取决于其市场表现力，通过消费者认可实现。品牌的创新力、生机和活力，可以保持客户黏性。文化是品牌的灵魂，也是老字号企业可持续发展的关键。广州市鼓励老字号拓展发展空间，开发特色旅游工艺品，将老字号的保护传承与旅游资源结合起来。近年来，不少老字号企业相继建立了博物馆，展示老字号的历史沿革和发展成就。博物馆不仅是老字号推广产品的平台，还成为展示城市形象的窗口。没有继承，就没有发展；没有创新，就没有未来。2020 年，近 75% 的中华老字号实现盈利。

干一行、爱一行，专一行、精一行。如切如磋，如琢如磨。工匠精神就是"执着专注、精益求精、一丝不苟、追求卓越"。"字字看来皆是血，十年辛苦不寻常。"曹雪芹写《红楼梦》"增删五次"，字斟句酌，作为经典流传至今。老字号是精益求精的工匠精神，老字号长远发展，创新不能停，匠心不能丢，传承好传统工艺，留住老客户、吸引新客户，从生产流程到经营理念与时偕行。振兴老字号，关键是做好传承。品牌的核心价值观、业绩记录、长寿性、象征符号和历史价值是品牌传承的五大维度。核心价值观是品牌传承的灵魂要素，如同品牌的 DNA。"国窖 1573"，稻香村的"始于 1773"，品牌长寿性是衡量品牌成功的一个重要标志。品牌传承为企业带来品牌的独特和差异性，"怕上火喝王老吉"这一独特的品牌定位，是品牌传承的重要发力点。老字号要保持本色，不能追求短期效益，消费者花了高价钱却享受不到合理的服务和高质量产品，会影响用户体验感和产品口碑。

传承不守旧　创新不忘本

据《中国知识产权报》报道，2023 年商务部、国家知识产权局等五部门联合复核的中华老字号结果出炉，128 个中华老字号未通过复核，其中被移出中华老字号名录的有 55 个。中华老字号不是"终身制"，更不是企业发展的"护身符"。商务部联合国家知识产权局等部门开展中华老字号示范创建，建立实施"有进有出"的动态管理机制，对名录中的中华老字号进行全面复核，有利于强化老字号的品牌信誉，激发老字号的创新活力。时代在变化，消费观念、消费场景也都在变化，企业要与时俱进，守正创新才是出路所在。

千里之行，始于足下。拥有一个百年老字号品牌是每个公司梦寐以求的目标。产品力是品牌力的基础，推动老字号不断创新，开发新产品、新工艺。借助网络优势发展新业态、新模式、新服务。"佛靠金装，人靠衣装",老字号要在产品外观上着力创新。老字号永葆青春,关键在"变",精髓却在于"不变",要坚持传承老字号的优良传统和文化底蕴。从品牌强国战略的角度看,老字号是很重要的板块。应本着"传承与创新相结合,品牌建设与知识产权保护相结合"的原则,加大老字号的保护和发展。老字号具有很高的经济、文化价值,是弥足珍贵的自主品牌,国家相关部门应积极引导和支持老字号加快在境外注册商标,组建老字号产业集团,通过兼并、参股等方式发展壮大。

传承不守旧、创新不忘本。用品质铸造品牌、以品牌促进消费。抓创新就是抓发展,谋创新就是谋未来。老字号要深度挖掘品牌历史,提炼品牌内涵和理念,重塑品牌形象,加速品牌升级进程,加强产品和服务层面的配套升级。品牌与消费者总是相依而生,注重客户调研,洞察市场变化,取长补短。做强老字号,留住老客户,开发子品牌,圈粉新客户。面对不断升级的消费需求,许多老字号企业主动求变,研新品、上"云端"、扩渠道。专家建议,老字号企业亟须加快品牌和产品升级,借力数字化进行转型。近年来,老字号开辟新领域新赛道,发展新动能新优势,取得了良好效果。跨界是老字号品牌和企业打破传统边界,向年轻化和长久化方向发展的一次创新。

创造性转化 创新性发展

老字号"老化"、缺乏创新是主要原因。就产品本身而言,老字号的工艺和技术水平并不落后于国外奢侈品品牌,甚至在某些领域比奢侈品还好。但是,许多传统手艺并没有转化为受欢迎的产品。统计显示,世界 500 强的平均寿命为 42 岁左右,世界最长寿的公司已达 700 多岁。奢侈品巨头爱马仕有 100 多年的历史,但它充满活力。老字号应该借鉴爱马仕等国际品牌的成功经验,打造出我国的世界品牌。企业的产品和服务要能成为精品，需要满足绝对优秀的品质，掌握精品经济学规律，建立精品品牌战略，这些也是老字号亟待解决的问题。对老字号最好的保护，就是创造性转化、创新性发展，提升老字号与非物质文化遗产、博物馆等历史文化资源融合发展，助力企业行稳致远。

变则通，通则久。积极推动老字号依托历史底蕴和文化精髓开发创意产品、营造消费场景、提升消费者体验。老字号赢得年轻人的青睐，需要内外兼修，不断为品牌和产品注入创新活力。由于渠道布局弱，不少老字号很难成为全国性品牌。加快产业数字化转型，实体经济实现提质增效发展。据报道，老字号企业，已有70%实施信息化建设，或依托电商平台"借船出海"，或凭借自身实力扬帆起航。2019年1月，京东宣布成立中华老字号无界零售联盟，联合100多家老字号企业，共同打造无界零售品牌集群。阿里通过天猫出海，帮助超过1000家老字号进入全球市场。

挖掘文化内涵　让老字号享誉世界

老字号浸润着深厚的文化底蕴，做大靠资本，做强靠品牌，做久靠文化。老字号要在品牌建设和文化建设上用力，只有外树品牌、内塑文化，才能获得长足发展。老字号经过长期的历史积淀，品牌蕴藏巨大的商业价值。大量的老字号在传承与创新中厚积薄发，走出国门，得到了全球消费者的赞许。创立于1828年的王老吉凉茶，1925年参加英国伦敦博览会，是最早走向世界的中国品牌之一。王老吉通过线上的"吉文化"营销，形成了春节、民俗、婚宴等多个消费场景，还将"吉文化"远播海外，目前已在纽约开设海外首个博物馆。景德镇陶瓷也在挖掘文化内涵上发力。近年来，华夏珍宝博物馆与景德镇陶瓷艺术大师合作，对陶瓷艺术的发展与保护起到了积极的作用，取得了良好的社会效益和经济效益。

既要讲好品牌历史，又要讲好品牌故事。稻香村总裁周广军在人民日报 2018 中国品牌论坛上表示，传统产品要跟上时代的潮流，不断通过创新转型实现自我革新，迎合消费升级。2020 年，面对全球疫情冲击和复杂严峻的外部环境，稻香村海外出口整体增长 60%，月饼出口增长 80%。老字号品牌需要传承其优质的产品与企业文化，在数字时代不断更新品牌宣传方式，使消费者选择多元化。"引进来和走出去"需要老字号积极与国内外同行进行合作，将我国优秀的老字号文化传播出去。

在传承历史文化精髓的基础上，老字号要想方设法顺应国潮消费趋势，丰富品牌消费供给，释放品牌消费潜力。立足新发展阶段、贯彻新发展理念、构建新发展格局、推动高质量发展，让"中华老字号品牌"闪耀世界。在探讨老字号品牌创新的必要性和可行性时，一些老字号的成功探索尤为值得借鉴，稻香村便是其中之一。作为中式传统糕点的代表，稻香村以其深厚的文化底蕴和悠久的品牌历史为基础，积极推动品牌创新与市场拓展。在传承经典工艺的同时，稻香村不断引领消费趋势，将传统与现代相结合，形成了具有时代感的品牌形象。下述案例将通过分析稻香村的品牌创新之路，展示传统企业如何在现代商业环境中焕发新光彩，成功实现跨越式发展的可行路径。

◉◉ 品牌案例 6-1：稻香村——中式传统糕点的创新名片

由人民日报社和甘肃省委、省政府共同主办的 2017 "一带一路"媒体合作论坛，9 月 19 日在甘肃敦煌隆重举行。稻香村集团总裁周广军应邀出席论坛并发言。笔者全程参与了此次论坛，在回程的飞机上，即兴做《敦煌抒怀》一首，与大家分享：

梦里又回祁连山，春风飞度玉门关。

河西走廊延千里，华夏文脉溯流源。

雍凉之都银武威，有机葡萄美酒鲜。

甘州自古咽喉地，七彩丹霞世罕见。

焉支山下长城延，匈奴歇马多瑙边。

西路英雄战高台，可歌可泣谱壮篇。

左公驻节肃州时，天下雄关第一區。

酒泉城下有金泉，沁人心脾味更甜。

千年丝路敦煌镇，莫高窟和鸣沙山。

月牙泉边党河岸，游人如织宾朋满。

丝路花雨飞天梦，反弹琵琶飘若仙。

融合共享话多赢，人民日报办论坛。

群贤毕至新理念，国际合作大空间。

西出阳关有故人，丝路魅力换新颜。

沙洲夜市叙友情，来年博鳌再相见。

稻香村自 1773 年始创于中国的历史名城苏州，至今已经持续经营了 244 年，是中国商务部首批认证的中华老字号企业。作为承载着商业文明记忆和地域文化象征的企业，老字号的继承和创新不仅仅是老字号企业发展的课题，更得到了全社会的重视。

周广军在会上做了最好的解释。他说，首先，就是继承正能量的工匠精神、精益求精、诚信，这是我们老一辈不管是经营者还是技术传承者给人们的教导；稻香村有个老称谓就是"把作师傅"。这个把作师傅放在今天就是类似于技术总监的职位。把作师傅的任命是由老一辈的把作师傅在自己带领的学徒中甄选出来的技术一流、人品良善的技艺传承人，经过多年的观察与培养后才能上任。稻香村一直有着清晰的传承谱系，至今已经传承至第六代。

其次，稻香村勇于去除旧的不合时宜，传承创新，符合时代的需求，适应当代人消费模式与消费行为的变化。当下，互联网时代兴起，稻香村也玩转了新时尚，抓住电子商务发展契机，在天猫、京东等网站，开通了自有品牌网店，做到线上、线下集聚融合；另外，稻香村开通了线下门店便捷扫码支付、老年卡优惠消费，400电话，12315绿色通道，官方微信、微博等服务，方便沟通，跨屏互动，满足不同年龄顾客的不同需求。

第三，开启集团化发展模式拓展市场，缩短运输半径，提升效率。食品的特点就是要新鲜，所以要求运输半径尽量缩短。从这一点考虑，稻香村目前在全国拥有的9家公司、7个大型现代化生产加工中心整合，开启了集团化发展模式，全国统——盘棋。

"一带一路"倡议为我们提供了了解外界，互通有无的机会。稻香村的产品已经走出国门，下一步，稻香村将用创新的理念与网络大数据及食品工业科技前沿成果对海外市场进行细分，充分合理分析海外市场需求，将中式糕点更多地推出国门。无论是"翻红"的老字号，还是"出圈"的新国货，如何乘势而上、变"当红"为"长红"？一方面，要做到质量过硬、服务到位、贴近市场，才能持续获得青睐，实现可持续发展；另一方面，要为品牌注入文化内涵，建立自己的品牌"护城河"，通过品牌认知，形成与其他品牌的竞争壁垒。

（2017年9月21日）

二、精益管理助力中国品牌建设

改革开放 40 多年来，中国经济早已融入世界经济之中，各行业都处在与世界同行竞争的舞台上。就当前管理方式发展变革而言，备受企业关注的莫过于精益管理，比如裁减不必要的部门，集中力量发展核心产品和业务，突出主业及核心优势，努力发展品牌核心竞争力等。

精益管理是在丰田精益生产的生产方式的基础上总结升华而来，是一套更具普适性的方法体系和管理思想，它的原动力来自对最优的经营绩效的追求，本质是面向内部进行优化变革。"工匠精神"是精益管理的重要基本原则，也是企业精益求精的体现。对于品牌建设来说，必须加大对产品的研发力度，把产品创新作为品牌建设的首要任务，培养员工精益求精的工匠精神，完善对产品的质量把控。基于精益管理模式，丰田、本田、日产等日系汽车品牌从廉价的中小型汽车起家，成为享誉全球的世界级品牌。

企业在品牌建设中实施精益管理，成为一种帮助企业获取核心竞争力较为成熟的系统方法。精益管理包含如下六项基本原则：现场 6S 管理（整理、整顿、清扫、清洁、素养、安全）、JIT 生产（just in time 按照用户需求制造产品及时交货）、六西格玛质量管理（产品缺陷率近似于零）、发挥主观能动性的团队、目视管理及持续改进不断地追求完美。同时，精益管理认为，有七种浪费，分别是生产过剩、等待、过度加工、搬运、库存、不良品、动作浪费。生产过剩的主要改善方法有单元线、看板生产、一个流、均衡化生产等。

近年来，天津大学博士生导师牛占文教授等专家撰著的《精益管理的理论方法、体系及实践研究》《精益水到渠成——城市供水企业精益之道》等，通过阐述精益管理体系，帮助企业实施精益管理。君乐宝集团入选书中案例，在引入精益管理体系的五年里，实现了销售增长四倍的奇迹。

品牌战略与企业管理脱节，将加大品牌建设的难度。因此，精益管理从企业管理者的角度出发，以改造机制、构建新的管理模式为目标，通过优化机制和流程，激发员工主动参与改善和自我挑战，获得知识，提高素养，在员工实现自我价值的同时助力企业管理转型升级，最大限度地追求客户、员工、企业、社会四方共赢。

牛占文教授表示，精益管理是当前中国企业转型升级的重要手段，更是企业面对竞争的制胜之道。推进实施机制建设、方法和工具系统应用是精益成功的关键要素。一个单位主管以上的管理者，为了确保能够执行，最好建立工作日志，通过不断地总结和计划提高管理能力。精益管理不仅从物质上给员工带来财富，还从精神上给员工带来满足，提升价值，形成良性循环。精益管理思想博大精深，不仅体现在工具方法技术层面，还体现在文化价值观方面。实施精益管理，企业将在短期内取得卓越的成果：质量合格率持续上升，生产效率大幅提高，成本降低，资金利用效率明显提高，对品牌建设非常有利。

在当前激烈的国际竞争形势下，中国品牌要想创新发展，就必须自我完善，通过引入精益管理，形成创新发展的动力，改造企业的体质，为打造百年品牌奠定基础。精益管理只有上升到企业文化价值观的层面才可能持续推行下去，全员参与、持续改善，最终形成企业的核心竞争力。

精益之道，上善若水。中国品牌只有不断创新，才能在市场上赢得更多荣耀。

三、农业品牌化赋能乡村振兴

品牌是现代农业的重要引擎，是让绿水青山成为金山银山的一把钥匙，更是乡村振兴的关键支撑。"质量兴农、品牌强农"已经成为提升农业竞争力和实现乡村振兴的战略选择，强化制度建设，逐步建立起现代农业品牌管理体系。品牌化是农业现代化的标志，没有品牌，农产品就无法实现从产业优势转换成市场价值，消费者面对优质产品也无从入手。农业高质高效，乡村宜居宜业，农民富裕富足，这就是乡村振兴该有的样子。品牌农业是适应农业供给侧结构性改革和实现乡村振兴战略的必由之路。发展品牌农业对于提高农产品质量、增加农民收入、降低农户经营风险、适应消费升级新需求具有重要意义。

品牌化是农业现代化的标志

品牌建设是指对品牌进行规划、设计、宣传、管理，依从品牌定位、品牌理念、品牌形象等规划，才能有的放矢、事半功倍。打造特色品牌，提高品牌知名度，挖掘品牌文化，做好市场定位。清晰的定位和高质量的产品，才可以打响品牌。因地制宜和自主创新开发具有地域特色的农产品成为推进品牌强农的重要路径。目前，我国农产品品牌存在产地品牌和渠道品牌强过产品品牌的情况。西湖龙井、信阳毛尖、黄山毛峰就是典型的农产品产地品牌。渠道品牌是自垂直电商以来出现的新兴农产品品牌，强调的是电商渠道品牌本身，如盒马鲜生、顺丰优选等都是渠道品牌。大力发展品牌农业，提高农特产品的美誉度和知名度，打造"一乡一业""一村一品"的品牌服务。

品牌建设是助推农业转型升级、提质增效的重要支撑。区域公共品牌是指特定行政地理区域范围内形成的具有较强生产能力、较高市场占有率以及影响力的产品，代表一个地方产业和产品的主体形象。区域公共品牌能促进品牌效应，提升农产品溢价能力，降低生产和营销成本，实现农产品产业化。品质、品牌正成为我国农产品赢得国际市场的"敲门砖"。前不久，欧盟理事会作出决定，授权正式签署中欧地理标志协定。赣南脐橙、山西老陈醋等 27 个省区市 100 个地理标志产品拿到进入欧洲市场的"入场券"。按照"政府培育区域公共品牌、企业培育产品自主品牌"的思路，江西农产品品牌价值不断攀升，打造了赣南脐橙等优势品牌。山东高度重视品牌强省工作，大力实施品牌强省战略，"好客山东、好品山东"等公共品牌走向全国。

以品牌农业引领农业高质量发展

农业的根本出路在于现代化，数字化、智能化是重要路径。农业品牌化建设将提升农业产业和农产品附加值，促进农民增收。高品质的产品和服务是品牌建设的前提和基础。消费者选择品牌农产品，看中的也是品质有保障。以质量安全为基础，以品牌创建为引领，推进农业质量和品牌建设，全面提升农产品市场竞争力。推进农业品牌产业数字化平台建设，扩大数字技术在农业品牌产业中的应用范围，为农业生产、品牌管理、品牌营销与品牌服务提供技术支持。农产品因为保鲜、包装、运输和标识等难以标准化，没有经历二次加工和品牌溢价，因而在品牌形成、营销和维护方面，具有其特殊性。

乡村振兴要发挥自身优势，宜农则农、宜林则林、宜牧则牧、宜开发生态旅游则搞生态旅游。湖南安化把黑茶作为支柱产业，走出茶旅文体康的融合发展之路。在辽宁朝阳，范杖子村建成高标准温室大棚 1400 余个，成为东北最大的甜椒生产基地之一。一村一品、一乡一特、一县一业，立足自身、因地制宜，新时代的中国乡村充满勃勃生机和旺盛活力。打造一个品牌，带活一个产业，富裕一方百姓，通过品牌管理创新，推动农产品区域公共品牌高质量发展。农业农村部发布的 2019 农产品区域公共品牌中，前 100 个农产品区域公共品牌价值均在 10 亿元以上。其中，五常大米、洛川苹果等品牌价值超过 500 亿元。

发展品牌经济，首先要获得品牌效应，制定明确的品牌战略，形成品牌成长的长效机制。实施乡村振兴战略、推动农业转型升级，很大程度上有赖于品牌农业的发展。为实现农业龙头企业的高质量成长，应当坚持品牌战略，把企业品牌、产品品牌建设放到企业成长重中之重的地位。企业在强化产品品质、品牌和服务上做好示范带头作用，从做产品到做品牌是企业成长的重要标志，企业的高质量成长，应当坚持品牌战略。创建、提升、重塑品牌农业，具有不可替代的战略价值。品牌农业可以解决发展与竞争问题，在规模化、标准化、产业化、市场化等方面进行科学有效的配置，打造农业品牌经济和品牌价值。

品牌强农助力乡村振兴

实施乡村振兴战略，品牌强农是一项重要的工作内容。品牌是农业现代化的重要标志，是兴农强农的重要手段。培育农业品牌可有力促进乡村产业提档升级，提升农产品价值。农产品区域公共品牌所具有的生态价值、经济价值、社会价值、文化价值，已经成为乡村振兴、品牌强农中的无形资产。适时选择一个农业大省或市，落地一个常态化的乡村振兴和农业品牌的专家论坛和博览会，围绕乡村振兴和产业融合的项目，打造出自己的 IP 和品牌。"木欣欣以向荣，泉涓涓而始流。"英谈村地处河北省邢台市，距今已有 600 多年的历史，是我国北方保存最完好的古石寨之一，素有"江北第一古石寨"的美称。2021 年，英谈村共接待游客 5 万余人次，村集体旅游收入达 85 万元，带动 120 余名村民通过开办农家乐、导游解说等渠道实现增收致富。

"你看山也清，水也清，人在山阴道上行，春云处处生。"这是汤显祖的代表作《牡丹亭》"劝农"一折中的唱词。汤显祖任遂昌知县期间，为奖励农桑、劝农人勤作农事，举办了"班春劝农"仪式。2016 年，"班春劝农"作为中国"二十四节气"中的立春节气民俗活动代表，被列入联合国教科文组织人类非物质文化遗产名录。2018 年 1 月，"山东夏津黄河故道古桑树群"通过联合国粮农组织评审，被认定为"全球重要农业文化遗产"。夏津县现遗存古桑树群 6000 多亩，百年以上古桑 2 万余株，合作社带动村民以桑树入股，发展旅游产业。东坡故里，眉州仁寿县的"天府农耕·响水六坊"景区为国家 AAA 级景区，是集农业观光、农耕体验、休闲度假于一体的旅游景区。四川响水六坊天府农耕公司积极响应"乡村振兴"战略，致力实现旅游休闲与环境保护相得益彰、传承文化与生态发展齐头并进的建设目标。说一千道一万，增加农民收入是关键。推进乡村振兴，促进农民增收，推动我国从农业大国向农业强国和品牌强国转变。

近年来，山西省稷山县委、县政府积极探索符合稷山县实际情况的乡村振兴发展模式。2017 年，稷山板枣生产系统被农业农村部评为"中国重要农业文化遗产"；2019 年，入选全球重要农业文化遗产预备名单；2023 年，被全国绿化委员会评为"中国 100 个最美古树群"之一。2023 年 6 月，稷山县入选国家农村综合性改革试点试验区，将农村综合性改革作为推进农业农村现代化、实现乡村全面振兴的重要契机，依托 15 万亩千年枣林，推动农文旅融合发展，精心打造了"守望千年·只为枣你"乡村振兴示范园区，示范园区将"中华农耕文化 +

板枣文化精神＋稷山非遗文化"等有机融合，打造既有传统文化根魂，又有时代特色的系列文化产品。"守望千年·只为枣你"既是项目名称，也是系列文化产品的统称，其中"只为枣你"已经完成商标注册，目前已开发了枣糕、枣茶、枣酒、枣花蜜、枣咖等板枣系列食品和枣串、枣木文具等文创工艺品12类。示范园区统筹推进乡村发展、乡村建设、乡村治理，交出了创新推动乡村全面振兴的稷山答卷。

"源浚者流长，根深者叶茂。"乡村品牌化，就是将乡村用品牌的方式进行经营和营销，解决品牌发展问题。进一步挖掘农业文化遗产在打造农产品品牌、休闲农业、乡村旅游等方面的潜力，以农业文化保护传承赋能乡村振兴，才能建成"望得见山、看得见水、记得住乡愁"的美丽乡村。当前，我国大多数农产品仍处于"有名品、无名牌"的窘境。只有创建强势的农业品牌，中国农业才能顺利进入全球品牌竞争的话语体系。在未来，世界看中国，中国看农业，农业看品牌。农产品向着商品化、标准化和品牌化的方向发展是大趋势，打造高溢价的品牌农产品。国家乡村振兴局党组书记、局长刘焕鑫在人民日报社主办的2021中国品牌论坛上表示，"在新发展阶段，高质量推进乡村振兴，需要深化品牌理念，把品牌意识转化为高质量发展的工作要求，贯穿于乡村振兴的全过程。打造农业全产业链、拓展农业多种功能，不断培育和释放农业品牌化发展潜能"。

在推动农业品牌化的过程中，食品安全始终是消费者关注的核心问题之一。尤其是在乡村振兴战略实施的背景下，如何通过品牌建设提升农产品的安全性和质量保障，不仅能增强农产品的市场竞争力，也能为农民带来更高的收入。在这一过程中，企业的品牌优势和创新能力至关重要。下述案例中，柏粮集团便是通过强化品牌建设、保障食品安全，成功实现了农业品牌化的典范。

◉◉ 品牌案例 6-2：柏粮集团发挥品牌优势保食品安全

近年来，河北省柏乡县不断引进先进的种植技术和优质品种，粮食产量连年增长。为了解决卖粮难，河北柏粮粮食储备集团有限公司为农民提供贴身服务，帮助农民种好粮、管好粮、卖好粮。

柏乡县是以种植小麦和玉米为主的传统农业县。20世纪80年代，柏粮集团的前身柏乡粮库率先在全国粮食系统走向市场，完成16项科学保粮项目，其中3项填补国内空白，保粮成果走出中国走向世界。柏乡粮库连续5届获得全国文明单位称号，荣获全国五一劳动奖状等荣誉，成为全国粮食系统的一面旗帜。柏乡粮库培育出"爱粮、敬业、诚信、担当"的柏粮精神，创下粮食经营、管理和科学保粮等方面的10项全国之最，在全国粮食行业树立起一面旗帜。柏乡粮库帮助农民种好粮、管好粮、卖好粮，成为乡亲们的"贴心人"。

品牌是质量、技术、信誉和文化的重要载体。柏粮集团充分发挥品牌优势，切实扛起食品安全主体责任，继续守护好粮食安全底线，用好"柏粮"金字招牌，做好延链文章，发挥示范带动作用。柏粮集团名誉董事长尚金锁说，柏粮集团将积极践行国企担当，加大科技创新力度，在小麦绿色保鲜储藏上寻求突破，不仅让人们"吃得饱"，而且要吃得安全、绿色、健康；发挥品牌优势，为招引上下游企业，发展富硒农业，提供招商、仓储、资金等方面的助力，为食品加工产业延链、补链、强链继续作出柏粮贡献。

（2023年10月14日）

四、品牌让城市更美好

城市品牌是一个城市经济、文化、社会、生态等形象的综合展示，是一座城市的专属名片，承载了城市精神和价值理念，展现城市的历史文化和独有的个性资源，引领品牌经济发展。城市品牌是城市区域内众多行业品牌、产业品牌、文化品牌的高度集合，是城市内涵、形象和竞争力的集中体现。城市品牌是国家品牌的重要组成部分，通过营造城市品牌的良好口碑来提升国家形象。城市品牌体现城市的综合实力，包括城市的经济发展能力、地理环境、交通条件、基础设施、历史文化、人文环境等。城市的发展离不开短期拼政策、中期拼人口、长期拼服务这个规律，公共服务能力是城市核心竞争力的重要内容。企业需要品牌，城市同样需要品牌，良好的城市品牌能吸引更多投资者和人才的关注，有利于本地区的发展。城市同商品一样，也可以打造品牌，用艺术的手法表现城市定位和内涵。

城市品牌是一个城市的综合展示

品牌城市让生活更美好。品牌城市为城市品牌的成长培育提供了背景和条件，城市品牌是品牌城市的支撑和基础。城市的品牌符号实际上是由该城市走向全国、全球的知名品牌组成的，如青岛的海尔、海信、青啤、双星、澳柯玛等知名品牌。实施品牌强国战略，打造一批走向世界、享誉全球的知名品牌，为城市品牌添彩。随着城市化进程和城市间竞争的日益激烈，塑造城市品牌已成为城市实现高质量发展的关键。城市品牌的内涵更广泛，其以城市为主体，包含了城市经济实力、城市形象、城市文化历史、城市营销等方面。优秀的城市品牌有利于提升城市的核心竞争力，营造更加开放包容的环境，增强城市软实力。

品牌专家李成勋认为，城市品牌并非简单地指城市的名称，而是在商品经济和市场经济条件下，城市历史文化、地理资源、经济技术等要素被社会公众广泛认同的某种最具典型意义的称谓。优秀的城市品牌提升市民的幸福感、认同感，吸引投资者、人才和旅游者的关注。城市形象是城市所有内外指标的外在表现，城市视觉形象是城市形象最直观的部分，比如罗马竞技场、巴黎埃菲尔铁塔、北京天安门等。北京是世界闻名的古都，有 3000 多年的建城史、860 多年的建都史，有长城、故宫等独有的文化遗产，是全球唯一的"双奥之城"。城市品牌是一座城市的无形资产和特有名片，是展示城市外在形象和人文景观的重要窗口，更是彰显城市历史底蕴和精神内涵的重要载体。城市品牌传播提升城市形象亲和力、吸引力、感召力，对国家形象的塑造也具有重要意义。

文化是城市之魂

"九天阊阖开宫殿，万国衣冠拜冕旒。"举办一场会，带活一个城。全运会筹办期间，古城西安"颜值"焕然一新，办会与经济社会发展共融共促。文化是城市之魂，文化节庆活动、重大体育活动、全国性重要会议、文明城市创建等可促进城市品牌建设。节庆活动对城市发展与建设利好多多：有利于打造一流营商环境，助推经济复苏，拉动本地消费，提升城市品牌的知名度和美誉度。承办大型国际性活动，提升城市品牌声誉和影响，给城市品牌注入情感基因，塑造清晰的城市形象。城市举办知名的全球性的会议、体育活动，市民具有自豪感，是传播城市品牌的良好平台。城市品牌是城市文化的外在表现形式，比如，苏州园林通过城市品牌，营造适宜发展的环境，推动文化产业发展。合肥依托中科院合肥研究院和中国科技大学，因高校而盛，早在 1999年就与北京、成都、西安一起被确定为国家四大科教基地；2017 年，合肥获批建设综合性国家科学中心。

"江山留胜迹，我辈复登临。""江南忆，最忆是杭州！"文化是城市品牌的灵魂，是镌刻在城市中的基因。白居易、苏东坡、张岱等先贤对杭州及其历史文化的形成和发展意义深远。他们撰写的大量西湖诗文，传播了西湖的美名。湖以文显，文以湖传。杭州有名人名文名诗词，相得益彰，相映成趣，"人间天堂"名不虚传。纵观世界知名城市，都把城市营销建立在城市特色文化基础之上。人们一提到"时装之都"，就想到巴黎；一提到"音乐之都"，就想到维也纳。青岛有"品牌之都"之称，品牌经济的发展在青岛有着悠久的历史。近年来，青岛西海岸新区率先成立了品牌发展办公室，将促进新区品牌经济发展作为社会经济发展的重要增长要素。随着"互联网+"战略的推进，品牌传播成为城市品牌发展的极大牵引力。中国传媒大学丁俊杰教授曾经指出，文化是一个区域（城市）最大的不动产，城市品牌让当地的百姓得到实惠。

整合营销提升城市品牌化

"莫以宜春远，江山多胜游。"江西省宜春市有 2200 多年的历史，多年来，宜春着力打造浪漫典雅的月亮文化品牌。唐代文学家韩愈曾任宜春刺史，写下了许多诗句。许多人对一座城的最初印象，或多或少都受到城市营销的影响。比如大家耳熟能详的"成功之都""桂林山水甲天下"等。城市营销与品牌化是打造城市综合性影响力、提升城市可持续竞争力的有效方法。知名度不如美誉度，美誉度不如偏爱度。提起亚布力，许多人都知道，而知道尚志的人却很少。中国有许多类似的城市，比如金华之于义乌、晋中之于平遥等。城市营销发挥"无中生有"，迪拜是个成功的典范，60 年前还是个无名的小渔村。2018 年，迪拜机场国际客运吞吐量突破 8880 万人次，连续 4 年成为全球国际客运量最大的国际机场。目前，迪拜已经发展为中东地区的转运中心、观光旅游购物城。

城市产业、文化内涵、城市品牌形象三者有机统一，对城市未来的发展越来越重要。文化资源优势转化为发展优势，不仅能够加快城市经济发展，还有利于提升城市精神面貌和生命力。德国是世界第四经济大国，奔驰、宝马、奥迪等汽车大牌都诞生于德国。德国的会展经济十分发达，每个城市几乎都有自己主打的展览。2018年9月，笔者在德国参观了几个城市，那里均有完善的轨道交通网络。2018柏林国际轨道交通技术展、汉诺威国际商用车展先后拉开帷幕。北上广深等城市基础设施不比欧美发达国家差，但在社会秩序、市民素质、空气质量等方面还有很大差距。

"早知有百泉，何必下江南。"这是乾隆皇帝对笔者的家乡邢台赞美的诗句。邢台有3500年的建城史，是一座因泉而生的城市。城市，让生活更美好；品牌，让城市更美丽。许多著名的城市都有自己的历史文物、文化遗产和经典建筑。城市品牌的美誉度越强，对强化城市的凝聚力、吸引力和辐射力越有利。"上有天堂、下有苏杭""桂林山水甲天下"，使苏杭、桂林驰名中外。"百年历史看天津"，天津有声名海外的洋务运动遗址、有众多的民国时期建筑。加强宣传城市地标产品、美丽河山、优秀文化，把品牌元素汇聚成中国故事，强化城市品牌传播。实施品牌强国战略，打造一批走向世界、享誉全球的知名品牌，切实增强中国品牌影响力、竞争力和美誉度，为城市添彩。

在推动城市品牌发展的过程中，地方政府和相关机构往往扮演着重要的引领角色。地方政府如何根据自身独特的地理、文化及经济条件进行精准的政策支持和服务创新，成为提升城市品牌竞争力的关键。前海管理局在城市品牌的塑造与提升中，通过合理整合政策资源、搭建优质产业平台，助力城市品牌取得了令人瞩目的成绩。

◎◎ 品牌案例 6-3：前海法定机构再闯新路

深圳多年来在经济社会发展和城市品牌建设等方面取得了显著成效、树立了典范，是一个能够让人实现梦想的城市，在品牌建设上敢为人先，不同领域的"追梦人"敢闯敢试，让这座城市的大量品牌从默默无闻到声名鹊起，城市品牌与企业品牌相辅相成，被越来越多国际友人了解、认可。

前海，是国家级战略新区，也是深港合作的新纪元，中国未来城市型态和生活方式的样本。促进开放型经济城市品牌发展应该着力提升本地贸易服务商和特殊功能区的创新活力，推动城市经济服务化、低碳化、数字化转型势在必行。前海深港青年梦工场是国内首个深港合作的国际化青年创业社区，由前海管理局、深圳青联、香港青协三方共同打造。

夜幕已然降临，而此时的前海还是一片灯火通明，工人们还在加班加点地赶进度。不远处一排两层楼高的蓝色铁皮房也亮着灯，那里的清洁工说，还有不少前海管理局工作人员在加班。这座铁皮房是前海管理局的临时办公区。

前海管理局负责人说，未来 3～5 年内，他们将在集装箱内办公。将全局员工搬到合作区内办公，是为了让前海人真真正正地感受"面朝黄土背朝天"的创业激情，真正理解"空谈误国、实干兴邦"。

这种创业激情成就了前海人破釜沉舟的干劲和狠劲。前海管理局新闻发言人说，他是从"机关"出来的，放弃了原来的公务员身份，成了法定机构工作人员。像他这样的，前海管理局有近 30 位。

据了解，与政府其他职能局不同，前海管理局属于法定机构，也就是通过立法而成立的专门机构。此举是借鉴香港的成功经验，从 20

世纪 80 年代开始，香港特区政府为增加政府运作的灵活度，同时处理一些不便于在政府体制内执行的任务和较商业化的服务，开始推行法定机构执行公共服务的模式。

正是由于这一性质，前海管理局自成立以来，工作人员全系招聘，有来自党政机关的，有来自企事业单位的，有留学归来的，全部实行企业化管理，均没有公务员身份。

谈到前海人的工作状态，可以在前海管理局的食堂找到答案。晚上 8 时在前海食堂，仍有不少用餐的员工。前海投资控股的小陈说，局里每天有超过 1/3 的员工在食堂吃晚餐，"吃完接着干"。前海人的工作状态，就是挑战极限，上到局领导，下到普通员工，天天加班加点，"5+2、白加黑"成为常态。

雄关漫道真如铁，而今迈步从头越。站在新的历史起点上，前海建设发展方兴未艾，一群追逐梦想的人，正在这片空白的滩涂上，精耕细作、精雕细琢，不负众望、不负重托，努力画出最美最新的图画。

（2015 年 3 月 13 日）

五、国家品牌助力品牌强国

早在 20 世纪 80 年代，奥美创始人大卫·奥格威就提出了国家品牌概念。1990 年，哈佛大学教授约瑟夫·奈提出了"国家软实力"，欧美发达国家开始了对国家品牌的深入研究。国家品牌是由一个国家的历史文化、政治制度、经济发展、服务水平、营商环境、国民素质和代表产品等要素决定的，是一个国家一系列产品在国内外消费者心目中的形象，是其硬实力与软实力互动的结果。打造世界品牌和提升国家形象是国家品牌建设的两个重点，良好的国家品牌可以增强国际话语权，影响消费者的选择，扩大商品和劳务的输出，促进经济增长和就业，是一个国家走向世界的名片。中国是体育大国，对外输出体育高端人才，大大提高了我国的国家形象。郎平、姚明所代表的不仅是体育运动，他们的名字与国际化、开放、包容等内涵联系在一起，更代表了日益强盛的中国形象。

随着全球化的进一步深入，尤其是跨国公司的带动，发达国家拥有大批世界品牌，这些品牌构成了国家财富，同时也彰显了国家品牌形象。产品品牌是国家品牌的载体，世界各国的消费者认识一个国家，往往是从该国的产品品牌开始的。企业品牌形成有足够竞争力的产业集群和区域品牌，不同的产业和区域共同构成国家品牌。实现从工业大国向工业强国的转变，必须大力推进国家品牌建设。党的十八大以来，党中央、国务院加快实施制造强国、品牌强国战略，设立中国品牌日，积极发挥品牌引领作用，加快推动供需结构升级。

国家品牌建设的优秀范例

美国国家品牌在很大程度上是通过其强大的企业品牌和产品品牌体现的，以"产品品牌—企业品牌—区域品牌—城市品牌—国家品牌"的形式来实现。世界品牌实验室主席罗伯特·蒙代尔教授指出，"现代经济的一个重要特征就是品牌主导，我们对世界强国的了解和认识大都是从品牌开始的"。美国90%的出口额来源于品牌经济，以苹果、特斯拉、可口可乐、麦当劳等为代表的产品风行全球。

谈起德国的企业，首先浮现在人们脑海里的就是奔驰、宝马、大众，"德国制造"已成了精准、可靠、高品质的代名词。近年来，德国实施工业4.0计划，寻找新的动力引擎。在世界上3500余个中小企业中，德国占到了近一半，集中在医疗、环保、电子设备等领域，为德国经济和品牌的成功奠定了坚实基础。德国会展经济发达，汉诺威工业博览会是展示全球工业设计、加工制造、技术应用趋势和推动国际贸易的重要平台。

日本国家品牌战略很早就被提升到国家战略层面，技术领先成为打造日本品牌的优先策略。丰田、索尼、松下等品牌誉满全球，丰田通过精益生产方式，成功打入国际市场。日本政府大力发展具有本国文化和地域特色的品牌，推广旅游品牌，推出"观光立国"的政策措施。以寿司为代表的日本食文化、日本动漫文化已成为日本国家实力和品牌的象征。

2009年，韩国成立了国家品牌委员会推动国家品牌战略，帮助企业开发全球性的自主品牌，培育出了三星、现代等知名的世界品牌。韩国政府以节庆作为文化旅游的品牌化战略，打造誉满全球的国际品牌。加拿大鹅、瑞士军刀等品牌在人们日常消费中被广泛感受和体验，从商业品牌的角度提升国家品牌资产，影响面更广。LV、香奈儿、爱马仕等时尚高端品牌，已成为法国的黄金名片。法国为全球贡献了许多时尚高端品牌，与其文化、艺术、管理和产业等诸多因素有关。高端品牌不仅代表了一种生活方式，还代表了一种文化。我国"十四五"规划提出"打造一批高端品牌"的目标。

国家品牌建设作为国家战略

建设国家品牌是我国增强国际话语权以及"转方式，调结构"的重要手段。改革开放40多年来，我国许多产业从无到有，从简单的来料加工到贴牌生产，再到建立真正的中国品牌，发展迅速。2011年，恒源祥集团与中国社会科学院工业经济研究所建立战略合作关系，共同开展了"国家品牌战略问题研究"项目，以期探索出国家品牌建设之道，唤起国民对国家品牌的重视，推动中国品牌的振兴发展。

2014年5月，习近平总书记在河南考察时提出了"三个转变"的重要指示。2016年6月，国务院发布《发挥品牌引领作用推动供需结构升级的意见》，强调"品牌是企业乃至国家竞争力的综合体现，代表着供给结构和需求结构的升级方向"。近年来，国家助力品牌建设的政策接二连三，为中国品牌发展提供良好环境。企业品牌意识增强，更加注重产品质量和消费者体验。随着我国经济从要素驱动、投资驱动转向创新驱动，中国企业与品牌发展转向内涵式和高质量的发展之路。

北京冬奥会开闭幕式通过讲述"一朵雪花的故事"，把"一起向未来"理念和"中国式浪漫"镌刻在奥林匹克历史上。北京奥运会、上海世博会、北京冬奥会以及中国国际进口博览会向世界展现了一个具有东方魅力的大国形象。进博会是全球优秀企业集中亮相的平台，中国企业应努力向全世界推广中国品牌形象，早日跻身全球知名企业之列。

加强品牌建设，有利于推动经济大国向经济强国转变。中国成为全球第二大经济体，这必然会带动中国品牌的成长与壮大。经济发达则消费旺盛，消费旺盛为强势品牌的诞生奠定了厚实基础。良性循环的结果是，品牌强则促进消费，从而推动经济发展。企业是市场竞争的主体，也是品牌打造的主体。近年来，越来越多的企业意识到品牌的价值，不断塑造和提升企业形象，推进品牌的国际化进程，大大提高了中国品牌在国际市场的影响力和认知度。人民日报社启动了"品牌强国计划"，发挥人民日报平台价值，加强品牌理论研究，挖掘和助力更多中小企业参与品牌竞争。

世界已经进入品牌经济时代

美国《新闻周刊》评选出的世界最具影响力文化大国的形象符号

榜单，中国的代表符号是汉语、长城、故宫等；美国有麦当劳、可口可乐等；英国有劳斯莱斯、芝华士……这正是中国品牌面临的尴尬。时任工信部部长苗圩指出，在全球制造业的梯队中，中国尚处于第三梯队，成为制造强国需至少再努力30年。第一梯队是以美国为主导的全球科技创新中心；第二梯队是高端制造领域，包括欧盟、日本；第三梯队是中低端制造领域，包括中国等新兴国家。目前，美国的大学汇集了全球70%以上的诺贝尔奖获得者，在全球最顶尖的20所大学中，美国占了17所。

美国《财富》杂志发布的2021年世界500强企业名单中，中国企业入选143家，位列第一，美国有122家公司上榜。世界品牌实验室公布了2021年世界500强品牌榜单，美国198家，位列第一，法国48家，日本46家，中国44家，英国37家。这两份榜单一定程度上显示出当前中国品牌企业的整体发展状况。在世界500强品牌榜单中，百年以上的品牌有218个，美国占了79个，中国仅有5个。与世界领先水平相比，我们的差距主要在数量、品牌价值含量和品牌寿命等方面。

战略权威专家迈克尔·波特在其著作《国家竞争优势》中，从"钻石理论模型、产业集群在提升国家竞争力中的作用、政府与企业角色分配"三个方面，详细解读了一国如何全面提升自身竞争力。钻石理论模型强调一国的所有行业和产品不仅要参与国际竞争，还要形成国家整体的竞争优势。

当今世界已经进入品牌经济时代，国际市场已由价格竞争、质量竞争上升到品牌竞争。中国制造向中国创造转变，需要加大设计能力；中国速度向中国质量转变，需要加强研发力度；中国产品向中国品牌转变，则需要改变战略思维。我国许多企业"大而不强"的现状仍然存在，与世界一流水平相比，在产品竞争力、品牌影响力、创新引领力等方面还存在差距。

建设世界一流企业

把国外的先进技术、资金"引进来"，让中国的产品和品牌"走出去"，培育一批世界品牌，提升国家品牌在全球的知名度和美誉度。品牌建设是实现我国由经济大国向经济强国转变的重要途径。品牌是国家的软实力，衡量一个国家竞争力的强弱要看它有多少世界级的品牌。品牌战略已经成为我国的国家战略，优秀的中国品牌目标是成为世界级品牌。积极创建世界知名品牌不仅可以获取商业利润，推动品牌经济发展，而且有利于提升企业在国际产业分工中的地位。

高质量发展意味着全方位建设质量强国，而质量强国最终的落脚点在于"品牌强国"。企业强则国家强，企业兴则国家兴。企业品牌是国家品牌建立的基础，良好的企业品牌不仅代表企业形象，还在一定程度上代表国家形象。品牌不仅是产品的标志，更是产品的质量、性能、服务等方面的综合体现，脱离产品谈品牌则成了无本之木、无源之水。品牌依托于品质，高品质的产品和服务是品牌建设的必然要求，品质的形成和提升靠的是技术创新和扎实的质量管控。

创新是引领发展的第一动力。抓创新就是抓发展，谋创新就是谋未来。企业是创新的主体，是推动创新创造的生力军。提升自主创新能力，加快向制造强国转变。深化"国家品牌计划"，从帮助企业打造产品品牌转变为提升企业整体形象乃至国家形象。全球化品牌使人经常想起它最初被确定的国家，想到品牌的发源地。这是其品牌基础的一部分，是一种宣传国家形象的途径，并能反哺其品牌的全球化扩张。"他山之石，可以攻玉。"苹果、特斯拉等美国全球化品牌的成功，可以为我们提供借鉴。近年来，从贴牌代工到品牌输出，从拼规模化到差异化，中国品牌出海方式进行了新实践。品牌战略与"一带一路"倡议、供给侧改革等国家层面的战略和倡议联动，对内提升质量，对外构建良好关系。

文化助力国家品牌

品牌是一个国家的软实力，同时是一个国家的财富象征。文化是一种习惯，品牌是一种记忆。文化是品牌的内核，是形成国家品牌的重要维度，它能反映一个国家积极有效的传播独特文化元素的能力，是旅游业发展不可或缺的重要因素。中国文化博大精深，从中国文化中可以发掘出丰富的元素融入自己的品牌之中，不仅能加深消费者对品牌的认知，还可以助力国家品牌的发展。国民的受教育程度、营商环境等软实力，对于提高国家品牌有重要意义。

名不正则言不顺，言不顺则事不成。为了重建国家品牌的需要，2020 年，荷兰政府给国家重新命名为尼德兰（Netherlands），放弃了以前的名字荷兰（Holland），更新其全球形象并试图消除两个不同名字所造成的混淆。提及好莱坞，人们会想到美国的电影文化；看到"和服"，会想到日本文化；看到"唐装"，会想到中国文化……品牌与文化密不可分，国家文化亦是成就国家品牌的重要组成部分。品牌是产品价值、质量和信誉的标志，甚至是一个国家对外输出的文化符号。企业员工是品牌文化的传播者，优质服务的实践者。企业品牌强大，可以在全球市场形成强大的群体，国家品牌的软实力也会变得强大。

2016 年 12 月，国家商标品牌创新创业基地落地广州，力争通过商标、专利、版权"三合一"的融合发展，形成商标品牌交易带动交易服务发展、交易服务发展带动品牌产业发展的驱动模式，最终将基地打造为国家品牌展示交易中心，以及全球高端品牌的交易聚集区。有研究显示，品牌价值每增加 1%，会给本国 GDP 带来 0.13% 的提升。优势品牌的集合，不仅有助于品牌在国际上打响知名度，还是挖掘内需潜力、开拓国际市场的新途径。当前正是全面建设社会主义现代化国家开局起步的关键时期，也是中国品牌做大做强、走向世界的大好时机，须有大气魄、大战略、大思路、大企业，形成大品牌、对接大市场，以大开放促进大发展。

7

第七章　品牌培育推动品牌赋能

　　品牌培育是个知易行难的历程。优秀的品牌让你觉得好，而卓越的品牌会让你自我感觉良好。cogency（说服力）、coherency（连续性）、consistency（一致性），不仅是品牌成功的三驾马车，还是保持成功的关键。企业想要"基业长青"，打造百年品牌，培育、维护品牌的工作一刻也不能放松，努力提升技术、品牌、全球化经营三大核心能力。品牌培育的工作好比耕耘，品牌价值的实现即为收获，当所有人都想不劳而获时，品牌就会消亡。不讲长期主义，忽视对"基业长青"路径的探索，品牌建设就只是空谈。品牌发展往往都有亏损期，特斯拉的亏损期有 15 年之久，亏损期是培育品牌心智占有的过程，一旦建立，前途无量。强化品牌在消费者心中的美好印象，使其成为消费者的首选；激发品牌认同，培养消费者对品牌的忠诚度，提升品牌的综合竞争力，通过全方位的体验提升品牌价值；拥抱全球化趋势，加强国际市场的开拓与合作。

　　"春天里的故事，往往来自冬天的思考。"目前，我国品牌建设取得了阶段性成果，但仍任重道远。"以评促建"是我国开展品牌评价工作的初衷，在厘清品牌价值"五要素"的基础上，进一步研究开发了以价值提升为导向的品牌培育和管理指南标准，强化品牌培育和管理，从而提升品牌建设效率，进而有效提升品牌价值。品牌建设发展的终极目标，要经得起消费者的综合评价，这是品牌长期发展并赢得未来的保障。目前，品牌评价体系包含了更多的评价尺度和更多的要求与内涵，从质量到款式，从安全到环保，评价更加立体与多维。遗憾的是，当前品牌评价的话语权基本上由西方研究机构主导，我们应当有自己的权威评价体系，创造一个平等的品牌话语环境。

　　2023年2月，首个由党中央、国务院印发的指导我国质量工作中长期发展的纲领性文件《质量强国建设纲要》（以下简称《纲要》）正式出台。《纲要》专门有一项就是"争创国内国际知名品牌"。具体工作包括：完善品牌培育发展机制，开展中国品牌创建行动，打造中国精品和"百年老店"；鼓励企业实施质量品牌战略，建立品牌培育管理体系，深化品牌设计、市场推广、品牌维护等能力建设，提高品牌全生命周期管理运营能力；开展品牌理论、价值评价研究，完善品牌价值评价标准，推动品牌价值评价和结果应用。

　　中国质量协会在2024年中国品牌发展大会上，发布了"中国企业品牌价值评价模型"，主要由超额收益、品牌作用力和品牌强度三个维度指标构成。中国质量协会会长贾福兴说："建立一套立足中国企业实践、具有中国特色的品牌价值评价体系对提升企业品牌价值至关重要。我们对标主流品牌价值评价方式，结合我国国情、政策导向、理论趋势，组织专家构建了该模型。为品牌价值评估提供了方法，为企业兼并、收购、融资等经营活动提供决策依据。"

一、品牌培育的内涵

岁月流逝，顾客更迭，而品牌永恒。

大卫·奥格威曾经说，最终决定品牌地位的，是品牌文化的个性，而不是产品之间微乎其微的差异。品牌最持久的含义和实质是价值、文化和个性；品牌是一种商业用语，品牌注册后形成商标，企业即获得法律保护拥有其专用权；品牌是企业长期努力经营的结果，是企业的无形载体。品牌文化历久弥新，是通过长期经营形成特定的历史和文化积淀。营销只能使品牌强大，文化才能使品牌伟大。未来，企业的竞争是品牌的竞争，文化为品牌赋能，培育具有内涵的品牌文化是打造知名品牌的必由之路。

品牌培育指的是组织为提升品牌价值而开展的旨在提高履行承诺能力、增强竞争优势，并使这一承诺和竞争优势被消费者获知和信任的全部活动。营销大师科特勒认为，品牌是对顾客的价值承诺，只有当品牌承诺是可信的，是品牌具有独特价值主张的时候，品牌才会成功。价值承诺是顾客认知品牌、理解品牌、评价品牌的关键。对品牌来说，质量承诺就是企业对其品牌得到认可的保证。承担责任是今天的品牌消费者最能接受的营销方式。世界著名的巴塔哥尼亚品牌使命是，创造最好的产品，避免一切对环境造成伤害的因素，利用商业为环境危机提供优质的解决方案。

品牌培育是一个循序渐进的过程，包括质量的提高、自身形象的宣传等。品牌培育要立意高远，从精神层面着手为品牌注入灵魂。品牌培育可通过特殊陈列、人员推介、宣传等途径提升品牌好感度、提高消费者对品牌的认同，通过买赠、换礼品等营销活动增加消费者活跃性和黏度，提升消费者品牌忠诚度，进而提升重复购买率。

"好雨知时节，当春乃发生。"2020 年 12 月，国家市场监督管理总局发布了国家标准《企业品牌培育指南》，提供了企业品牌培育的指导和建议，给出了企业开展品牌培育活动实施过程、战略规划、管理、评价、创新等方面的要素。该标准适用于企业开展品牌培育并持续提升品牌价值，有助于为企业品牌培育创造更好的环境。

品牌培育的过程

"问渠那得清如许，为有源头活水来。"在消费者心目中形成强有力的品牌认知和品牌形象是品牌培育的关键。建立品牌培育体系，提高品牌培育的有效性，让品牌培育在企业中更高、更宽、有序、稳健，使品牌培育成为企业具有明确目标的工作主线，从而提升企业竞争力，提高产品附加值，高效率积累财富，增强抗风险能力。标准化便于落实到岗位和个人，是品牌培育的好方法。"文化力、销售力、表达力"对于品牌培育很重要，文化力是品牌的灵魂，为品牌注入深厚的文化底蕴和价值观，销售力是品牌赢得市场的关键，表达力则是品牌与消费者沟通的桥梁。

品牌培育主要包括以下步骤：选择最适合培育品牌的客户，以推荐为主，用品质来宣传品牌，让客户主动参与，形成良好的互动关系，使品牌更快走向市场；品牌服务方面，虚心听取消费者的意见和建议，及时分析反馈信息，解决问题，提高消费者满意度。口碑营销是一种重要的营销方式，品质是口碑传播的基石，口碑营销具有超常的传播速度，能让消费者替品牌免费宣传，有"立竿见影"的效果。经营好新客户，维护好老客户，是口碑营销的重要途径。国外有"1∶25∶8∶1"

的说法，就是一个忠诚的老客户可以影响 25 个消费者，能诱发 8 个潜在客户产生购买动机，至少有一位产生购买行为。品牌培育面临着巨大的挑战，比如，海底捞本身没有投放太多广告，良好的服务带来良好的口碑，在消费者心中种下火锅印象。

驰名商标品牌培育模式

商标是法律概念，品牌是经济概念，商标是品牌的基础和支撑，品牌是商标孜孜不倦追寻的华丽外衣。驰名商标是指在特定商品或服务领域内享有较高声誉和知名度的商标，具有独特的市场地位和竞争优势。目前，世界上最富有的企业无外乎两种，一是拥有矿产，二是拥有大量的无形资产，如拥有品牌和商标、专利、技术等无形资产。好商标的标准是名称与产品的密切结合，根据地域历史文化打造丰富的品牌文化内涵。做好品牌定位，有独特的形象设计，制定有效的品牌推广策略，包括线上线下的渠道和传播方式，开展整合营销，提升品牌知名度和市场份额。

"炮制虽繁必不敢省人工，品味虽贵必不敢减物力"是同仁堂长期的坚守，始创于 1669 年的同仁堂，历经 300 多年，沧海桑田青春永驻。1989 年，国家工商总局将我国第一个"中国驰名商标"授予了同仁堂，这是对同仁堂长期坚持质量和诚信文化的肯定。品牌培育是个系统工程，国家出台政策扶持对品牌培育起到了很大的促进作用。驰名商标是指在国内为广大消费者知晓并拥有较高美誉度的商标，这是实施驰名商标保护的前提，其衡量标准包括商标使用时间，宣传商标所付出的费用以及宣传效果，商标成为驰名商标所受到的保护措施，使用该商标的商品近几年的销量、销售收入等五个标准。驰名商标的认定应考虑公众对该商标的知晓度，该商标的宣传工作的持续时间、程度和地理范围，作为驰名商标受保护的记录，该商标驰名的其他因素等等。

创建、培育、壮大品牌，是企业不断成功的基石。恒源祥创立于1927 年。1989 年，董事长刘瑞旗将"恒源祥"注册成商标，并使恒源祥这一品牌发扬光大。30 多年前恒源祥坚定走品牌之路，1999 年被国家工商总局认定为中国驰名商标。刘瑞旗对品牌和文化有着超前的见解，"品牌是一种记忆，文化是一种习惯；品牌决定财富，文化决定命运"。恒源祥成为北京 2008 年奥运会赞助商中唯一的老字号品牌，根据公开数据，恒源祥的品牌价值目前已经达到 182 亿元，居于中国 500强第 179 位。

品牌培育的几个阶段

目前，中国品牌尚缺乏清晰的品牌识别，需要建立独特的品牌内涵，缺少品牌故事，品牌培育水平还有待提高。"品牌化"是创建和培育品牌的起点，也是品牌管理者的职责所在。产品若想品牌化，必须有差异化的能力。产品的差异化可以从一致性的质量、耐用性、可靠性、可维修、可定制等特色方向去做，从外观到品质、从性能到服务、从价格到产品所蕴含的文化，任何产品都可以找到差异化的方法。品牌培育是个循序渐进的过程。

品牌培育是对品牌进行一系列的维护和巩固，牢固树立品牌在消费者心目中的良好形象，提高品牌价值。坚持用新思维、新方式、新路径整合品牌培育功能，实现资源共享，提高品牌培育工作质量。转变观念、突出创新是提升品牌培育工作的关键。技术创新是世界经济发展的重要驱动力，也是品牌经济发展的驱动力，赋予品牌新的生命力。科技创新为品牌建设提供了根本支撑和品质保障，品牌建设为科技创新提供了市场认可和价值反馈，带来了品牌溢价。在现实生活中，消费者的消费水平并不是很明确，不同层次的需求同时存在。因此，在品牌培育过程中，根据消费者需求不断创新，制定最佳的品牌培育方案。笔者综合有关品牌专家的研究，品牌培育主要体现为以下几个阶段：

功能性品牌　恒源祥董事长刘瑞旗指出，功能性品牌是为了满足消费者的基本需求，主要是在市场需求大于市场供应时产生的。由于市场上没有竞争，运营商所做的就是尽可能增加产量，做好产品，打通渠道，尽可能多地告知公众产品的功能信息。对于一些新上市的产品来说，功能性品牌是一个不可避免的品牌发展过程。功能性品牌，其品牌价值在市场需求大于市场供应时和具有唯一性的自主知识产权时体现得最为明显。这类品牌的产品通常具有特定的功能，旨在解决消费者的特定问题，如"困了累了喝红牛"，满足了消费者对于提高精力和体力的需求。功能性品牌从满足基本生理需求到追求技术创新，再到提供情感价值和社会归属感，反映了品牌价值从实用性向情感性和社会性的转变。

规模性品牌　根据消费者的要求，在市场竞争的情况下，企业必须扩大生产规模以提高产品质量和降低生产成本，需求就是一切，企业应关注品牌推广方面的实力，这通常被称为品牌规模。2022年9月，工信部提出，以优质品牌驱动竞争力升级。通过打造知名品牌、培育新锐精品、塑造区域品牌，创建300家"三品"战略示范城市，培育200家百亿元规模知名品牌，提升我国优质企业核心竞争力。充分挖掘中国文化、民族特色、老字号等传统文化，提升区域品牌影响力和产品附加值，扩大富有文化内涵消费品供给。

技术性品牌　一定程度上的规模经济发展之后，许多企业的产品质量和价格都会有一定程度的上涨，并且非常接近。消费者对产品的满意度受到多种因素的影响，包括价格、产品质量、功能、服务等多个方面。产品的整体基础功能需要满足消费者的需求。如果产品的基础功能不完善，即使价格低廉，消费者也不会满意。因此，产品的整体的基础功能需要更多的创新。把创新作为品牌培育的内核，加强关键核心技术和零部件的研发，形成自主知识产权和品牌优势。"会当凌绝顶，一览众山小。"企业的品牌形象主要体现在最新的生产设备，先进的技术革新和高素质的人才等。企业如果不能持续创新，不能巩固自己的优势地位，被超越是迟早的事。

情感或价值性品牌　品牌和消费者建立长期的信任关系，注重满足人们的情感需求，让消费者在关键时刻跟你统一战线。技术性品牌随着消费者的需求不断发展到情感品牌阶段，为消费者提供了除真实价值之外的额外价值，从而满足消费者对情感的需求。品牌吸引消费者的心理，给消费者带来更多满足感，品牌的发展空间也更加广阔。健全法律法规，优化市场监管，提高公共服务水平，完善品牌培育机制。开展品牌理论、价值评价研究，完善品牌价值评价标准，推动品牌价值评价和应用。多措并举优化品牌发展环境，严厉打击品牌仿冒、商标侵权等违法行为。抢抓机遇，走出一条既适应我国市场特点又适应经济全球化的中国品牌培育之路。

创建优良的品牌培育绩效

品牌培育绩效是指企业在一定的条件和环境下，遵循品牌的结构和内容，提高企业质量、扩大品牌影响力，对品牌价值提升的程度及效率的衡量与反馈，主要表现在品牌增长趋势、消费者购买力、企业的经济实力与成长力等方面。品牌绩效是衡量品牌影响力和市场地位的重要指标，提高品牌绩效需要企业在品牌策略、品牌形象、品牌知名度、品牌稳定性和品牌创新等方面进行系统实施，帮助企业获得更多的市场份额和利润。品牌绩效反映的是品牌的经济价值表现，对企业的发展非常重要，通过调研分析，确定品牌的定位和目标，制定品牌策略和战略，依托互联网平台进行品牌传播和推广，时常监测品牌认知和形象，定期评估品牌资产，为品牌绩效改进工作提供参考，从而实现企业长期盈利和可持续发展。

在市场竞争中，质量和品牌是有机统一的，品牌是质量的象征，质量提升最终要体现在品牌的美誉度上。提升自主创新能力，夯实中国品牌基础，注入文化内涵。品和牌是内涵和表象的关系，在初级阶段，容易把品牌变成牌品，重视知名度打造，忽视公众的满意度、美誉度和忠诚度的培育。在品牌建设成熟阶段，往往更重视"品"，即品质、品位、品格，是品牌的气质、内涵，价值评判和核心竞争力，靠标准化、个性化、人性化、精细化和理念创新、文化塑魂来实现。目前，我国的品牌培育效果不佳，优势品牌过度集中、顺销品牌增长趋缓、零售客户利润减少。

"路遥知马力，日久见人心。"品牌培育是一个长期过程，就像人与人之间的关系，品牌与消费者的关系也是如此。品牌对消费者而言，可以使决策变得容易、降低选择风险、提供精神上的满足；对企业而言，品牌成为企业的核心竞争优势、获取高额的回报、获得顾客的独特联想。品牌资产越丰富，品牌知名度越高，品牌形象越好，就会为企业创造出更多的附加值，提升企业的经济实力。

品牌培育，知易行难。如何培育品牌，业内方法很多，产品为王、品牌多样，仁者见仁、智者见智。不同的人对品牌培育有不同的理解，有的人侧重品牌外延，却忽视了品牌的真正内涵。加强品牌培育，核心在于提高产品质量和服务水平，树立良好的品牌形象。2022 年 8 月，国家发改委、工信部等七部门联合印发的《关于新时代推进品牌建设的指导意见》指出，要培育产业和区域品牌，打造提升农业品牌，壮大升级工业品牌，做强做精服务业品牌，培育区域品牌，支持企业实施品牌战略，扩大品牌影响力，夯实品牌建设基础。激发企业的创新创造活力，提升品牌全球竞争力，培育更多世界级的品牌。

二、加强品牌培育　提升中国品牌

2023 年初，中共中央、国务院印发《质量强国建设纲要》。文件提到，到 2025 年，质量整体水平进一步全面提高，中国品牌影响力稳步提升。在品牌建设方面，"品牌培育、发展、壮大的促进机制和支持制度更加健全，品牌建设水平显著提高，企业争创品牌、大众信赖品牌的社会氛围更加浓厚，品质卓越、特色鲜明的品牌领军企业持续涌现，形成一大批质量过硬、优势明显的中国品牌"。

"让世界爱上中国造"是一个美好的目标和愿景。品牌是高质量发展的重要象征之一，是企业乃至国家竞争力的综合体现。品牌是企业保持基业长青的秘诀，做品牌需要长期主义。品牌不仅是一个标识、一句口号，还是企业理念、产品、管理、技术、服务等方方面面的载体。进入新时代，越来越多的企业加快品牌建设、塑造品牌优势，在服务和融入新发展格局中彰显品牌力量。当今世界已经进入品牌经济时代，国际市场竞争已经由价格竞争、质量竞争上升到品牌竞争。

品牌培育的长期性

一个国家的经济发展水平与品牌是息息相关的，可以说，品牌折射的是国家经济实力与科技创新能力。企业高质量的发展，需要提升技术能力、品牌能力、全球化品牌经营能力三大核心能力。企业要采取切实有效的思路与对策，加强品牌培育，以消费者为中心，收集消费者的意见和建议，精益求精提供更多更好的产品和服务，形成品牌效应，才能赢得市场。关注趋势是成就知名品牌的关键，中国企业的品牌出海、跨境贸易，都顺应全球化的大趋势。面向全球市场，强化品质化、本土化、差异化等特点，通过提高企业质量管理水平增强品牌培育能力，加强国际市场的开拓与合作，实现在国际舞台上的竞争优势和品牌价值的提升。品牌培育是一个长期的系统工程，今日红杏枝头春意闹，明日落花流水人去也！只有坚持长期思维、科学思维，采取品牌培育的正确方法，才能打造百年品牌。

品牌是高质量、高信誉度、高市场占有率、高经济效益的集中体现。品牌建设是一个企业实力和地位的象征，代表着企业参与市场竞争的能力和形象。品牌培育是企业为提升品牌价值而开展的旨在提高履行承诺能力、增强竞争优势，并使这一承诺和竞争优势被消费者获知和信任的活动。企业是开展品牌建设的主体，重视品牌培育，从实际出发，充分发挥优势，找到一条适合自己的品牌发展之路。品牌的本质是消费者的认可，只有与消费者走得更近，特别是依靠口碑进行传播的品牌，消费者才会喜欢。

品牌培育的创新性

品牌是实现高质量发展的重要载体之一，是企业核心竞争力的重要体现。以高质量发展赋能品牌价值，提升品牌传播力、影响力，开创科技创新新格局。企业是创新的主体，也是塑造和培育品牌的基本单元。企业加大创新力度，提升优质产品开发能力，为品牌建设夯实基础。品牌培育从根源来说是创新，没有产品创新的品牌难以走远。

既要培育品牌的综合能力，又要持续创新研发，以此带动产品的品质升级，促进绿色消费高质量发展。在产品、功能、质量等方面进行创新，依靠科技驱动创新，以先进文化引领创新，没有品牌创新，就没有品牌培育的发展。创新技术已经成为品牌发展的重要因素，赋予品牌新的生命力。

中国品牌走向世界需要不断创新，必须做出"望尽天涯路"的努力。技术创新居于品牌内涵的核心，无论传统产业还是新兴产业，如果不能在技术创新上持续进步，就很难持久发展。但只有技术创新还不够，还需要把创新成果转化为产品竞争力。这就是为什么同样技术水平的产品，有的是国际品牌，有的却只能低价销售的根本原因。随着技术的快速发展和应用，商业模式创新成为培育品牌的重要途径。品牌创新还包括营销创新、渠道创新以及服务体验的创新。网络营销是一种互动的、直接的、即时交互的营销模式，使得品牌传播更具交互性，并赋予品牌更丰富的创造力。诺基亚、柯达公司的失败，是没有跟上趋势的步伐，缺乏核心领域的技术创新。大道至简，实干为要。做好创新这篇大文章，中国品牌必将乘风破浪、未来可期。

加大品牌培育力度

加大品牌培育力度，积极搭建品牌展示展销平台，加强品牌交流推广。高质量的产品、先进的技术、优质的服务是打造一流品牌的基础。紧紧把握标准、质量、创新、信誉和文化等关键要素，多措并举培育和打造优秀品牌。在观念、市场调研、营销、产品维护等方面形成合力，鼓励企业建立品牌培育管理体系，在产品设计、文化创意、技术创新与品牌建设融合发展等方面下功夫。将品牌建设融入国家形象塑造，在全社会广泛传播品牌发展理念、凝聚品牌发展共识。把品牌建设提高到国家战略的高度，将品牌推荐、公关活动和新闻传播等工作有效整合，实现个性化和多元化的品牌宣传和推广，塑造品牌形象。

品牌作为一种无形资产，能为企业带来超额利润，因此，价值成为品牌培育所追求的目标。企业以扩大市场占有率、品牌溢价、品牌抵押融资等形式实现品牌价值转化。品牌培育依赖过硬的产品品质和深厚的文化内涵，从中华优秀传统文化中汲取养分。品牌资产，实质上反映的是品牌影响消费者关于品牌的思考、感受和行为方式的程度。有形资产强调销量和市场份额，而无形资产强调品牌附加值，是长期取向、战略意识。品牌培育带来了资产的显著增值，在价格之外，品牌起到护城河的作用。品牌培育的目的是给权利人带来最大的利益，代替价格竞争，追求更大的价值。品牌的背后是价值，性价比的背后是价格。企业应加强品牌价值的打造，产生更高的品牌溢价，提供更好的产品和服务。

目前，我国需要既能培育健康商品市场，又能带来高质价比的优质渠道品牌。传统电商等领域的直播电商创业趋势可能会越来越白热化，大量非标产品竞争越来越激烈。如果缺乏监管，劣币驱逐良币的情况将会产生。直播带货有许多虚假宣传、灰色地带，产品品质无法保障。许多优秀企业被平台消耗了大部分利润，无资金做产品开发和品质升级。许多企业线上成本已经高于线下渠道成本，以低价竞争为主的电商很难培育出长期品牌。要让优秀的产品品牌回归到产品开发的本质和以用户为本的创新，加强监管迫在眉睫，以免国内商品的品质走下坡路。

品牌培育的体系选择

品牌培育是提升企业竞争力、做精产品、做强企业、做大产业的过程。经过改革开放 40 多年的历练，我国一些常规产业的制造能力已相当成熟，完全具备了问鼎世界品牌的能力，关键在于我们还没有成熟的品牌战略，经营品牌的能力还不强。因此，尽快制定品牌发展战略，推动中国经济早日迈进品牌经济时代。品牌需要持久的培育，品牌培育的体系选择十分重要。把政府推广作为品牌培育体系的首选模式，有了政府的推广和支持，企业的品牌成长无疑前程似锦。

培育品牌、提升品牌竞争力，完善品牌培育发展机制，把品牌建设融入现代化产业体系建设，为高质量发展提供有力支撑。着力培育重点品牌，打造中国品牌国家队，每一个成功的中国品牌都应该打造成为世界品牌。加强品牌培育，努力提升中国品牌的质量与档次，在全球范围内走出一条既适应中国市场特点又适应经济全球化的中国品牌培育之路。

据报道，湖南省人民政府制定的《湖南省品牌建设工程行动计划》提出，"力争到 2025 年，年销售收入 100 亿元以上的湖南名品达到 20 个左右，市值或年营业收入 1000 亿元以上的品牌企业达到 10 家左右"。长沙被誉为"中国工程机械之都"，2021 年产业链总产值突破 2800 亿元，占全国比重约 1/3，长沙也是全球唯一一个拥有 5 个世界工程机械 50 强企业的城市。长沙制造业基础雄厚，为发展产业互联网经济提供了沃土，产业互联网正源源不断为三一重工、中联重科、山河智能等企业提供技术支撑。产业互联网助推品牌升级不仅表现在龙头企业转型上，还体现在其面向产业链上下游，为企业提供品牌升级服务。未来，在工业互联网联结下，湖南企业品牌形成产业链品牌，进而带来区域强势品牌的优化拓展。

在全球化浪潮的推动下，中国品牌正逐步走向世界，更加注重国际市场的开拓与品牌价值的提升。以 TikTok 为代表的中国互联网品牌，在全球市场上的成功崭露头角，为中国品牌走向世界提供了宝贵的经验。TikTok 通过精准的市场定位、创新的内容生态和独特的营销策略，成功打造了一个具有全球影响力的品牌。下述案例将深入分析 TikTok 如何在全球竞争中脱颖而出，如何通过创新和本土化策略不断提升品牌价值，进而实现全球化战略的成功落地。

◎◎ 品牌案例 7-1：TikTok 中国互联网品牌全球化代表

利用数字技术赋能品牌强国战略，通过品牌数字化、金融化和国际化，产生聚集效应，有助于讲好中国品牌故事，走向世界。TikTok 是一款社交产品，它突破了以国家最核心单元的限制，用语言来划分市场。TikTok 不但是中国经济加速与世界循环的一个重要通道，更是传播中国文化、传播中国声音的一个重要平台。

TikTok 是抖音集团旗下的短视频社交平台，全球总部位于洛杉矶和新加坡。2016 年，TikTok 由字节跳动集团推出，最初以"抖音"为名在中国市场推广，随后于 2017 年下半年出海，面向国际市场更名为"TikTok"。拥有 1.7 亿用户的 TikTok 早已不仅仅是一个娱乐平台，它已成长为一个超大规模的商业平台。目前，美国有超过 700 万的商家在上面经营。2023 年，TikTok 在美国的收入达到 160 亿美元。据外媒报道，美国总统拜登早早地就加入了 TikTok，法国总统马克龙、德国总理朔尔茨等国家政要也到 TikTok 上开设了账号，发布了视频。

"不谋全局者，不足谋一域。"平台出海的相关风险——不仅有物流、基建、本地化等风险，还有实实在在的涉政风险。加大对跨境电商品牌建设的支持，通过提升产品质量、强化品牌形象和文化传播，学习国际先进的电商运营经验，促进中国品牌国际化发展，从而吸引更多海外消费者。

TikTok 是唯一一款在中国以外地区与美国互联网公司竞争中取得优势的应用。目前，TikTok 是全球第一大互联网应用，全球用户数已经高达 26 亿。TikTok 打破了过去美西方媒体对消息、舆论和意识形态的控制，这次以色列大规模屠杀巴勒斯坦人，美国和以色列之所以未能控制住信息传播和舆论，就是因为 TikTok 的广为传播。

在新的科技革命和产业变革推动下，品牌融合了云计算、大数据、人工智能等前沿技术，通过数字化、智能化的方式，实现了技术创新、产品创新、服务创新和品牌影响力焕新，在各个领域形成了高质量、可持续的领跑品牌。物美价廉的中国产品给全球消费者带来福祉的同时，也终结了一些美西方公司"躺着数钱"的好日子。

中国企业的发展是技术创新和积极参与市场竞争的结果。是非曲直自有公论，无论美国如何设计给中国扣上各种新老罪名的帽子，都不会改变美国搞保护主义、单边主义的事实。当前国际形势风云变幻，美国等西方国家"零和博弈"思维仍在。目前，中国高铁、新能源汽车、TikTok 等高端产品享誉世界。随着中国产品渐次出海、造福全球，相信会有越来越多的消费者爱上中国品牌。

（2024 年 3 月 28 日）

三、中国品牌培育绩效评价原则和方法

走进新时代，品牌应该发挥整合和提升的作用。通过品牌评价体系的建立和实施，推动品牌创建、培育，通过权威的专业机构引领品牌培育绩效评价工作，提高评价的客观性、专业性、可持续性。助力企业规划品牌发展战略，推进"中国产品"向"中国品牌"转变。品

牌培育的五个核心要素：有形资产、无形资产、质量、服务以及技术创新。企业品牌价值培育模型中对品牌价值起决定作用的五个核心要素（见图7-1），它们之间相互影响，不可分割，共同促进品牌培育。

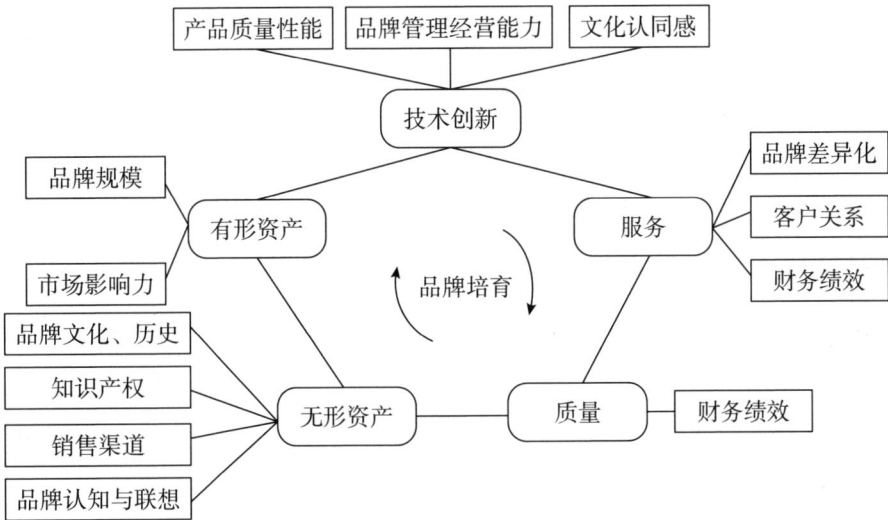

图 7-1　企业品牌培育模型

产品卓越是品牌成长的基石，要做最好的产品，更好地去满足消费者的需求，这需要品牌持续地创新。技术创新能够催生新产业、新模式、新动能，是品牌发展的核心要素，品牌价值的增长动力。技术创新使传统品牌保持竞争优势，提升品牌价值，可以在较短时间内创造品牌奇迹。企业通过产品技术创新或商业模式创新不仅可以满足消费者需求，使其感知新产品和服务，实现消费者对企业品牌文化的认知，还可以降低企业运营成本、创造新的市场需求，扩大品牌规模，提升品牌价值。

有形资产既是品牌建设的起点，也是品牌价值实现的目标，代表了品牌的经济实力、盈利能力和发展潜力。有形资产是品牌价值的外在表现，体现了品牌价值的规模，品牌价值的扩张和投入能力也需要有形资产来体现。企业规模越大，选择该品牌的消费者就越多，品牌的市场占有率就越大，同行业影响力越明显，品牌价值在这一过程中得到了培育和提升。

无形资产是品牌价值的实现能力。商誉作为企业品牌的无形资产，体现了品牌价值转化为现实价值的能力。以品牌使命和文化为代表的品牌内涵，为品牌价值的实现提供了情感基础；以商标、专利等为代表的权利类无形资产，为品牌价值的实现提供了行之有效的方式。品牌历史文化、知识产权、销售渠道和品牌认知与联想等是企业重要的无形资产。消费者对品牌的认同、认知与联想以及企业特有的渠道，可以使品牌影响力扩大，知识产权对品牌价值的保护，可以有效地巩固品牌的市场优势。

质量和品牌是有机统一体，品牌是质量的象征，质量提升最终要体现在品牌的美誉度上。质量是品牌价值形成的基础，质量决定了产品定位，产品定位决定了品牌的用户定位、价格定位和市场定位，也直接影响了企业的盈利能力。提升产品质量，可以更好满足质量需求和质量效能提高，更好地维护消费者权益和市场秩序，促进经济转型，增强市场竞争力。品牌的质量源于消费者的信任，品牌被市场接受后才有品牌价值。

价值承诺是顾客认知品牌、理解品牌、评价品牌的关键。对品牌来说，质量承诺就是企业对其品牌得到认可的保证。夸大的承诺和不能兑现的承诺将严重影响品牌的声誉。"困了累了喝红牛""冷热酸甜，想吃就吃"等广告语，往往是品牌向消费者做出的品牌承诺。要树立以质量、创新为核心的品牌理念，大力实施质量品牌战略。

"21世纪最贵的是什么——人才。"人是生产力中最活跃的因素，品牌竞争归根结底就是人才的竞争。服务是一种特殊的无形产品，是企业获得竞争优势的主要手段之一，训练有素的员工能为品牌创造差异化的竞争力。服务是品牌价值的拓展方式，差异化的高品质服务，能提升企业形象，为客户带来更多更有效的价值。服务成为企业建立竞争优势、培育品牌、提升品牌价值的重要手段。现代服务是品牌实现用户满意体验的过程。海尔"真诚到永远"的口号深入人心，从"卖产品"到"卖服务"的转型，为用户创造价值，是服务的最高形式。

（一）中国品牌培育绩效的影响因素

品牌是企业获得成功的关键，有助于建立企业形象。品牌化有助于企业细分市场，然后分别推向特定用途的市场。品牌化思维通过建立品牌与消费者之间的联系，让消费者在品牌体验中获得满足，进而对该品牌产生认可。因此要注重用户体验的品牌培育，突出与用户对等的品牌核心价值。在品牌培育的过程中，产品在社会、心理或精神层面的价值要比产品的功能重要得多。经过多年的实践与调研，笔者总结出几项中国品牌培育绩效的影响因素，包括市场与财务维度、信誉与环境维度、心理与行为维度、功能与品质维度以及技术与创新维度，与大家探讨。

市场与财务维度

市场与财务维度涵盖了"五要素"中的品牌的有形资产、市场影响力等。市场与财务维度更加关注有形资产这一要素，诸如机器设备、存货、建筑物等。此外，公司市场活动、人员影响力、市场影响力、利益相关者支持也属于市场与财务维度的指标。它们分别从公司的市场调查能力、人才储备、市场覆盖情况、企业融资能力等方面进行考察。

信誉与环境维度

信誉与环境维度包容了"五要素"中的品牌的无形资产、品牌影响力等。信誉与环境维度更关注无形资产这一要素，诸如品牌保护、品牌联想等内容。品牌影响力是指品牌开拓市场、占领市场、获得利润的能力。品牌不但影响消费，而且还影响投资，品牌、专利和数据等无形资产在驱动资本市场。此外，该维度还包括市场竞争、品牌危机处理能力、环境影响、品牌受欢迎程度等几个因素。它们分别指企业在市场中的影响力及国际化拓展能力、品牌危机处理机制、品牌准入壁垒、品牌知名度和美誉度等因素。品牌置身于社会环境中，将品牌和社会群体结合起来。

目前，中国品牌在质量、技术、研发能力、产品诉求等方面已不逊于外资品牌，在某些方面甚至还超过了国外品牌，但在资本运作、渠道运营与市场传播上与国外品牌有较大的差距，努力建设渠道、加强资本运作、扩大品牌传播、讲好品牌故事，是中国品牌目前亟待解决的问题。

心理与行为维度

心理学家认为，不同的人格特征伴随相应的特征行为，故可根据行为维度来界定个体在该特征上的表现程度。人格特征即处于行为维度上两个极端位置代表的内部倾向性。心理与行为维度则以服务要素为主要考量因素，包括品牌提供服务能力、服务设计等。此外，顾客心理反应、行为反应都属于该维度，是指顾客感受品牌的积极或消极方式及其外显行为，包括品牌个性感知、顾客口碑、顾客忠诚度以及顾客承诺等。不同个体对品牌的解读具有个性化，耐克的广告语 Just do it（想做就做），这句话对每个人而言意义都不一样。

功能与品质维度

营销大师科特勒说："伟大品牌的核心是产品，产品是实现企业目标的战略工具，也借此铸成竞争壁垒。"功能是事物或方法所发挥的有利作用，是大家比较熟悉的有关产品或者服务所能提供的价值。品质指人的素质和物品的质量，如果是产品还包括服务保障等。做无形产品的服务行业也强调服务品质，品质是成就品牌最重要的因素。产品的功能和质量与用户的满意度之间是正比关系，产品的功能越多，质量越好，用户的满意度也就越高。

功能与品质维度以质量为主要考量要素，它包括组织质量管理能力、产品客观质量等。坚持长期主义，利在当代，功在千秋。随着国际社会对 ESG 的高度重视，如何通过品牌培育体现企业社会责任意识，并由此带来品牌的价值回报，通过建立责任品牌培育标准和评价体系，以评促建，全面推动企业市场竞争力的提升。此外，该维度还包括产品质量监督、人权保护、自然与生态环境、产品不合格率等。

巴塔哥尼亚以"有态度"在社交网络上出名。巴塔哥尼亚是美国顶级品牌，由伊冯·乔伊纳德于 1973 年创建，以生产高质量户外用品而闻名世界。早在 2011 年，巴塔哥尼亚在《纽约时报》上发布广告，"Don't buy this jacket！"（不要购买这件夹克！）把生产这件衣服的流程和可能对环境造成的伤害摆在明面上，如果你不是真的需要的话，请你不要因为减价而去买。2022 年 9 月，乔伊纳德宣布放弃公司所有权，将价值约 30 亿美元的股票捐赠给信托基金和非营利组织，所有利润用于保护环境、应对气候危机。2023 年"双十一"，巴塔哥尼亚又公开表态不参加大促，还劝大家"少买点，多想想"。

技术与创新维度

技术与创新维度是以技术创新要素为主，注重创新投入、研发管理以及顾客感知创新等。创新可以从三个维度来理解。其一，技术创新是关键，培育企业核心竞争力。技术创新指生产技术创新，包括开发新技术，或者将已有的技术进行应用创新。技术创新建立在科学道理的发现基础之上，技术创新和产品创新关系密切。其二，以管理创新为基石，打造激发创新的组织模式，形成有利于优化资源配置、激发创新的可持续的管理模式。其三，以模式创新为重点，增强企业发展后劲。以国际化视野为引导，把握机遇加强全球合作。以创新人才为根本，营造崇尚创新的企业文化。此外，还有服务创新、体验创新、互动创新、制度创新等。

创新是品牌的核心竞争力，竞争对手可以模仿，但无法超越。创新应始终坚持为消费者创造价值，科技创新、模式创新、趋势创新是品牌创新的三种主要方式。科技创新众所周知。模式创新即方法的创新，如商业模式的创新。趋势创新引领潮流、需求、生活方式。一分耕耘，一分收获。目前，我国缺乏叫得响、有竞争力的中国品牌，主要原因是自主创新不够、缺乏核心技术支撑，加强品牌建设，加大技术创新力度、推动核心技术的研发。围绕品牌建设加强产品和商业模式创新，大幅度提高技术成果的产业化水平。

（二）中国品牌培育绩效评价指标体系及评价方法

打造一流品牌，推动高质量发展，企业要提升三大核心能力：一是技术能力，二是品牌能力，三是全球化品牌经营能力。品牌是企业的核心资产，一切经营活动的最终指向，都是在为建立品牌而服务。
品牌是经济高质量发展的重要象征，也是质量强国的内在支撑。高质
量发展要求企业提高效率，提高创新能力、品牌溢价，提高员工待遇、
企业健康发展的能力。品牌培育能够激发企业创新创造活力，促进生
产要素合理配置，提高全要素生产率，提升产品品质。品牌培育需要
依从品牌定位、品牌理念、品牌形象等规划步骤，才能有的放矢、事
半功倍。品牌培育既需要市场驱动，通过创新发展，不断满足消费者
需求，又要坚持自身的核心价值，不断增强品牌力量，实现驱动市场
的目标。

　　笔者依据前述分析绘制出如表7-1所示的中国品牌培育绩效评价
指标体系。

表7-1　品牌价值培育绩效评价指标体系

一级指标	二级指标	三级指标	评价内容
品牌培育价值绩效	市场与财务维度	有形资产	机器设备、设施、土地、存货、成本、利润、溢价率等
		市场影响力	市场潜力与规模、市场覆盖率、市场份额等
		公司市场活动	渠道体系、定价能力、品牌社区构建、市场调查能力等
		人员影响力	员工构成、人才储备、培训以及沟通能力等
		利益相关者支持	融资能力、政府支持、媒体关系、市场风险管理等
	信誉与环境维度	无形资产	品牌历史与文化、品牌联想、品牌保护、品牌认知等

一级指标	二级指标	三级指标	评价内容
品牌培育价值绩效	信誉与环境维度	环境影响	包括经济环境、准入壁垒、监管与法律环境等
		竞争因素	市场影响力、国际化拓展能力等
		品牌受欢迎程度	品牌的知名度、美誉度等
		品牌危机处理能力	危机公关机制、投诉渠道机制、品牌保护措施等
	心理与行为维度	服务要素	服务设计能力、服务提供能力、顾客感知服务价值等
		顾客的心理反应	顾客品牌联想、顾客口碑、品牌个性感知、品牌识别等
		顾客行为反应	购买倾向、推荐意向、忠诚度、顾客承诺等
	功能与品质维度	质量要素	组织质量管理能力、产品客观质量、感知质量等
		企业履行社会责任状况	维护自然与生态环境、人权保护、捐赠、社会公益等
		产品质量监督	不合格率、事故率等
		引发的经济与社会损失	是否造成过经济损失与社会损失以及产生的后果
	技术与创新维度	技术创新要素	研究能力、创新投入、顾客感知创新、研发管理能力等
		服务创新	体验创新、互动创新等
		管理创新	激励创新、制度创新等

资料来源：笔者自制。

本章选取人民日报2017年"新时代品牌强国计划"中的伊利、格力、五粮液三家企业品牌，对其品牌培育绩效进行评价。依据五要素模型，从质量、服务、有形资产、技术创新、无形资产五个方面对这三家企业品牌进行分析（见表7-2）。

表7-2 三家企业品牌的五要素分析

五要素 ＼ 品牌名称	伊利	格力	五粮液
质量	坚持"质量优先"战略	创建了"四纵五横"T9质量管控系统、PQAM质量保证模式	实施"质量强企"战略，产品出厂合格率达100%
服务	坚持渠道发展战略，提高终端服务水平	为消费者提供一体化的智能家居解决方案	推出零售化、连锁化、线上线下一体化零售终端模式
有形资产	流动资产298亿元、固定资产133亿元，占资产总额的87.4%	流动资产1715亿元、固定资产175亿元，占资产总额的87.9%	流动资产719亿元、固定资产52.1亿元，占资产总额的96.9%
技术创新	研发支出2.09亿元	年研发费用数十亿元	研发投入7784万元，占营业收入的0.26%
无形资产	5.14亿元，占非流动资产的2.6%	36亿元，占非流动资产的8.3%	4.05亿元，占非流动资产的5.2%

资料来源：各企业2017年度报告。

目前，伊利已在全球建立十五大创新中心，持续开展全产业链创新合作并取得丰硕成果。伊利加速全球产业融合，集聚全球资源建设世界级品牌，主要产品已覆盖60多个国家和地区。锚定企业高质量发展，建设世界一流品牌。伊利在质量管理方面不断加大投入，从奶源控制食品安全，全程管控生产，全面升级质量，实现高品质乳制品生产，从而赢得消费者的信赖。未来，伊利将抢抓机遇，加快推动行业高质量发展，让中国品质享誉全球，让中国品牌闪耀世界。

"让世界爱上中国造。"中国企业"走出去"，除了要做好产品和服务，打造品牌、提升品牌国际影响力也至关重要。中国品牌建设的整体战略构想应包括：寻找品牌培育对象、助力优质品牌树立国际形象、充分利用品牌效应、强化品牌保护四个方面。制造业是立国之本，强国之基。中国制造业正在向中国创造、中国质量、中国品牌转变。格力集团坚持"核心技术自主研发"，累计申请技术专利 3 万余项。格力通过技术创新不断推动企业的可持续发展，在行业中占据领先地位。

五粮液始终坚持以"品牌强企"为引领，以"品质为王"作为其发展战略的核心理念，多次入选"世界品牌 500 强"，连续 23 年位居中国白酒制造类第一，积极参与国际重大活动，不断扩大品牌影响力。通过品牌战略创新和营销渠道创新，巩固了其在业内的龙头地位。五粮液抢抓机遇，把品牌建设摆在突出和重要的战略位置，坚守品质为基，坚定文化铸魂，坚持守正创新，建设世界一流品牌。

实现经济的高质量发展，就必须以质量为核心，以创新为动力，打造和培育一批有代表性的、能够支撑中国品牌发展的世界级品牌，增强中国品牌的核心竞争力。产品卓越是世界一流企业的基础，以卓越的品牌知名度、品牌满意度和品牌认同度实现国际化。积极履行社会责任，为消费者提供优质的产品体验，从而赢得消费者忠诚。此外，完善的应急响应机制也是品牌培育过程中不可或缺的一环，企业应对外部环境、竞争因素等做好响应。在具备上述条件的情况下，中国品牌的市场影响力自然会逐步扩大，走向世界。

评价过程

品牌评价是判断世界经济发展格局、产业构成和企业竞争力的重要途径。基于以上分析，本章邀请了研究品牌培育的有关媒体、高校、企业等领域7位专家，依据去掉一个最高分和一个最低分后取平均值原则，根据本章所建立的中国品牌培育绩效评价指标体系与方法，对中国品牌绩效评价的"市场与财务维度、信誉与环境维度、心理与行为维度、功能与品质维度、技术与创新维度"进行赋值，得出（X_1，X_2，X_3，X_4，X_5）=（80，80，85，90，95），品牌价值培育的五要素与维度关系矩阵如表7-3所示（具体评分过程见附录）。

表7-3　品牌价值培育的五要素与维度关系矩阵

维度指标　五要素	市场与财务维度（X_1）	信誉与环境维度（X_2）	心理与行为维度（X_3）	功能与品质维度（X_4）	技术与创新维度（X_5）
有形资产（Y_1）	0.36	0.16	0.14	0.12	0.12
无形资产（Y_2）	0.18	0.26	0.13	0.14	0.19
服务（Y_3）	0.11	0.16	0.40	0.20	0.19
质量（Y_4）	0.20	0.21	0.19	0.31	0.13
技术创新（Y_5）	0.14	0.20	0.13	0.21	0.34

资料来源：由专家打分而得。

根据表7-3数据求得：

Y_1=0.36×80+0.16×80+0.14×85+0.12×90+0.12×95=75.7

Y_2=0.18×80+0.26×80+0.13×85+0.14×90+0.19×95=76.9

Y_3=0.11×80+0.16×80+0.40×85+0.20×90+0.19×95=91.65

Y_4=0.20×80+0.21×80+0.19×85+0.31×90+0.13×95=89.2

Y_5=0.14×80+0.20×80+0.13×85+0.21×90+0.34×95=89.45

由于不同行业、不同企业品牌培育过程中侧重点不同，因此对不同企业品牌所赋予五要素的权重也有差异，根据表 7-3 对伊利、格力、五粮液品牌培育五要素的分析，对不同品牌的五要素进行赋权，结果如表 7-4 所示（具体评分过程见附录）。

表 7-4　三家企业品牌培育的五要素权重

品牌名称 五要素	伊利	格力	五粮液
有形资产	0.14	0.14	0.17
无形资产	0.17	0.19	0.18
服务	0.18	0.19	0.18
质量	0.28	0.27	0.26
技术创新	0.22	0.20	0.21

资料来源：结合各品牌培育五要素特征打分而得。

根据表 7-4 数据，计算各品牌培育绩效得分为：

伊利：$P=0.14 \times 75.7+0.17 \times 76.9+0.18 \times 91.65+0.28 \times 89.2+0.22 \times 89.45=$ 84.823

格力：$P=0.14 \times 75.7+0.19 \times 76.9+0.19 \times 91.65+0.27 \times 89.2+0.2 \times 89.45=87.03$

五粮液：$P=0.17 \times 75.7+0.18 \times 76.9+0.18 \times 91.65+0.26 \times 89.2+0.21 \times 89.45=$ 85.18

评价结果与讨论

根据上述评分结果和评分等级划分，格力、伊利和五粮液品牌均为"良好"。格力得分最高，这表明格力品牌不论在技术创新还是品质、服务方面均略高一筹。虽然不同行业品牌培育绩效不具有很强的可比性，但是格力在品牌创新培育中投入了大量的资金与技术，在保证产品质量的基础上努力研发创新，以科技引领创新，以创新驱动发展。

伊利与五粮液作为食品行业的领先品牌一直以品质优先，保证食品质量安全放在首位。伊利的研发资金投入力度同样很大，在全球范围内整合创新资源，建立了多个领先的国家级产学研平台，其创新合作已覆盖全球，并形成全球领先的创新网络。酒香也怕巷子深，没有营销创新，就打不开市场。五粮液同样在营销渠道进行了创新，整合线上线下资源，让更多国内外消费者认识、了解中国美酒。因此，伊利与五粮液的品牌培育绩效相对较高。

培育企业品牌、丰富产品品种、提高附加值，重视培育品牌和商誉，加大技术创新和模式创新，积极打造知名品牌，以品牌引领消费，带动生产制造，推动形成具有中国特色的品牌价值评价机制。伊利与五粮液还应在技术创新方面加大投入，推动品牌更好地发展。

基于以上分析，结合中国品牌培育特征，笔者认为中国品牌培育应以可持续发展为核心、培育"中国工匠"为使命、品牌质量为保证、自主创新为动力、互联网融媒体为传播平台，进一步提升各领域品牌发展能力，才能让中国品牌的金字招牌成色更足。

四、品牌培育新模式　实现品牌新赋能

品牌代表着国家的整体经济实力以及企业的核心竞争力。应从品牌培育赋能国家整体战略发展的视角，站在经济社会发展全局的角度，创建品牌培育新模式，实现品牌新赋能。从国内外研究现状看，学者们围绕品牌，从品牌内涵、品牌建立、品牌培育、品牌绩效等方面已进行了大量的研究并取得了丰硕的成果。在品牌培育过程中，培育效果的优劣直接影响着品牌发展的好坏。

2022 年，国家发展改革委、工信部等七部门联合印发《关于新时代推进品牌建设的指导意见》指出，要培育产业和区域品牌，打造提升农业品牌，壮大升级工业品牌，做强做精服务业品牌，培育区域品牌，支持企业实施品牌战略，扩大品牌影响力，夯实品牌建设基础。企业是创新的主体，也是塑造和培育品牌的基本力量，高质量的产品、先进的技术、优质的服务，是打造一流品牌的基础。鼓励企业建立品牌培育管理体系，在产品设计、文化创意、技术创新与品牌建设融合发展等方面下功夫。

（一）品牌培育新模式

1. 开放性政策营造品牌培育环境

"同一个世界、同一个梦想"，我们向世界宣称"我家大门常打开"。近年来，从代工厂到自有品牌，中国品牌的产品竞争力不断提升。国际市场方面，"一带一路"倡议引领中国品牌，成为中国品牌走向世界的桥梁与纽带。随着供应链升级、平台模式创新以及品牌意识提升，海外消费者对中国产品的接受度逐渐提高，中国品牌的国际影响力不断扩大，中国跨境电商有望持续在全球市场扩大影响力。国内市场方面，为协调区域发展，我国出台了一系列政策支持区域品牌培育。京津冀协同发展、长江经济带战略带动了一些地区的一些产业发展，西部大开发、中部崛起、振兴东北等战略促进了产业升级，一些区域品牌借此走向全国市场。在未来，借助"一带一路"倡议，推动中国品牌开展对外合作，积极参与全球品牌竞争，不断增强中国品牌的国际影响力和知名度。

2. 供给侧结构性改革推动品质提升

千帆过尽皆成序，乘风破浪再奋楫。推动高质量发展，品牌建设正发挥越来越重要的引领作用。品牌与质量是一种相互依存、相互促进的关系。好质量是好品牌的坚实基础，产品质量不好，品牌难以立足；创建、培育品牌也有利于质量强国建设。从需求侧推动品牌建设，进一步夯实产业基础，强化供给侧结构性改革，推动需求优化升级。供给侧结构性改革，就是用增量改革促存量调整，在增加投资过程中优化投资结构、产业结构，提高产业质量。《质量强国建设纲要》提出，到 2025 年，质量整体水平进一步全面提高，中国品牌影响力稳步提升，品牌建设取得更大进展，并形成一大批质量过硬、优势明显的中国品牌。人民日益增长的品牌消费，激发了需求侧的结构变化，并促使供给侧结构性改革以品牌为核心取向，从而发挥品牌引领作用推动供需结构升级。

3. 发扬与时俱进的"工匠精神"

千工易寻，一匠难求。"工匠精神"就是"执着专注、精益求精、一丝不苟、追求卓越"，基本内涵包括敬业、精益、专注、创新等方面的内容。如切如磋，如琢如磨。"工匠精神"是中华民族精神的重要体现，中国制造业实现转型升级，离不开工匠精神的支撑。褒扬工匠情怀、涵养工匠文化，让"工匠精神"成为普遍追求。在媒体去中心化，自媒体大量涌现的时代，特别需要有系统化专业能力的人才发扬工匠精神，做好品牌建设。目前，我国缺乏真正具有全球品牌建设实际操作经验的师资力量，缺乏和国际接轨、适合中国国情的系统性方法论。数字化技术给品牌建设带来新的机会和挑战，品牌管理人员如果不能与时俱进，可能出现知识结构老化的问题。

4. 创新驱动发展引领"中国品牌"

追求卓越，持续创新。科技是第一生产力、创新是第一动力，在激烈的国际竞争中，我们要开辟发展新领域新赛道、塑造发展新动能新优势，从根本上说要依靠科技创新。建设现代化产业体系，必须以科技创新为引领。品牌的发展离不开持续不断的创新。创新可以降低品牌的成本，提高品牌的盈利能力和市场竞争力。创新为品牌建设提供了根本支撑和品质保障，品牌建设为创新提供了市场认可和价值反馈，带来了品牌的溢价，对促进企业创新具有重要的积极作用。创新是品牌永葆青春的不竭动力，牢固树立创新发展理念，鼓励企业推进产品设计、创意和技术创新，努力打造更多国货精品，培育一批号召力强、美誉度高、具有世界影响力的中国品牌。

5."互联网+"提供品牌传播平台

"旧时王谢堂前燕，飞入寻常百姓家。""互联网+"使传播成本更低、传播速度更快、传播定位更精准。"互联网+"带来的新信息技术与实体经济的融合，产生了一大批具有国际影响力的中国品牌。在全媒体语境下，品牌传播要在品牌定位、品牌形象、品牌价值、品牌理念上统一。随着科技的飞速发展，人工智能、大数据、物联网等新兴技术不断涌现，品牌须与时俱进，拥抱数字化转型，满足消费者日益增长的需要。企业应抓住机遇，加大研发投入，打造自主品牌，充分利用优势资源将品牌推介、公关和新闻传播等有效整合。互联网媒体具有全球性、全天候、全动态等优势，成为品牌传播的重要媒体。腾讯、阿里、京东等互联网品牌，10多年就成长为世界级品牌。2017年8月，国际版抖音上线、出海，变身TikTok，短短两年内就风靡全球。作为新的媒介，TikTok凭借网红经济，迅速走红，成为短视频类的全球代表。

品牌培育新模式，实现品牌新赋能。通过多维策略增强品牌的市场竞争力、用户黏性与长期价值。开放性政策营造品牌培育环境，全球化与本土化结合，数字化技术赋能出海。供给侧结构性改革推动品质提升，构建品牌心智护城河，占领消费者心智，通过差异化定位，使品牌成为特定需求场景的"首要联想"。强化用户对品牌的认知独占性，最终实现市占率的大幅度增长。发扬与时俱进的"工匠精神"，创新驱动引领"中国品牌"，通过技术升级保持品牌竞争力，采用新颖的营销方式，吸引用户关注。"互联网+"提供品牌传播平台，全链路用户体验优化，全渠道协同与数字化转型，线上线下全域布局。品牌赋能需从心智占领、用户体验、内容创新、渠道协同、技术驱动五大维度发力，并结合数字化与全球化趋势动态调整策略。企业应注重长期价值积累，而非短期流量争夺。未来，AIGC、智能投放与全链路整合将进一步成为品牌赋能的加速器。

（二）实现品牌新赋能

品牌是产品价值、质量和信誉的标志，是经济高质量发展的重要象征。品牌是企业对消费者持续保证产品价值并承担产品责任的承诺，以获得消费者的信任和忠诚。品牌的背后彰显的是企业的竞争力，国家在全球范围内的影响力。推动中国产品向中国品牌转变，将品牌作为质量强国的抓手，让中国品牌在全球市场竞争中脱颖而出。中华文化博大精深，从中华优秀传统文化中发掘出有趣的元素融入品牌，不仅能加深消费者对品牌的认知，还可以助力国家品牌的发展。建立品牌培育体系，开展品牌理论、价值评价研究，推动品牌价值评价和应用。加快建设更多的产品卓越、品牌卓著、创新领先、治理现代的世界一流企业，赋能中国式现代化，开启品牌强国新篇章。

推动中国制造、中国速度、中国产品向中国创造、中国质量、中国品牌转变，培育"中国工匠"。依照中国品牌培育模式原则，本章提出了围绕品牌定位、品牌管理、品牌营销、品牌传播以及品牌延伸的中国品牌培育架构（见图7-2）。旨在通过精准的品牌定位融合以全面质量管理和人才管理为核心的品牌管理，借助品牌营销策略和网络多媒体传播平台赋能中国品牌发展，在此基础上进行品牌延伸，实现中国品牌在多领域的可持续发展，助力品牌赋能国家整体发展战略。

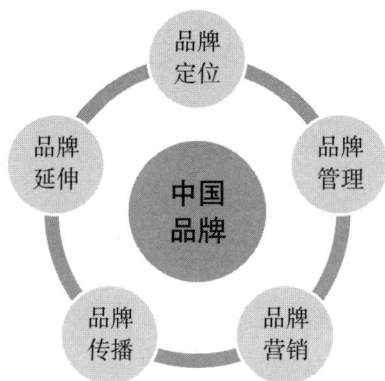

图 7-2　品牌培育架构

品牌定位

品牌定位指的是建立一个与目标市场有关的品牌形象的过程与结果。白加黑感冒药在 1994 年末登场，提出了"白天服白片，不瞌睡；晚上服黑片，睡得香"的概念，将"日夜分服"作为其核心差异化策略。仅仅半年，白加黑销售额就突破 1.6 亿元，一举占据了 15% 的市场份额，跃居感冒药市场第二品牌。白加黑的成功源于其对市场、竞品和消费者需求的深入洞察。从产品命名到功能定位，每一个细节都与竞品形成鲜明对比，填补了市场空白，为消费者提供了独一无二的解决方案。白加黑的成功案例，不仅是产品创新与营销策略的胜利，更是对品牌定位与消费者洞察的深度剖析。在竞争激烈的市场中，找准定位，创新思维，才能在短时间内创造出巨大的市场影响力。

品牌定位是品牌赋能的核心。好的品牌定位既立足当下，又放眼未来，从消费者的角度考虑，探讨消费者从品牌中可以得到什么。品牌定位确定品牌的具体价值，从消费者的角度说出竞争优势。品牌定位不仅是产品的特点和功能，还要与消费者的需求和价值观相契合。品牌定位是建立一个与目标市场有关品牌形象的过程和结果，让消费者把企业的产品区别于同类产品，更好地服务消费者，引领品类增长。穿越经济周期，实现基业长青，打造消费者心中首选的挚爱品牌。树立品牌形象对品牌进行准确的定位，以技术创新为依托，凸显产品的创新元素。

　　品牌专家何佳讯教授提出，品牌要体现并服务于国家战略，从品牌功能和利益定位转向品牌价值观定位，从商业模式品牌创建转向科技创新驱动品牌创建。融合中华优秀传统文化，以传统与现代元素的个性化定位打造品牌形象。通过明确的品牌定位，企业能够在市场中建立起独特的形象和认知，赢得消费者的认可。互联网为提供精准的品牌服务提供了平台，对消费者需求的精准定位来实现品牌定位。品牌定位可以用品牌为谁服务、怎么相信品牌、品牌提供什么利益、品牌竞争对象是谁来总结。

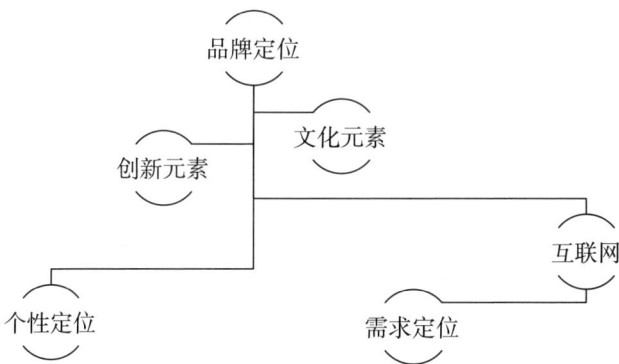

图 7-3　品牌定位结构

品牌管理

管理解决降低成本和提高效率两个问题。品牌管理既是一门科学，也是一门艺术，更是一门实践，做好品牌管理是企业的重要使命。品牌管理是企业根据品牌所处环境的变化对品牌的市场定位、发展方向等进行灵活调整的过程。企业最大的风险是忽视对消费者和竞争对手的关注，发挥优势，才能基业长青。"知己知彼，百战不殆。"品牌管理的核心工作就是观察行业的趋势，以及竞品的动向。品牌的核心价值是实现产品差异化的利器，通过对品牌核心价值的提炼，找准品牌的市场定位，讲好品牌故事，赋予品牌丰富底蕴，让品牌抢占消费者的心智，进而达到培育品牌的目的。

培育世界一流企业，要有一流的战略、一流的决策、一流的管理、核心竞争力、世界知名品牌。品牌管理包括品牌质量管理、人才管理以及品牌保护。品牌质量管理围绕产品品质，通过持续改善提升产品质量，持续的产品创新、管理创新、人才战略是支撑一个优秀品牌的基础。人才管理应顺应地区发展，通过"移小树"模式培育工匠型人才，通过"移大树"模式使用创新型人才。通过法律途径实施品牌保护，维护合法权益。品牌长期不变，消费者容易产生审美疲劳。品牌更新可以使品牌保持活力，激活品牌形象，扩大市场占有率。坚守产品品质、主动拥抱市场趋势，通过动态调整策略，以及广告的合理安排持续占领消费者心智，能够让品牌永葆生机。

品牌管理核心内容如图7-4所示。

品牌营销

企业赢得消费者信任、创造利润，都必须通过营销来实现。品牌通过认知、体验、信任、感受等营销策略，与消费者建立联系。品牌营销是创造品牌价值、提升用户对品牌的认知、情感，形成消费者对产品认知的过程。品牌营销为消费者提供优质产品和服务，并以此建立长期的可营利的顾客关系。现代市场是需求决定产品，而不是产品决定需求，营销人员要善于为公司的产品创造需求。海底捞被消费者认为"花便宜的钱买星级的服务"，用优质的服务换来了良好的口碑和忠实的消费者。简明扼要地阐述主要目标和方向，对当前营销环境、潜在机会和威胁的详细SWOT（优势、弱点、机会和威胁）分析，并采取营销策略。

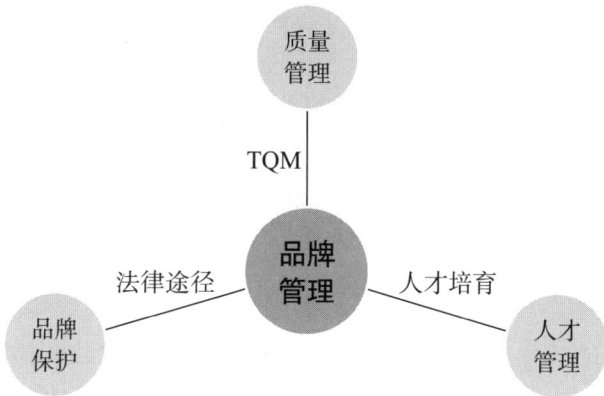

图 7-4 品牌管理核心内容

在企业利润逐渐"薄如蝉翼"的背景下，许多企业开始从制造型向营销型转变，十分重视终端渠道。终端渠道是品牌的展示平台，消费者品牌体验的重要场所。目前，跨界营销已成为品牌营销的重点，但如何联名跨界、选择跨界对象、跨界形式以及获取品牌优势还是一个待解决的难题。营销渠道差异化是一种与消费者建立新型联系以获得更多商机的方式，让消费者买得放心、用得安心，不仅会给企业带来经济效益，还能为消费者带来更多的便利。"到什么山唱什么歌",品牌也应该如此。采用什么样的营销方式,要视品牌而定。二锅头、江小白等大众化的品牌,要营造一种与消费者之间零距离的关系;茅台、五粮液等高端品牌,则需要同大众消费者保持适当的距离。品牌营销可以让品牌锦上添花,但是产品质量是品牌的基石,企业必须以质量为本,不能舍本逐末。

品牌营销核心框架如图 7-5 所示。

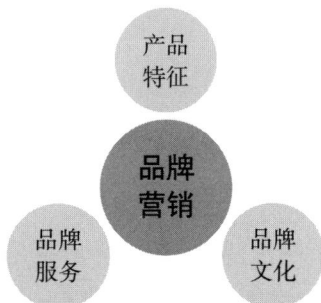

图 7-5　品牌营销核心框架

品牌传播

品牌价值传递是品牌赋能的重要环节,通过有效的传播方式将品牌的价值和理念传递给消费者。"名不正,则言不顺,言不顺,则事不成。"品牌名称中加入对产品描述的信息,是一种阐明品牌所属品类的好方法,如阿里把"淘宝商城"更名为"天猫",滴滴公司将"滴滴打车"更名为"滴滴出行"。品牌传播站位要高,精准定位品牌,引起消费者的情感共鸣;通过精准的广告投放,迅速占领目标消费者;通过塑造企业形象,在社交媒体和主流媒体上高效传播,提升企业形象。广告要坚持正确的舆论导向,社会主义核心价值观,不能哗众取宠。某房地产广告"你有二房吗",某方便面广告"只等你来泡",这些广告对社会产生不良的影响，要坚决抵制。

"好风凭借力，送我上青云。"事件营销是品牌传播的好方式，将社会热点与品牌营销关联，借力发力。品牌采用讲故事的营销策略，讲历史，尤其是与皇室、名人、贵族挂钩；强调差异化，即高科技、稀缺和独有，用名人为品牌背书。讲好品牌故事，是品牌培育的重要的载体和手段。在数字时代，信息能够以"病毒扩散"的效果传播，微小的疏漏都会对品牌声誉造成严重损害。早讲事实，重讲态度，慎讲原因。不道听途说，不先入为主。有效的舆情危机管控和正确的处置态度，可以帮助品牌重塑形象。

品牌延伸

品牌延伸是指企业利用现有品牌资产扩展到新产品、服务线或市场类别，品牌延伸是品牌跨产品发展的有效方式。利用现有的成功品牌以较低的品牌培育成本进入其他类别产品，这也是企业推出新产品的主要手段。如果新品牌与现有品牌结合使用，这种品牌延伸就是子品牌，现有品牌为母品牌。品牌延伸分为产品线延伸和品类延伸。品牌延伸只能延伸到匹配的领域、可增值的领域以及用于增强其资产新关联的领域，品牌延伸到新领域，其品牌资产也随之增加。由于喜爱母品牌，进而喜欢子品牌，是很明显的"爱屋及乌"现象。

品牌延伸可以节省新品牌推出的费用，将已有品牌的影响力扩展到新产品上，加快新产品的定位，减少新产品的风险。通过上述品牌培育途径，树立品牌的良好形象，比重新建立品牌，进行产品推广更加快捷。品牌培育若不够强大，品牌没有延伸的资本，不当的品牌延伸会"砸"牌子。如果新产品无助于品牌情感诉求内容的丰富，品牌延伸就会产生危机。

品牌赋能是一个系统性工程，涉及品牌定位、品牌管理、品牌形象、品牌营销、品牌传播以及品牌延伸等多个方面。通过持续创新和优化，品牌可以提升市场竞争力和用户忠诚度，实现品牌新赋能，促进企业长期发展。

"浩渺行无极，扬帆但信风。"全球化时代，培育品牌形象、运用品牌效应、提升品牌价值将是最有价值的投资。中国品牌发展理念与时俱进，"三个转变"进入新时代，品牌发展氛围日益浓厚。"水能载舟，亦能覆舟。"对品牌来说，公众好比是水，品牌好比是水上航行的小舟，要努力处理好公众关系。在公众面前树立良好的品牌形象，就必须做好公共关系和宣传。"成也媒体，败也媒体"，品牌公关部与媒体建立良好的关系，用正面的形象展示品牌信息。"千里之行，始于足下。"未来属于把品牌做到全球的企业，加强品牌培育，塑造品牌形象，实现品牌赋能，努力提高中国品牌知名度和影响力，助推我国早日迈入品牌经济新时代。

走进新时代，许多品牌正在寻找能够突破传统认知和模式的全新路径，以适应全球化与数字化的双重挑战。波司登，作为一个传统的中国服装品牌，凭借其创新的战略布局和全球视野，成功地走出了"从本土走向世界"的发展新篇章。波司登的品牌创新与战略部署，充分体现了新时代品牌定位和品牌建设的关键路径。

◎◎ 品牌案例 7-2：波司登引领世界新潮流

近年来，"品牌出海"作为中国企业寻求高质量发展和新增长点的战略机遇已逐步成为共识，越来越多拥有世界先进水平的中国品牌借势出海。

波司登专注羽绒服领域长达 47 年，致力于推动羽绒服从单一保暖功能向科技化、时尚化、绿色化变革，为国内外消费者提供更专业、更时尚的羽绒服产品。波司登羽绒服连续 28 年在中国市场销量遥遥领先，畅销美国、法国、意大利等 72 个国家，成为中国服装迈向全球纺织价值链中高端的标志性品牌。

在品牌定位方面，波司登展现出了精准的市场洞察力与差异化布局。旗下波司登、雪中飞、康博、冰洁等四大品牌，几乎覆盖了高中低端各个阶层的消费者。波司登品牌定位中高档，目标锁定消费力较强及追求潮流时尚设计的人士。雪中飞则聚焦富有活力的年轻顾客群体，设计出风格多样、色彩鲜艳且充满青春气息的羽绒服。在公司整体羽绒服销售额中，波司登占比一直保持在 60% 左右，雪中飞品牌约20%，康博和冰洁两者之和虽不足 10%，但各品牌相互协作，共同构建起了波司登庞大而全面的市场版图。

波司登在品牌建设过程中，坚持长期主义和价值创造。一方面，持续加大在研发与设计上的投入，不断探索羽绒服的新材料、新工艺，提升产品的科技含量与时尚感，始终走在行业科技前沿。另一方面，积极拓展国内外市场，通过参加国际时尚展会、在全球知名商圈开设专卖店等方式，提升品牌的国际影响力与知名度。同时，波司登善于借助多种渠道讲述品牌故事。通过社交媒体平台与消费者互动，分享品牌历史、设计理念与时尚穿搭，增强消费者对品牌的认同感与归属感。通过积极参与环保公益行动、扶贫助农项目等公益活动，塑造了良好的企业社会形象，进一步提升品牌美誉度。

2023 年度《世界品牌 500 强》排行榜中，波司登品牌位列第 462位，成为我国服饰领域唯一入选品牌。这一荣誉不仅是对波司登过去品牌建设成果的肯定，更是其迈向世界一流企业和全球领先品牌新征程的有力见证。

波司登品牌创始人表示，品牌是企业发展的最高领导力，品牌自信是最大的文化自信。波司登将坚持长期主义和价值创造，打造世界一流企业和全球领先品牌，书写"世界羽绒服、中国波司登、引领新潮流"的崭新篇章。

（2023 年 12 月 21 日）

第八章　为品牌保驾护航

　　岁月流逝，顾客更迭，而品牌永恒，所以要维护好品牌。对品牌形象进行定期维护和升级，以确保品牌的活力和吸引力。品牌维护，要绵绵用力，久久为功。没有对品牌切实可行的维护，就没有品牌永久、旺盛的生命力。许多兴旺发达的企业因盲目扩大生产规模，忽视维护品牌形象，往日灿若北斗的名牌产品成了无人问津的明日黄花，让人痛彻心扉。

　　品牌危机管理考验的不仅是公关力，还有领导力。危机预警是第一步，也是关键所在。危机公关应遵循速度快、态度诚恳、抓住要害的原则。危机修复担负消除遗留问题和影响的重任，主动作为、顺势引导能有效地修复企业形象，甚至化危机为商机。目前，微信、新闻网站、微博三者的报道量占比接近总报道量的90%。互联网时代对企业的品牌危机管理提出了更高要求。"水能载舟，亦能覆舟。"对品牌来说，公众好比是水，品牌好比是水上航行的小舟，要努力做好各方面的公众关系。"成也媒体，败也媒体"，品牌必须与媒体建立良好的关系，用良好的形象展示品牌信息。

"通俗地讲，说出来别人就知道的，叫品牌；不用说别人就已经知道的，叫名牌。不要一提起品牌，就觉得企业历史悠久、规模巨大，实际上小企业、新企业一样也有品牌。"著名经济学家厉以宁说。品牌能为企业带来显著的效益。品牌是品质保障、溢价能力、与消费者的情感共鸣，它降低了与消费者沟通和交易的成本，提升了价值感知和期待。品牌从同质化走向差异化，从价格战走向价值战，从制造驱动、渠道驱动到品牌驱动，不断助推自身崛起。渠道是销路，水是产品或服务，水本身可以开渠道，做好产品和服务才能"水到渠成"。

大力弘扬企业家精神，在"观大局、察大势"中进一步坚定信心，在"提品质、树品牌"中进一步增强企业实力。对今天的企业家来说，融入国家发展、办好一流企业，承担自己该承担的责任，就是爱国的最好方式，也是经营好企业的最好方式。企业家要有眼光、有胆有识、有组织能力；要站得高、看得远、想得深、做得实；要爱才、惜才、用才、聚才。企业家必须了解科技的走向、市场的变化、营销的潜力和品牌的作用。"一滴水可以折射出一个太阳"，企业家的一言一行都代表着企业的形象，千万不能随便。

一、强化品牌意识　维护品牌权益

品牌建设就是通过科学的品牌传播和品牌管理，不断地为品牌的利益相关方塑造品牌认知，积累品牌资产，与消费者建立信任，降低交易成本，使产品产生溢价和品牌升值。品牌，一面是市场，另一面则是资金、技术、服务、企业文化、员工素质等综合体，是消费者对企业认知的总和。品牌影响力是指品牌开拓市场、占领市场、获得利润的能力。企业建设品牌的过程，实质上就是提升质量、改善服务、加快技术创新的过程。中国品牌在顶层设计、品牌战略、传播策略等方面存在一定差距，通过建设品牌管理体系、创新传播策略、培育专业人才，以品牌定位为发展目标，以消费者为中心，增强品牌意识，做大做强中国品牌。

品牌维护的核心是对品牌知识产权的保护，巩固和提高品牌的竞争力和市场影响，延长其市场寿命，维持品牌与消费者的长期良好联系，使品牌资产不断增值。由于历史原因，国内有上海、南京、昆明等众多使用"冠生园"品牌的企业，这些企业没有足够的商标保护意识。2001 年，南京冠生园"陈馅月饼"事件，给同样以"冠生园"为商号的企业致命一击，应吸取深刻的教训。受害最深的上海冠生园则将《中国商报》诉至法院，因为该报报道中只写了冠生园月饼有"陈馅问题"，而未注明系南京冠生园。事件发生之初，上海冠生园忽视了与媒体、消费者的沟通，也将自身推向了媒体的对立面，结果导致旗下各个门类食品销售量都有不同程度的下降。

品牌创新

品牌有两个功能：一个是创新，创造差异化的产品和服务；另一个是通过市场营销，成为消费者首选。创新是引领发展的第一动力。中国品牌坚持不懈推进创新，在市场竞争中赢得先机。品牌的成功取决于用户的美誉度和忠诚度。管理学中有个著名的"二八法则"，即一个企业 80% 的业绩来自 20% 的老顾客。商家和消费者的关系，正在从"买卖关系"升级为"服务关系"，在未来，品牌比拼的是深度服务能力。海尔为了维护自己的品牌，不断推出新品以更好地满足消费者需求。售后服务是品牌产生溢价的一个重要环节，海尔的产品最初不是一流的，但是售后服务很好，获得了消费者的认可，得以成为世界知名品牌。

耐克的核心价值"just do it"，简洁明快，散发出青春活力。logo 作为品牌文化最具冲击力的视觉元素，其重要性不言而喻。李宁的 logo 动感性很强，一直是国内多项体育赛事的赞助商，为国争光的时刻也伴随着李宁品牌文化的构建。从耐克和李宁对品牌的定位、经营、发展可以看到，品牌作为企业的无形资产，要加强企业文化的构建，同时将其文化内涵赋予到品牌之上。由于历史原因，中国的消费品多半以 OEM 或者贴牌的形式进行生产，不注重品牌建设和维护。据统计，2018 年中国服装市场中前五大品牌市场占有率仅为 6.9%，而日本、美国分别为 25.7%、15.8%。 2018 年，我国服装市场前十大品牌中，阿迪达斯、耐克等五家均为国外品牌。

品牌营销

近年来，消费者对国货的认可度不断提升，我们要以优质的产品为基础，围绕产品质量、品牌文化，打造消费者信赖的品牌。互联网时代，营销的核心已经变成了打造品牌，只有成为强势品牌，才能够获得更多消费者的认可。品牌意味着信用，是生产者和消费者共同的追求，是供给侧和需求侧升级的方向。强有力的商标拥有高知名度，获得相同的销售额只需投入较少的营销费用。品牌的 logo、色彩和声音，是品牌符号的一部分。品牌建设其实就是要建立一个完整的品牌符号系统，包括产品的外观、名称、包装、商标、广告和代言人等。品牌深入人心，品牌力才能提升流量的转化率，带来产品的溢价能力。

整合营销沟通的最终目标是使传播的效果最大化，品牌互动性越高，品牌形象就会越好，消费者对品牌的忠诚度就会越高。营销大师科特勒认为，营销沟通组合主要由广告、促销、节事与体验、公共关系和宣传、直复营销、互动营销、口头营销和个人推销八种模式组成。消费者每一次满意的体验，都能够强化品牌形象。从营销的角度可以将品牌发展分为四个阶段：交易营销、关系营销、价值营销和价值观营销。交易营销以产品为中心，以4P营销组合为手段，即产品（Product）、价格（Price）、销售渠道（Place）和促销（Promotion）进行决策。价值营销是从消费者视角对价值进行识别，了解消费者的价值追求和偏好，在产品质量、产品功能、品牌形象等方面进行创新，通过向消费者提供最有价值的产品与服务，创造出新的竞争优势。为了消费者能放心选购，有的企业开办品牌体验店、专卖店、直营店、加盟店，以此来满足消费者的需求。

价值和交换是营销的核心概念。品牌价值是指品牌在消费者心目中的综合形象，是产品的附加价值。体育IP帮助品牌实现知名度提升、情感打造，最终实现销售转化，通过体育赞助、事件营销、联名产品等不同深度的合作方式为品牌赋能。吸引人持续关注是事件营销重要的环节之一。事件营销有时是一把双刃剑：策划得好，可以让品牌声名鹊起；策划不当，也可以让品牌声名狼藉。让品牌在事件营销中实现利益最大化，是企业和品牌必须具备的基本知识。公益营销传播意识要强，主动宣传，雁过留声，能够提高品牌形象，拉近与消费者之间的距离，弘扬正能量。品牌部在企业内部只是一个职能部门，企业有必要在决策层建立一个横跨企业内部各部门的沟通机制，协调各个职能部门共同做好品牌。企业要注重传播底线，企业数十年积累下的品牌资产，可能因为说错一句话而毁于一旦。

品牌授权

品牌授权成为一种常见的企业经营模式，市场上有大量品牌授权商品。早在 1991 年，恒源祥就探索联合体模式，上游向厂家授权，下游向经销商授权，恒源祥不生产产品，只运营品牌。位于无锡藕塘的绒线厂最先拿到恒源祥的授权，它生产的绒线使用恒源祥的标志，利润分给恒源祥一半。到 2007 年，恒源祥已经发展了近百家上游工厂和两万多个下游经销网点。恒源祥当年营业额为 3 亿元，其中收取的商标使用费就 2.66 亿元。恒源祥通过品牌授权的方式与加盟商共享利益，及时总结经验，从而推动品牌及企业健康发展。

海澜之家上市之初就采用了"男人的衣柜"的品牌口号和"一年逛两次海澜之家"的广告语，并邀请年轻的影视明星担任代言人。周大福 1998 年进入内地市场后，只用了两年时间，就开了 100 家店，收获了一大笔加盟费和品牌授权费。然而，一些连锁企业忽略了产品打造、供应链管理和门店运营等基础工作，对加盟店的管理也相对松散。而加盟商则想着尽快收回成本，违规、违法操作，导致消费者受到伤害，品牌形象也受损。加盟店屡屡暴雷，时刻在提醒品牌方加强对加盟店的管理。专家认为，若品牌方在授权资质鉴定、质量监督等环节存在漏洞，导致产品出现质量问题，应当承担相应责任。

品牌之争

品牌是标识、产品等各种相关要素综合而成的整合体，以商标注册为其权益的法律依据。品牌能形成较好的竞争壁垒，一旦得到消费者认可即产生心理溢价与群体效应。在中国红牛成立 25 周年之际，红牛发布消息称，2020 年销售额高达 228.15 亿元，同比增长约 5 亿元。早在 1995 年，华彬集团创始人严斌与泰国天丝集团合资成立了红牛维他命饮料公司，即中国红牛。天丝集团与中国红牛签订了多份商标许可使用合同，授权合资公司使用"红牛"商标。1996 年至 2016 年，华彬集团为"中国红牛"投入巨额广告费，推广"困了累了喝红牛"。2018年，合资公司工商登记到期，泰方提起强制清算。因利益而反目的商标纠纷让业内人士担忧，其所引发的恶性竞争将对整个行业产生损害。

品牌是企业最重要的资产，而商标则是品牌最基本的载体。没有取得商标就打造品牌风险极高。与商标相比，中国红牛20多年积累的生产能力与渠道关系才是真本事。近年来品牌之争不断，王老吉与加多宝纠纷、南北稻香村的争议等。泰国天丝与华彬集团的纠纷给"红牛"这一品牌的发展带来了负面影响。双方合作共同获益，是更好的选择。企业经营是一个整体，只有管理、创新、市场和品牌战略齐头并进，才能在竞争中立于不败之地。2008年，加多宝超过可口可乐、百事可乐和红牛，成为中国饮料第一品牌，并向汶川捐赠1亿元。此后，加多宝和王老吉因商标问题进行长达五年的争夺，纠纷使双方错过了中国饮料市场的发展黄金期。

王老吉与加多宝之争也证明了，品牌是企业最重要的资产，"为他人作嫁衣裳"得不偿失。品牌资产的积累是长期的，企业经营得越好，品牌的风险越高，一旦出现问题，便后患无穷，哑巴吃黄连，有苦难言。商标的重要性不言而喻，皮之不存，毛将焉附。没有商标，品牌就无以附着。中国商标法的"注册在先"原则，导致不法分子恶意抢注，让许多企业受损。近年来，一些不法分子将知名企业有一定影响的商标、字号以及其他商业标识等恶意注册、攀附使用，造成市场混淆，侵害了企业和消费者的合法权益。企业必须及时采取商标保护措施，趁早注册商标，扩大经营范围，以免影响未来的发展。

品牌标识

商标的内涵是指商品内在的质量信誉，它包括了该商品使用的特殊技术、配方和多年的经验积累。商标品牌价值不仅局限于其货币价值，还有质量、有形资产、服务、技术创新和无形资产等要素价值。同一家企业制造的产品，贴上不同的商标，价格就差异很大，其根源在于品牌的相对独立性。品牌有了知名度，就有被仿冒的风险。打江山易，守江山难。持续的创新和毫不松懈的品牌防御、保护，品牌之树才能常青。及时申请注册联合商标、防御商标，有助于对品牌进行防御和保护，减少品牌资产被影响。"福"字人人都喜欢，有周大福、周喜福、周华福等众多品牌。打官司成本高，于是抢注商标成了企业的"防御"手段。同一家工厂代工的钻石饰品，贴上知名品牌的标签，价格浮动甚至可以达 300%。品牌知名度越高，溢价能力就越强。有了知名度，品牌的渠道自然增加。

商标是决定一个企业开拓市场广度与深度的无形资产。保护品牌商标，是企业经营管理、开拓市场的重要课题，也是各国政府立法保护知识产权、维护市场竞争秩序的重要内容。品牌不仅仅是一个 logo，而是告诉消费者品牌所代表的价值是什么。腾讯 QQ 企鹅 logo，传达了网络无处不在、沟通随心随意的含义。logo 对于品牌是一种无形资产，它背后对应的是消费者信任和品牌价值。

中国企业"走出去"必须依靠自身品牌的影响力，当越来越多的中国企业创建、培育出世界一流品牌，并以鲜明的形象畅销全球，就担当起向外传递大国形象的重任。品牌建设工作是一项系统工程，需要政府和企业的通力合作，创造良好的品牌成长环境。要抓好品牌保护，坚持创牌与保牌并举。品牌是消费者可以信赖的同一类产品的高质量代表，享有知识产权，通过商标注册可以保护品牌。我国已是知识产权数量大国，在专利申请量、商标注册量等方面，连续多年保持世界第一，但在专利、商标等方面的保护，仍存在明显短板。据统计，中国品牌在海外申请注册商标中约有 15% 出现被抢注的现象，及时申请国际商标，有助于对品牌进行防御和保护，减少品牌资产损失。

据报道，2023 年 12 月，泰国法庭判决中国瑞幸咖啡败诉"泰国瑞幸"。据悉，"泰国瑞幸"商标是由泰国皇家 50R 集团注册，后者对瑞幸 logo 的字体、颜色以及标志进行了全方位"模仿"。12 月 20 日下午，瑞幸咖啡回应：关于被泰国假瑞幸索赔 100 亿泰铢问题，情况还有待核实。越来越多的中国品牌开启国际化战略，商标是有地域性的，企业在从事国际贸易和投资合作过程中要提高商标保护意识，建立全球商标布局体系，保护品牌知识产权。恶意抢注商标严重破坏了市场秩序和商业道德，不仅损害竞争品牌利益，也损害了消费者利益。有关专家指出，各国对商标保护的力度不同，商标抢注在东南亚市场比较普遍，瑞幸在维权方面将面临挑战。瑞幸打假失利给中国企业敲响警钟，此次事件也为中国品牌海外布局提供经验教训。

在现代品牌管理中，除了注重品牌建设和传播，品牌的法律保护和维护同样至关重要。品牌不仅是企业的无形资产，也是其市场竞争力的重要组成部分。随着品牌竞争日益激烈，如何有效防范品牌侵权、保护品牌权益，已经成为企业面临的一个重大课题。下述案例便充分说明了品牌的合法权益不容侵犯，同时展现了依法维权在品牌权益保护中的重要性。

◉ **品牌案例 8-1："百度烤肉"判赔百度公司 350 万元**

商标是品牌的重要组成部分，用来区分企业的产品与竞争对手的产品的标识，通常由文字、图形、符号、颜色或声音等形式构成。中国商标法的"注册在先"原则，导致不法分子恶意抢注，使许多企业受损。

近年来，一些不法分子将知名企业有一定影响的商标、字号以及其他商业标识等恶意注册、攀附使用，造成市场混淆，侵害了企业和消费者的合法权益。企业必须及时采取商标保护措施，趁早注册商标，扩大经营范围，以免影响未来的发展，要进一步提高知识产权保护意识，实现知识产权价值最大化，打造有差异化的产品和服务。

商标作为区分商品来源的标志，一直是商家用以吸引消费者和积累商誉的利器。但现实中，也有不良商家为了"傍名牌"，蹭热度，吸引眼球，方便为产品引流，误导消费者以为是大厂的延伸产品。

成立于2000年的百度公司，是全球最大的中文搜索引擎及中文网站。"百度"二字来自南宋词人辛弃疾的词句"众里寻他千百度"。百度在2000年就将其注册了商标，成为中国网民首选的搜索引擎。

"百度烤肉"是北京京百度餐饮管理有限公司旗下品牌，成立于2012年。后来因业务发展需求，又分别创立了4家分公司，这5家公司在经营的店铺名称、装潢、广告宣传、美团App以及微信公众号等地方使用大量"百度""百度烤肉""百度食糖"等标识去进行宣传。早在2013年，百度公司发起诉讼"百度烤肉"、深圳亿百度公司等被告侵害商标权，共计索赔1100余万元，直到2019年11月此案最终二审宣判，认定各被告侵害百度商标权，共计判赔350万元。

储正智库专家陈鸿律师认为，"百度"属于百度在线网络技术（北京）有限公司持有的驰名商标，根据《最高人民法院关于审理涉及驰名商标保护的民事纠纷案件应用法律若干问题的解释》第九条第二款规定，"足以使相关公众认为被诉商标与驰名商标具有相当程度的联系，而减弱驰名商标的显著性"和"不正当利用驰名商标的市场声誉"的情形都属于侵权行为，深圳亿百度公司应该承担法律责任。本案中"百度烤肉"利用"百度"品牌的影响力，让广大消费者误以为"百度烤肉"与"百度"之间有关系，从而搭顺风车获取不当利益，深圳亿百度等公司向百度在线赔偿经济损失已经成为必然结果。

（2023 年 10 月 8 日）

二、互联网时代品牌危机管理

品牌危机管理考验的不是公关力，而是领导力。危机预警是第一步，也是十分关键的一步。危机公关应遵循速度快、态度诚恳、抓住要害的原则。危机修复担负消除遗留问题和影响的重任，主动作为、顺势引导能有效地修复企业形象，甚至化危机为商机。

危机预警：未雨绸缪

危机预警需要对可能引发危机的现象或事件进行分析，建立危机自我诊断制度，找出薄弱环节，从根本上减少乃至消除发生危机的诱因。企业应建立定期的薄弱环节分析检查机制。有时，顾客的抱怨可能就是危机的前兆。

设置危机管理机构，制定品牌危机应对方案。一旦危机发生，需要及时遏止，减少危害，并对员工进行危机管理培训和演习。面对危机，企业需从战略高度进行预判。精准的预判则来源于对信息的全面掌握和研究能力：随时收集公众对产品的反馈信息，及时掌握行业信息；认真研究竞争对手的现状；鉴别、分类和分析监测到的关键信息，对其中潜在的危机类型及其危害程度作出预测，及时发出危机警报，将危机消灭在萌芽状态。

加强日常舆情监测是企业及时发现负面信息的有力抓手，是快速启动应对预案、从源头上消除舆情隐患的依据。对品牌危机进行精准预判，合理应对危机事件，是品牌管理人员最重要的素养和最需加强的本领。

危机处理：全力以赴

互联网时代，一些谣言传闻会变成全社会的风暴，一件小事情有可能演变成重大危机。品牌危机公关有三个尺度，即速度、态度、高度，具体来说，应遵循速度快、态度诚恳、抓住要害的原则。

速度快。互联网时代品牌危机来得快去得也快。"快速扑灭危机火苗、让公众迅速淡忘"是危机公关第一原则。品牌危机公关的脚步一定要跑赢舆论发酵的速度，拖延时间只会让越来越多的消费者丧失对品牌的信任。迅速认错致歉是危机舆情应对的第一步。面对危机，以"堵"为主，只能适得其反。"删帖"这种方式，第一无效，第二有巨大的法律风险。

危机引爆后，要第一时间查找信息源，确认报道是否属实，最关键的是澄清事实。面对危机，企业应尽快消除公众疑虑，借助权威媒体和公司官方微博、微信等平台通报事件真相，并保持统一口径；组织召开新闻发布会，向媒体和社会表达高度重视的态度，介绍事件经过、进展，还原事件真相；对于某些媒体刻意的不实报道，必要时用法律手段进行维权。企业管理者要尽快找出危机的原因并实施补救，获得公众的再次信任。

态度诚恳。品牌危机公关与治水一样，宜疏不宜堵。大事化小，小事化了，是品牌危机公关的通用法则。承认问题并道歉，切忌空话套话官话。新闻通稿不回避核心问题，积极引导公众情绪，逻辑清晰，绝不说假话，新闻发布会不打无准备之仗。此外，危机中任何一名员工的回应，都会被视为代表公司形象，从而影响企业品牌的整体形象。因此，涉及公众利益、社会关注度较高的危机事件，统一发声口径尤为重要，避免员工个人因不明真相而作出主观判断和发表评论。同时，加强突发公共事件中各部门、组织的信息发布管理协调，避免因信息不一致导致的混乱。

抓住要害。品牌危机舆情应对的核心是时度效，抓住舆论核心关切，在事件原因及责任追究的定性上持开放态度。客观上，品牌危机会导致用户流失、品牌贬值、公信力降低和政府执法部门介入，进而带来监管、处罚的风险。其中与政府层面的沟通尤为重要，只有配合主管部门积极整改，方能减少损失。舆情回应主要是取得公众信任，信息发布最能体现涉事单位的舆情管理能力和水平。

出现品牌危机时，不能把应对危机的全部责任推给新闻发言人。企业一把手是品牌最高负责人，只有最高负责人主动站出来应对危机，才能调动企业的全部资源共同应对危机，也会让公众看到企业的决心。例如，华为面临巨大的公关危机时，任正非接受了央视记者的采访。从1987年华为创立到现在，任正非接受媒体采访不超过10次，这是第一次接受国内电视媒体采访。

危机修复：亡羊补牢

品牌危机修复是危机应急管理的最后环节，担负着消除危机遗留问题和影响的重任。危机往往给企业造成巨大损失，因此对危机管理进行认真系统的总结十分必要。调查危机产生原因、做好相关预防处理的措施，详细地列出危机管理中存在的各种问题，并有的放矢地整改，运用一系列危机善后管理工作来挽回不良影响，重新建立公众对企业的信心，树立亲近消费者的良好形象。

品牌危机管理是一门艺术，企业应将危机管理放在显著位置。一个企业面对危机时，危机管理的娴熟程度能够显示出它的整体素质和综合实力。危和机相伴相生，可以化危为机、变压力为动力，成功的企业不仅能够妥善处理危机，而且能够化危机为商机。而危机后的处理工作正是化危机为商机的关键。

品牌危机发生后，公关道歉很有学问，一定要做到"五度"——速度一定要快，态度一定要好，角度一定要准，风度一定要雅，制度一定要严。危机公关，考验的不是公关力，而是领导力。道歉信，除了态度要诚恳，最重要的是事实。道歉信不仅是被动的回应，也有主动的出击，与产品和销售无关的事情，尽管道歉；与产品和消费者利益有关的事情，要特别谨慎。据 2017 年 8 月《法制晚报》报道，海底捞北京劲松店后厨发现了老鼠踪迹的严重问题。3 小时后，海底捞迅速作出回应，发表致歉信：锅我背、错我改。从上午的沦陷到下午的逆袭，堪称是品牌危机公关经典案例。这主要归功于道歉声明赢得了公众肯定。

品牌危机过去后，还要撰写舆情报告，总结经验，避免再犯。舆情报告是对舆情事件相关的媒体报道、社交媒体传播、网民评论做详细的梳理归纳分析，需要对舆情当事人面对的舆论环境、回应内容、回应策略等进行分析，需要有充分的数据支持，以便把握好舆情事件的核心，主要分析舆情事件起因、舆情发展趋势、属性和重点话题等。舆情报告分为"周期性"的报告和"一事一议"的专项报告，有综述、舆情趋势、观点分布、典型案例分析和研判建议等内容。

三、后疫情时代企业必须打造品牌

古往今来，人类一直面临饥饿、战争和瘟疫三大生存考验。2020

年一场突如其来的疫情使华夏大地遭受了前所未有的剧烈冲击，疫情让我们承受了巨大的痛苦。"望远能知风浪小，凌空始觉海波平。"要善于在危机中育新机、于变局中开新局。"青山一道同云雨，明月何曾是两乡。"无论是抗击疫情还是决战脱贫攻坚，中国企业、中国品牌主动担当、积极作为，充分展示了品牌形象，践行企业社会责任。受全球疫情冲击，世界经济衰退，产业链、供应链受阻。品牌是增强企业生存韧性的重要因素，巩固提升品牌价值、深化拓展品牌建设，是企业对冲逆流的重要路径。疫情之后的企业，更要打造品牌和影响力。

品牌是赢得市场的重要资源

品牌是企业竞争力的集中体现，能为品牌持有者带来长期价值。加强品牌建设，有利于激发企业创新活力、提升产品品质、增加产品附加值和树立企业形象。品牌是一种信任，向消费者、合作伙伴，传递品牌的价值所在。企业做品牌的目的是获取核心竞争力，积累无形资产；对消费者来说，选择这个品牌，是为了获得附加值、心理满足感。无论是稳就业、科技研发，还是乡村振兴，都离不开品牌的参与。企业的品牌价值提升是企业提高核心竞争力的关键因素。中国品牌应发挥大数据、云计算、人工智能等优势，助力人民生活迈入"数字化"新时代。

品牌经济是中国品牌走向世界的风向标。发展品牌经济，就是通过培育品牌，不断提升企业核心竞争力，进而增强国家经济实力。积极探索有效路径和方法加强品牌建设，促进优质品牌的出现和可持续发展。品牌的本质，首先是和消费者建立信任，降低交易成本；其次是产品溢价与品牌升值。企业要想在市场中获得生存与发展，必须把市场牢牢把握好，让消费者对品牌的质量及服务充满信任。在市场和消费需求不断迭代的今天，只有时刻关注品牌建设，才能保持品牌在市场的领先地位。品牌建设没有终点，只有不断努力向上，真正以消费者为中心，不断创造有价值的品牌，才能在成就消费者的同时成就品牌自身。

差异化定位品牌

品牌的核心是给消费者一个高的附加值、给消费者带来认同和归属感，是品牌能够提供的差异化产品、服务、理念或体验。初创公司，要做品牌规划和品牌标准，若借助其他知名品牌，可以快速提高自己品牌的知名度。华为手机生产伊始就和徕卡、保时捷合作，占据专业性、高品质，一方面是华为强大的技术积淀和品牌积累，另一方面也依靠双品牌的合作。青花郎"中国两大酱香白酒之一"是向茅台借力，蒙牛"向伊利学习"，是向伊利借力。让品牌在消费者心智中占据有利的位置，使品牌成为某个品类或某种特性的代表。当消费者产生相关需求时，便会将定位品牌作为首选。开创并主导一个品类，在顾客和潜在顾客中建立品牌认知。品牌美誉度高、忠诚度低，说明企业的服务不到位，导致客户流失；品牌美誉度、忠诚度都很高，但是知名度低，要加大品牌宣传力度，进而扩大市场。

营销大师科特勒认为，从产品到品牌，必须有差异化。品牌在运营过程中，产品优势、与竞品差异、消费者痛点应该做到一致，找准品牌自身与消费者吻合度最高的关键词，才是品牌的制胜之道。重视品牌打造，找准品牌定位，开创差异化优势、建立符合消费者喜好的品牌形象，将成为新品牌突围和老品牌焕新的关键因素。合适的品牌定位既立足于眼前，又着眼于未来，从消费者视角，反映消费者从品牌中所获得的利益，阐明了品牌的内涵、独特性、与竞品的相似性以及消费者使用该品牌的必要性。创新是品牌突破最高效的途径，品牌创新主要有品类创新、场景创新、卖点创新三个角度。小仙炖开创了鲜炖燕窝品类，产品质量好，并具有很好的差异化价值。据统计，2020年，小仙炖成为天猫"双十一"历史上首个直播间销售额破亿的食品品牌，同时收获健康、滋补、燕窝三个类目的第一名。与干燕窝相比，鲜炖燕窝解决了食材、炖煮的问题，克服了干燕窝的制作门槛。

强化品牌意识

品牌是品质保障，是溢价能力，是与消费者的情感共鸣，品牌降低了企业与消费者沟通和交易的成本，提升了消费者的价值感知和期待。品牌没有知名度，消费者的信任很难与其建立。产品是品牌的核心，产品的设计、制造、质量、销售和服务等方面必须建立强有力的、独特的品牌联想，树立正面的品牌形象，提升品牌的知名度、美誉度。品牌延伸可以增加品牌的市场覆盖率，让企业以较低的成本推出新产品。疫情结束后品牌建设要比以往更加贴近消费者，认真评估产品组合和品牌层级，保证母品牌与子品牌间的差异。茅台集团推出不同档次的品牌，服务不同层次的消费者，既获得了广大消费者的认同，扩大了企业的销售额，又保护了高端酒的品牌形象。品牌过度延伸会弱化企业形象，降低竞争力。在危机管理方面，企业品牌和产品品牌也各有分工，须确定何时采取风险切割，何时上升到企业品牌层面。

不经历风雨，怎么见彩虹？疫情对我们生活各个方面产生了巨大的冲击，对企业品牌建设的冲击亦然。从长期来看，疫情对于品牌建设的影响是通过消费者观念和行为改变体现。在未来，中国的大健康产业会暴发式增长。青岛老尹家提出国内首个"海洋牧场海参"的品类定位，彰显老尹家多年深耕海洋牧场产业链的独特价值。在渠道拓展上，老尹家联袂国内顶尖运营机构，开启线上合作，全面创建、打造线上品类品牌。老尹家的品牌焕新，不仅跳出了海参行业传统、低效的窠臼，持续释放多年耕耘的海洋牧场产业链价值，以新品提升老尹家品牌的时尚属性，拉近品牌与消费者之间的距离，进而提升品牌价值。

制订可行的营销计划

品牌建设包含市场调研、战略管理、创意设计、企业策划、新闻传播等相关领域。品牌是 logo、广告语、企业文化、产品包装的综合体。品牌广告不能马上见效，互联网时代的品牌传播要做到确定传播主题，看清用户选择的理由，决定在什么平台发布，找到传播热门话题；好的创意会使人记忆深刻，产生互动。互联网时代"去中心化"趋势显现，品牌营销从渠道为王变为内容为王。"以用户为中心"聚焦细分人群，以内容为依托开展社群营销、话题营销、现场活动等整合营销，产生协同效应。借助信息传播和口碑传播等营销策略，构建互动式营销。人靠衣装，佛靠金装。谷爱凌身上的军绿色衣服其实是波司登发布的新一代轻薄羽绒服。在"双十一"的消费者构成中，波司登线上渠道新顾客占比达到 84%。通过传统营销、新兴电商平台两手抓，越来越多的新生代消费者对波司登品牌的认知力大大提升。

不断培育品牌发展动能，着力扩大品牌消费规模，以品牌的力量推动高质量发展。品牌建设是个系统工程，要有品牌战略、创新的品牌架构、独特的品牌定位、深入人心的核心价值等。品牌的发展从推销到营销再到品牌，是一个衍生的过程。品牌价值是企业的生命力所在，真正的品牌其实就是要与消费者产生共鸣，时刻掌握消费者的心理。品牌可以提升溢价、拉动消费，降低筛选成本、为产品质量提供保证。"金子当作银子卖"是初创品牌必然要经历的过程，也是市场竞争策略。培育新的品牌，使用户形成一定程度的忠诚度、信任度，带动产品赢得市场。

践行企业社会责任

"山川异域，风月同天""岂曰无衣，与子同袍"，展现出疫情期间的守望相助、友爱与善意，寄托着"但愿人长久，千里共婵娟"的美好情怀。践行企业社会责任是企业品牌公关策略的重要一环，一家企业、一个品牌，不仅要为社会提供商品和服务，也应彰显公共价值、履行社会责任。"沧海横流，方显英雄本色。"10 多天建成的火神山、雷神山医院，离不开众多企业的保障服务。上汽通用五菱在短时间内实现跨界转产，生产了包括口罩在内的大量防疫物资，许多企业发挥了中流砥柱作用，勇担社会责任，积极复工复产，树立起良好的品牌形象。2020 年 5 月，由人民日报品牌发展研究院发起并编制的"中国企业社会责任领先指数"正式发布，腾讯、中石化、工商银行、华为等 60 家企业品牌入围。

积极践行 ESG 理念，胸怀"国之大者"，培育绿色品牌。扎实开展中国品牌创建行动，打造世界知名品牌。据《人民日报》报道，中国再生资源集团 2022 年回收处置各类再生资源超过 2000 万吨，下属供销环境公司在"两网融合"体系建设上已覆盖 70 多个城市。在山东日照市岚山区，供销环境公司在当地 77 个小区建设各类生活垃圾分类亭125 座，改造提升再生资源回收屋 9 座，居民小区覆盖率达到 100%。中国再生资源集团常务副总经理、中国再生资源回收利用协会会长徐铁城介绍，将努力建设一条"回收网络化、服务便捷化、循环产业化、运管数字化"的"两网融合"发展之路。

在后疫情时代，企业面临的挑战不仅仅是恢复生产和销售，更重要的是如何提升品牌的核心竞争力和市场影响力。企业不仅要抓住机遇进行技术创新和服务创新，还应通过履行社会责任，增强与消费者的信任连接。下述案例展示了企业如何在自身领域内通过将业务创新和社会责任行动的有机融合，有效改善品牌形象和增强品牌竞争力。

◉◉ 品牌案例 8-2：民生银行高效创新做好金融保障服务

履行企业社会责任是企业品牌公关策略的重要一环，一家企业、一个品牌，不仅要为社会提供商品和服务，也应彰显公共价值、履行社会责任。

"为民而生，与民共生"，既是民生银行理念使命，更是民生银行践行社会责任，真诚服务社会的经营之道，行动所向。自新型冠状病毒感染的肺炎疫情发生以来，中国民生银行各级机构在总行党委的领导下，深入贯彻落实党中央、国务院最新指示精神，全面部署，迅速响应，把员工生命安全和身体健康放在第一位，把疫情防控工作和金融服务保障作为当前最重要的工作来抓，采取有力措施，确保救援资金第一时间到位、保障人员第一时间到岗、全力以赴应对突发疫情，为打好疫情防控战役贡献一份民生力量。

首批捐赠资金 5000 万元

1 月 26 日，在国家卫健委、湖北省和武汉市相关部门指导下，民生银行首批捐款 5000 万元已由中国扶贫基金会协助执行。该笔捐款主要为武汉及其他疫情较重地区的医院配置口罩、护目镜、防护服、试剂盒等医用物资及其他相关援助。为保证抗击疫情资金及各类捐赠款项资金及时拨付到位，民生银行安排了专人负责监控全行资金汇划通道，及时处理各类捐赠款项资金。通过该行柜面、个人网银、个人手机银行转账交易以及企业网银的专项捐款通道发起的向武汉地区的捐款，一概免收手续费。此外，民生银行还要求各级机构在第一时间掌握抗疫相关企业、机构融资需求的基础上，提前备好存量客户提款手续，确保"当天申请、当天放款"，专项贷款额度确保完全满足，且该类专项贷款一律按最低利率发放。

加大综合金融服务力度

针对目前医疗用品、医疗机构以及其他抗疫物资生产、流通企业的多样化金融需求，民生银行要求各机构第一时间对接企业，全力提供综合金融服务支持，包括原材料采购、资金结算归集、增加贷款规模等。位于绍兴的振德集团是浙江省的一家医疗行业上市公司，目前正开足马力加大口罩生产。振德集团在民生银行有 1.5 亿元授信总额，疫情暴发后，民生银行杭州分行安排员工上门服务，及时为企业解决生产、流通中的各种资金需求。

民生银行要求各级机构，合理安排营业网点及营业时间，做好轮班值守，保障基本金融服务和关键基础设施稳定运行。同时，营业网点切实加强清洁消毒和基础防护工作，做好营业网点医用口罩、洗手液、消毒液、体温测试仪等疫情防护的物资保障，为人民群众提供安全、放心的自助服务环境。疫情无情，民生有爱。民生银行将提供高效创新的金融服务，积极支持疫情的联防联控工作，齐心协力，众志成城，坚决打赢这场疫情防控阻击战。

（2020 年 2 月 7 日）

◎◎ 品牌案例 8-3：隆基股份积极开展光伏扶贫

我国经济已经由高速增长阶段转入高质量发展阶段，就需要创建出更多的中国品牌，并提升品牌在国际市场上的知名度和占有率，这是衡量我国经济高质量发展的标志性指标之一，也是我国品牌战略的重大意义所在。

作为全球市值第一的光伏企业，隆基绿能科技股份有限公司致力于成为全球最具价值的太阳能科技公司，以"善用太阳光芒，创造绿能世界"为使命，秉承"稳健可靠、科技引领"的品牌定位，聚焦科技创新，构建单晶硅片、电池组件、工商业分布式解决方案、绿色能源解决方案、氢能装备五大业务板块。

目前，陕西省咸阳市永寿县南屋村一期 100 千瓦光伏电站实现日发电量 320 千瓦时，同时满足全村 80 多户村民一天的用电需求。据介绍，南屋村光伏电站由隆基绿能科技股份有限公司支持建设，全站采用高效单晶组件产品，在日照充足的条件下，日发电量超过 500 千瓦时。2018 年，永寿县拟在 87 个贫困村建设 62 个光伏电站，帮扶贫困户 2289 户。

"造血式"扶贫走出新路

截至 2017 年底，隆基清洁能源已建成多个扶贫项目，其中之一是 2016 年海南省唯一批复的光伏扶贫项目——白沙隆基 20 兆瓦生态农业光伏发电扶贫项目。据了解，该工程总投资约 1.5 亿元，项目建成并网后每年从电站发电收益中提取 240 万元，扶持 800 户贫困户，每个贫困户每年获得 3000 元扶贫资金，持续获益 20 年。

在陕西省延川县，由隆基股份打造的集光伏发电、农业种植、旅游观光于一体的绿色生态走廊正在加快建设。该项目将生态农业与光伏发电有机结合，农业方面规划种植枣树、油用牡丹和药材等，实现了"高层发电、低层耕种"双层农光互补，将惠及全县 600 户贫困户。

隆基股份还为宁夏固原市具备安装条件的村卫生室建设光伏供暖

工程，每年 544 个村卫生室冬季采暖电费均由隆基清洁能源负担。

"光伏 +"产业增收富民

光伏发电清洁环保，技术可靠，收益稳定，既适合建设户用和村级小电站，也适合建设较大规模的集中式电站，还可以结合农业、林业等开展多种"光伏 +"应用项目。广西蒙山县高堆村"渔光互补"村级光伏扶贫发电项目就是"光伏 +"项目中的典型。在隆基高效光伏组件产品的支持下，将渔业养殖和光伏发电相结合，通过在水面设立太阳能电池板，水面下规划养殖鱼虾，形成养殖和发电并行的模式。同时，建设光伏电站所需光伏支架选用带太阳追踪系统的转动支架，以保证光伏电站的高效运行和提高贫困村的收益，项目覆盖全县 6 个贫困村，建成后能为每个贫困村每年增收 5 万元以上。

"十三五"期间，隆基股份将以《可再生能源发展"十三五"规划》为依据，积极响应党中央号召，致力于帮助更多地区百姓脱贫，并以促进光伏电价"平价上网"为己任，帮助更多人享受太阳能清洁能源。隆基股份积极践行 ESG 理念，胸怀国之大者，培育绿色品牌；扎实开展中国品牌创建行动，打造世界知名品牌。隆基股份董事长钟宝申表示："开展光伏扶贫，既符合精准扶贫战略，又符合清洁低碳能源发展战略；既有利于扩大光伏发电市场，又有利于促进贫困人口增收。道阻且长，我们将继续推动光伏制造业高端化、智能化、绿色化发展，推动行业高质量发展。"

（2018 年 3 月 19 日）

四、弘扬企业家精神

2017 年 4 月，中央全面深化改革领导小组发出《关于进一步激发和保护企业家精神的意见》，这是首次以中央文件的形式，"肯定"企业家的地位和作用，并从系统角度，就如何营造更好环境、促进公平竞争、鼓励和发挥企业家作用作出制度性安排。青岛市人民政府宣布，自 2021 年起，将每年的 11 月 1 日设立为"青岛企业家日"，更加彰显大力弘扬企业家精神，鼓励企业家干事创业的决心。企业家精神是专注于将一件事做到极致，其核心特质是敢于冒险、善于创新。企业家的一项重要责任就是引领创新，实现高质量发展，满足人民对美好生活的向往。良好的企业家形象会提升品牌形象，降低企业成本，产生溢价效应，使品牌资产升值。

近年来，企业家的使命感、创新能力、综合素质、社会责任意识不断增强，战略决策能力显著提升。企业家着眼于未来，如同站在船头辨别航道的"船长"，具备思考问题的全局观、系统观、前瞻性。企业家是社会主义核心价值观的优秀践行者，首先是爱国、敬业，办好一流企业，创立知名品牌；其次是开拓创新，有勇气、有担当、有冒险精神；再次是诚信、友爱，没有诚信寸步难行，只有真诚回报社会、切实履行企业社会责任的企业家，才能得到社会认可；最后是具有国际视野，提高统筹利用国际国内两个市场、两种资源的能力。

按照张维迎教授的说法，企业家精神里有两个关键因素，一是你能驱动别人为你做事，二是你能把别人的事当成自己的事。在产品过剩的时代，消费者的心智是有限的，只有创建、培育品牌，建立品牌的护城河，才能获得消费者的青睐。

品牌经济由产品品牌、企业品牌、企业家品牌三个层次构成。产品品牌是企业实现销售收入的基础，企业品牌助力产品开拓市场，企业家打造个人 IP 为企业带来巨大的关注度。企业家的创业故事和个人品牌助力企业降低风险，获得社会的关注和支持。企业家的个人形象和精神状态在某种程度上成为企业形象的一部分，并融入企业品牌中，是企业的无形资产，这就是企业家品牌。企业家品牌是个人与企业的结合体，它是个人品牌在企业经营范围内的应用，又是企业品牌在个人身上的体现。企业品牌和企业家品牌两者相互促进、相得益彰。

企业家首先要办好一流企业

"不谋万世者，不足以谋一时。"企业家要经营好企业，把企业做大、做强、做长，为中华民族伟大复兴做贡献。"企业无国界，企业家有祖国。"企业家融入国家发展、办好一流企业是基础，承担责任是精神和价值追求。企业家不断提升自己，推动企业发挥更大作用实现更大发展。企业家作为管理者需要对事和对人两方面的知识。管理是正确地做事，解决的是效率的问题；经营是做正确的事，解决的是效益的问题。企业经营的目的是生存、发展、盈利，同时，努力创造顾客，履行社会责任。管理必须有效，从取得的结果去判断。中国式的管理主张柔性管理，处无为之事，行不言之教。海航、恒大、乐视等一大批知名企业深陷危机，盲目追求规模与增长，依赖资本与关系驱动，热衷投机冒进。这些企业的创始人，有的身陷囹圄，有的出逃海外。华为、小米、比亚迪等依靠专业与管理驱动成长的稳健型企业，坚持长期主义理念，企业基业长青。

企业家要有不忘初心的创业精神、与时俱进的创新精神、始终不渝的工匠精神、与人为善的诚信精神、感恩奉献的利他精神。企业家精神的核心是冒险和创新精神。企业家精神在市场中具有提前发现引导的力量，包括理想主义、务实、使命感、价值观、团队意识、企业战略。企业家精神是"无中生有"，不墨守成规。企业家须目光远大、思想独特，看到的是更远的未来。企业家是企业的领袖，为企业的发展，品牌的未来指明方向。企业家要拥抱数字经济、AI 经济，拥抱年轻人，拥抱新时代。独特的企业文化孕育着独特的品牌。企业家精神不仅属于企业家，还应属于企业的每个员工，提高每个员工的境界和觉悟，让员工发现工作的价值和人生的意义。企业家精神就是把企业发展同国家繁荣富强、人民幸福安康紧密结合在一起，主动为国担当、为国分忧。

企业家是创业创新的主体

创新是引领发展的第一动力。管理大师德鲁克认为，企业家必须有目的地寻找创新的来源。做品牌，企业家要掌握好变与不变的辩证法，不变的是责任，变的是创新。创新必须建立在顾客的真实需求之上，源于对机遇的分析，以及深度的思考，使其成为解决现实需求的一种方法。一个企业成长的速度取决于企业家创新的理念和企业家创新的心态。企业家的工作是应对不确定性和推动社会的创新。企业家的创新意识和创新思维决定企业的创新水平。创新是企业的灵魂，是企业持续发展的原动力。企业家要不断强化战略思维、前瞻意识、引进先进管理理念，充分利用新技术服务企业创新。

孙子兵法说，故善战者，求之于势，不责于人，故能择人而任势。企业家应该时刻关注市场形势的变化，抓住各种有效的机遇，把握商场上的"势"，及时组织合适的人力，抓住商机。企业家必须具有国际视野、全景思维、长远的眼光、务实创新，要建立个人和企业的良好品牌，这是价值无限的资产。企业家的创业故事和个人品牌助力企业降低风险，获得社会的关注和支持，凝聚团队力量，形成企业的无形资产。企业家的个人形象和精神状态在某种程度上成为该企业形象的一部分，并融入企业品牌中，是企业的无形资产。企业家要有很好的视野和战略，遵循客户第一、员工第二、股东第三的原则。企业家要爱才、惜才、用才、聚才，对于下级，除基本的"人品正派"这一条外，主要看重肯干、能干。肯干，指的是态度积极、主动；能干，指的是有能力，把事情做到完美。

企业家要彰显责任担当

"欲戴王冠，必承其重。"成功的企业家站得高、看得远，既脚踏实地，又仰望星空。新型政商关系，概括起来就是"亲清"两个字。对民营企业家而言，所谓"亲"，就是积极主动同各级政府多沟通、多交流、讲真话、说实情、建净言。所谓"清"，就是要洁身自好、走正道，做到遵纪守法办企业、光明正大搞经营。企业家在市场竞争中经风雨、见世面、长本领，普遍具有强烈的社会责任感，有很深的家国情怀，致富思源、富而思进，带动乡亲共同致富。引导广大企业家增强爱国情怀、敢于改革创新、拓展国际视野。厚德载物，以德服人，是企业家的根本。作为国内民营经济一路发展的见证者，宗庆后这一代企业家心无旁骛、"小车不倒只管推"，保持着对市场的深入观察和思考；创业初期，深入一线，努力发扬走遍千山万水、说尽千言万语、想尽千方百计、吃尽千辛万苦的"四千"精神。

"慎终如始，则无败事。"没有企业家的时代，只有时代的企业家。企业家要做到慎言、慎行、慎思，培养媒介素养能力，正确引导舆论导向。马云的"996"话题，冲上各大媒体平台热搜榜。2020年，一场演讲，掀起了整个金融业的风暴，造成了不良的社会影响。专业能力是企业家必备的素质，勇担社会责任是企业家的精神体现和时代要求。在"提品质、树品牌"中进一步增强企业实力，融入国家发展、办好一流企业，承担自己该承担的责任，就是企业家爱国的最好方式，也是经营好企业的最好方式。做强中国品牌，聚焦实体经济。在人民日报社工作20多年来，笔者走访过许多企业，结识许多优秀企业家，丰富了笔者的人生阅历。展望未来，我国将涌现出更多的具有全球意识和卓越管理能力的企业家，把握历史机遇，推动中国品牌更上一层楼。

人类正在迎来一个品牌时代，个人品牌建设是提升个人竞争力和影响力，为个人创造长期价值的关键措施。然而个人品牌的构建是一个长期的过程，涉及自我认知、形象管理、能力提升和口碑传播等多个方面。本部分将介绍笔者对个人品牌重要性的感悟，并探讨如何成功地树立和维护个人品牌，使其成为个人的宝贵资产。

◎ 延伸探讨：浅谈个人品牌

网上曾经流传过一个段子：

男生对女生说，我是最棒的，我保证让你幸福，跟我好吧——这是推销；

男生对女生说，我老爸有3处房子，跟我好，以后都是你的——这是促销；

男生根本不对女生表白，但女生被男生的气质和风度所迷倒——这是营销；

女生不认识男生，但她的所有朋友都对那个男生夸赞不已——这是品牌。

品牌不单指经济范畴的概念，除了公司和产品，个人、城市、社会组织等都可以建立品牌。人类正在迎来一个品牌时代，企业、产品要建立品牌，个人也要建立品牌。当前，建设企业品牌、产品品牌、国家品牌和区域品牌的文章很多，但是，对于建设个人品牌的言论较少。个人品牌是指个人拥有的外在形象和内在涵养所传递的独特、鲜明、确定、易被感知的信息集合体，具有整体性、长期性、稳定性等特性。个人品牌是个人素质的综合展现，是一个人的核心竞争力。良好的个人品牌，是一张亮丽名片，可以帮助你获得充分认可和信任，结交更多优秀的合作伙伴，走上成功之路。每个人都可以打造属于自己的个人品牌，打造个人品牌可以让目标受众主动了解你，有助于获得口碑和信任，快速积累资源、人脉，助你快速达成目标，提升个人谈判筹码。

树立品牌

树立个人品牌，需要综合自我认知和他人认知，在这两者中找到平衡点、接合点。性格决定命运。找到自己的特长是塑造个人品牌的基础。首先要对自己有一个明确定位、清醒认识，了解自己应该做的、喜欢做的、适合做的，才能不断提高。树立个人品牌，仅有自我认知是不够的，还要通过他人认知来完成。个人品牌形象的规划十分重要，做好形象管理、时间管理，成人达己。个人品牌意味着匹配的形象与持久承诺，是一个人能力和魅力的呈现，是其在外界的口碑和形象的反映。朋友、同事以及客户对你平时待人接物的评价，是衡量个人品牌的关键因素。要把自己的信誉、人品等有形和无形资产融入个人形象，对所有的资源进行有效整合。适当包装自己，注重仪表。笔者的同学李青春，热心助人，办什么事情总是提前到，在我们老师和同学中有口皆碑，是我们学习的榜样。

树立个人品牌，要以优秀品质为核心。一个人在平时交往中建立起的信誉、口碑、声望，就是在创建自己的个人品牌。做事先做人，把塑造个人品牌作为一项重要的事情来做。产品质量好，才能树立起品牌；同理，个人能力强，才能树立个人品牌。掌握娴熟的专业技能，把自己的本职工作做好是树立个人品牌的关键。知识是个人品牌的核心内涵，构建知识体系，把自己定位为对别人有帮助、有价值的合作伙伴，主动为他人着想，用专业知识帮助他人解决问题。说话有分寸感，懂得考虑别人感受的人，都会让人舒服。想干事、会干事、干成事，关键是不坏事，这是与他人合作过程中最宝贵的品质。对于企业家来说，一方面要有资金、资源、技术这样的绝对实力，另一方面还要修炼人格，赢得客户、员工乃至社会大众的尊重与信服。

建设品牌

建立个人品牌，要有硬实力，比如熟练掌握职业技能，敢于担当；同时也要有软实力，不抱怨、不甩锅，以诚待人。建设个人品牌包括两个方面，一是个人业务能力，二是个人品牌的长期性和可靠性。建设个人品牌，做一名德才兼备的复合型人才，要不断提高个人的专业素养、道德修养。良好形象的建立，从举手投足，到积极主动与人交往，了解别人的需求，换位思考，缺一不可。个人品牌树立起来后，并不能一劳永逸，需要持续打造。世界上许多知名品牌用的是创始人的名字，如戴尔、张小泉、李宁等。品牌最重要的是解决信任问题，如果采用的是人的名字，会让消费者感知到品牌的温度。既然用自己的名字做品牌，声誉就和品牌捆绑在了一起。品牌需要打造，通过不断提高个人业务能力、涵养优秀品质，得到他人认可的长期性和可靠性，成为真正的"金字招牌"。

读万卷书，行万里路。干一行、爱一行、专一行，自信与沟通是提升个人品牌的前提。沟通的核心是传递信息、获取信任、促进交往。倾听是涵养，慎言是教养，沉默是修养。沟通的技巧包括把事情讲清楚、学会倾听、使用对方的语言以及判别听众是决定者、影响者还是执行者。会说话，赢得听众；善倾听，赢得朋友；打断别人的话，使人讨厌；多思慎言，不夸夸其谈。积极主动与人沟通交往，了解别人的需求；勤付出、多担当，不断提升自己。"问渠那得清如许，为有源头活水来。"只有与时俱进，终身学习，不断更新知识和技能，才能获得大家的认可。"多谢李老师的帮助，整个过程中我也受益匪浅，您的专业和敬业让我敬佩。"这是北京大学经济学院110周年在《人民日报》刊登后，该院领导给笔者发来的信息。建设个人品牌最好的方法就是展示专业性，在自己工作的领域，首先要成为行家，日积月累，进而把自己打造成专家，提高在业界的知名度、美誉度。

传播品牌

"得黄金百斤，不如得季布一诺。"酒香也怕巷子深，好人也怕没人跟。个人品牌树立起来后，需要传播。互联网时代人人都有麦克风，为个人品牌传播提供了大量便捷高效的方式。个人品牌传播从信守承诺、与各领域的专家展开合作做起。口碑是个人品牌最有效的营销，良好的口碑，是对个人品牌、专业素养的认可。开展营销，不仅向客户营销，还要向同行营销，同行可以给你介绍资源，促成合作，更重要的是能为个人赢得口碑。学会"花粉式传播"，利用好节庆活动、重要事件节点进行传播。传播个人品牌，要学会讲故事。好故事有附着力、吸引力、凝聚力，让人感动、引起共鸣。适当幽默能够增加亲和力，提升传播的效果。王健林曾经说，"先定一个能达到的小目标，比方说我先挣它一个亿"，引起了网上的热议，通过这句话人们能感受到他个人品牌的魅力。

"好风凭借力，送我上青云。"良好的人际关系能开拓视野，卡耐基说："一个人的成功，15%靠他的专业技术，85%则要靠人际关系和他的处世能力。"学为人师，行为师范。个人品牌只有被关注，传播才能实现价值。个人品牌传播的关键是选择恰当的途径传递个人品牌形象，建立认知、沟通认知、强化认知。其身正不令则行，身不正虽令不从。重视自己的言行，拥有特长是打造个人品牌的基础，最重要的方式是表里如一。每个人都要积极"走出去"，开展交流，主动帮助别人，分享越多，机会就越多。多参加单位和业界的论坛、会议，择机进行演讲，将自己的能力、魅力展示出来。在提升影响力方面，媒体的角色至关重要，多与媒体互动，勤思考、常练笔，发表个人对热点事件的看法和评论等，经营好自己的微信、微博。

维护品牌

个人品牌和承诺必须始终如一，需要悉心维护。品牌和声誉源于日积月累，稍有不慎，就毁于一旦，要洁身自好，严格约束自己，不越雷池一步。一个人的形象趋于负面时，与之关联的即便是好事，也很难获得认同，大家会怀着负面的心态去进行揣测。当遭遇危机时，通过诚恳的态度、良好的公关技巧化解危机。被信任是一种能力，也是一种福气；而不辜负信任则是一种担当，更是一种品质。吾日三省吾身，君子求诸己。遇到问题从自身找原因，不推诿、不抱怨、不迁怒、不二过。做任何事情都要追求多赢、共赢，让你的同事、合作方、朋友也有获得感。良好的为人处世之道可以增添人格魅力。个人品牌形成后，舞台更大了，视野更宽了，品牌价值也随之提高。

清华大学沈阳教授曾经谈到一个观点，一个人要成为人才并不难，要成为人物却不容易。首先，具有强烈社会关怀和能被社会兼容的个性；其次，需要勤奋，擅长时间管理；最后，乐于助人，自带流量。只有言行一致，表里如一，做一个靠谱的人，才能让人信服。靠谱，是成本最小的个人品牌维护方式。做事让人放心，给出的承诺努力履行，答应别人的事情尽力完成，在规定的期限内高效率地完成工作。做好服务，服务不仅仅是为客户，还包括为同事、为他人。真诚地帮助客户解决问题，让客户掌握工作进度，倾听客户的需求，从而赢得客户的认可。做业务不是签完协议就结束了，还要经常与客户沟通，体现亲和力，提升服务力。

自强不息，厚德载物。唯有厚德，才能让个人品牌实至名归。成功的个人品牌是其他资产无法比拟的。打造个人品牌，需要具备品牌思维、差异化思维、细分思维、创新思维。今天，如果你缺乏个人品牌意识，将跟不上时代的发展。脚踏实地，行稳致远，充分发挥个人品牌价值，打开职业生涯发展的新天地。珍惜所处的平台，不断修炼，将平台的资源和优势转化成自身的价值和能力。打造个人品牌，不仅要守住"己所不欲，勿施于人"的底线，更要有"爱己者爱人，达人者达己"的追求。最后，与大家分享2020年"五一"笔者回河北老家写的打油诗。

庚子偶得

二〇二〇年五月四日

冠魔肆虐近百天，党的领导挽狂澜。

五一节前捷报传，华夏大地展新颜。

京城槐阳三百三，自驾车程四个半。

梧桐遮阴小庭院，核桃柿树植堂前。

耄耋父母种菜闲，青山不老恋故园。

欣闻三哥添孙女，眉清目秀人人赞。

疫情防控记心间，暑假重贺百日宴。

一家难得是团圆，陪父散步村南边。

陌上新麦长势喜，科学种田节水灌。

养猪场旁遇同窗，事业兴旺儿女全。

同窗体健发乌亮，可叹吾鬓已染斑。

京城党报迎两会，阶前芍药把我挽。

二十二年再扬帆，不忘初心书新篇。

（2022 年 10 月 25 日）

参考文献

［1］黄学银.品牌内涵的发展与品牌创建者的变化［J］.商业研究，2002（1）：52-55.

［2］黄嘉涛，胡劲.品牌内涵的深层思考［J］.商业研究，2005（4）：163-165.

［3］姚琦，程芬，黄承锋.科技型小微企业品牌培育路径与演化模型研究［J］.科技进步与对策，2014，31（2）：93-97.

［4］鲁钊阳.品牌培育对农产品电商发展的影响研究——基于我国东、中、西部15个省级单位的2131份问卷调查［J］.现代经济探讨，2018（2）：87-99.

［5］熊爱华.基于产业集群的区域品牌培植模式比较分析［J］.经济管理，2008（16）：80-85.

［6］王海忠，陈增祥.中国品牌国际新定位研究［J］.中山大学学报（社会科学版），2010，3（3）：175-183.

［7］刘英为，聂春艳，张璟.全球化背景下中国品牌原型化战略研究［J］.管理世界，2016（4）：182-183.

［8］刘文纲.网络零售商与传统零售商自有品牌战略及成长路径比较研究［J］.商业经济与管理，2016（1）：12-20.

［9］张娜，冯永春，许晖.顾客资产与创新资产重构视角下的品牌

战略选择机制研究［J］. 管理学报，2017，14（5）：640-649.

［10］刘英为，汪涛，徐岚. 中国品牌国际化中的合理性战略：制度理论视角［J］. 宏观经济研究，2017（3）：118-127.

［11］赵晶，郭斌，郭海. 产业集群品牌与企业品牌的交互作用［J］. 中国软科学，2012（3）：149-161.

［12］狄俊锋，吴俊霞. 基于品牌绩效评价的企业品牌营销策略研究［J］. 中国商贸，2012（30）：25-26.

［13］张婧，邓卉. 品牌价值共创的关键维度及其对顾客认知与品牌绩效的影响：产业服务情境的实证研究［J］. 南开管理评论，2013，16（2）：104-115.

［14］王吉鹏. 企业文化建设：从文化建设到文化管理［M］. 北京：中国人民大学出版社，2017.

［15］［美］道格拉斯·霍尔特，道格拉斯·卡梅隆. 文化战略：以创新的意识形态构建独特的文化品牌［M］. 汪凯译. 北京：商务印书馆，2013.

［16］范公广. 品牌联合溢出效应的实证研究［M］. 北京：经济管理出版社，2011.

［17］张建设，边卓，王勇，朱磊. 广告学概论［M］. 北京：北京大学出版社，2012.

［18］史正富，荣兆梓. 当代中国政治经济学实践与创新［M］. 北京：社会科学文献出版社，2016.

［19］［英］伊莱扎·威廉姆斯. 这就是广告［M］. 徐焰译. 北京：中国摄影出版社，2012.

［20］［美］菲尔·奈特. 鞋狗［M］. 毛大庆译. 北京：北京联合出

版公司，2016.

［21］［美］曼昆.经济学原理（第5版）：微观经济学分册［M］.梁小民，梁硕译.北京：北京大学出版社，2009.

［22］陈云岗.品牌规划［M］.北京：中国人民大学出版社，2004.

［23］李光斗.品牌竞争力［M］.北京：中国人民大学出版社，2004.

［24］［美］凯文·莱恩·凯勒.战略品牌管理［M］.吴水龙 何云/译北京：中国人民大学出版社，2006.

［25］陆娟.现代企业品牌发展战略［M］.南京：南京大学出版社，2002.

［26］马克思.资本论（第三卷）［M］.北京：人民出版社，1975.

［27］［美］普莱迪普·查安达.转型之路：濒危企业复兴战略［M］.北京：人民邮电出版社，2003.

［28］吴佐夫.品牌营销［M］.北京：中国华侨出版社，2002.

［29］卢泰宏，黄胜兵，罗纪宁.论品牌资产的定义［J］.中山大学学报（社会科学版），2000（4）：17-22.

［30］张维炯.品牌资产和企业核心竞争能力［J］.上海管理科学，2002（1）：41-44.

［31］夏曾玉，谢健.区域品牌建设探讨：温州案例研究［J］.中国工业经济，2003（10）：43-48.

［32］余明阳，舒咏平.论"品牌传播"［J］.国际新闻界，2002（3）：63-68.

［33］冯峰，李正燕.对我国体育产品品牌战略的分析［J］.商场现代化，2008（16）：159.

［34］黄文武．我国体育用品企业的品牌经营现状与发展研究［J］．北京体育大学学报，2006（9）：1179–1181.

［35］王海平，赵平．品牌原产地效应及其市场策略建议——基于欧、美、日、中四地品牌形象调查分析［J］．中国工业经济，2004（1）：78–86.

［36］冯林燕，王新新，何云春．国内外奢侈品品牌研究的最新进展及启示［J］．外国经济与管理，2015（1）：21–31.

［37］邝红艳．品牌竞争力影响因素分析［J］．中国工程科学，2002（5）：80–87.

［38］范二平．论现代企业如何提升品牌价值［J］．中共山西省委党校学报，2005（3）：31–33.

［39］范秀成．品牌权益及其测评分析［J］．南开管理评论，2000(1)：9–18.

［40］管益忻．企业核心竞争力——战略管理赢家之道［J］．中国人力资源开发，2003（4）：65.

［41］胡大立，谌飞龙．论品牌竞争力的来源和其形成过程［J］．经济管理，2007（18）：31–33.

［42］季六祥．我国品牌竞争力的弱势成因及治理［J］．财贸经济，2002（7）：89.

［43］潘成云．品牌生命周期论［J］．商业经济与管理，2000（9）：19–21.

［44］祁顺生，廖鹏涛．企业品牌内涵探讨［J］．湖南大学学报（社会科学版），2006（2）：77–80.

［45］沈占波．品牌竞争力的理论基础分析［J］.商业研究，2005(22)：

46-48.

［46］张焱，张锐.品牌生态管理：21世纪品牌管理的新趋势［J］.财贸研究，2003（2）：75-80.

［47］周玫，余可发.基于顾客忠诚的品牌竞争力评价分析［J］.当代财经，2005（9）：74-77.

［48］张燕平.企业社会责任与可持续发展关系研究综述［J］.理论研究，2010（6）：45-47.

［49］乔丽君.品牌大国和品牌强国的差距分析［J］.南阳理工学院学报，2014（1）：35-38.

［50］任思远.中小企业实施品牌战略的问题及对策［J］.商业经济，2017（2）：91-93.

［51］刘华军.中国制造业转型的品牌定价权模型与品牌战略模式［J］.当代财经，2010（8）：74-80.

［52］冯晓青.企业品牌建设与其战略运用研究［J］.湖南大学学报（社会科学版），2015（4）：142-149.

［53］贺爱忠，蔡玲，高杰.品牌自媒体内容营销对消费者品牌态度的影响研究［J］.管理学报，2016（10）：1534-1545.

［54］郭瑞，陶岚，汪涛，周南.民族品牌跨国并购后的品牌战略研究——弱势品牌视角［J］.南开管理评论，2012（3）：42-50.

［55］韩中和，刘刚，杜琰琰.品牌战略的影响因素以及对国际营销绩效的关系［J］.经济管理，2010（2）：85-90.

［56］陆娟，张东晗，崔明杰.中西方品牌忠诚度测评研究及应用启示［J］.商业经济与管理，2003（10）：17-20.

［57］郭锐，陶岚."蛇吞象"式民族品牌跨国并购后的品牌战略

研究——跨文化视角［J］.中国软科学，2013（9）：112–123.

［58］林芸，肖学农."一带一路"战略背景下老字号品牌升级分析［J］.老区建设，2017（18）：25–27.

［59］洪秀华.区域品牌建设中存在的问题及对策［J］.华东经济管理，2006（9）：118–121.

［60］赖元薇.全球品牌利用社交媒体内容营销提升品牌忠诚度的机制研究［D］.北京：对外经济贸易大学，博士学位论文，2017.

［61］赵寰.中国企业品牌国际化传播研究［D］.武汉：武汉大学，博士学位论文，2013.

［62］徐基南.品牌竞争力研究［D］.南昌：江西财经大学，博士学位论文，2004.

［63］王晴.李宁公司高档品牌发展战略研究［D］.秦皇岛：燕山大学，硕士学位论文，2016.

［64］丛菱.互联网背景下品牌社群认同对品牌延伸评价的影响研究［D］.威海：山东大学，硕士学位论文，2017.

［65］《国家品牌战略问题研究》（刘瑞旗、李平等著 2012.6《经济管理出版社》）。

附录：专家打分过程

附表 1　"新时代品牌强国计划"下各维度指标权重

	专家 1	专家 2	专家 3	专家 4	专家 5	专家 6	专家 7	平均分
市场与财务维度	75	85	80	80	90	70	80	80
信誉与环境维度	75	80	80	70	85	80	85	80
心理与行为维度	90	95	80	85	85	80	85	85
功能与品质维度	90	90	95	85	95	85	90	90
技术与创新维度	95	95	90	95	95	95	95	95

附表 2　五要素与"市场与财务维度"指标相关程度得分

	专家 1	专家 2	专家 3	专家 4	专家 5	专家 6	专家 7	平均值
有形资产	0.30	0.50	0.40	0.35	0.30	0.40	0.35	0.36
无形资产	0.10	0.15	0.20	0.15	0.20	0.20	0.20	0.18
服务	0.15	0.10	0.10	0.10	0.15	0.10	0.10	0.11
质量	0.20	0.10	0.20	0.25	0.25	0.20	0.15	0.20
技术创新	0.25	0.15	0.10	0.15	0.10	0.10	0.20	0.14

附表 3　五要素与"信誉与环境维度"指标相关程度得分

	专家 1	专家 2	专家 3	专家 4	专家 5	专家 6	专家 7	平均值
有形资产	0.20	0.15	0.20	0.10	0.10	0.20	0.15	0.16
无形资产	0.20	0.25	0.25	0.25	0.40	0.30	0.25	0.26
服务	0.15	0.20	0.15	0.20	0.15	0.15	0.15	0.16
质量	0.20	0.20	0.20	0.25	0.25	0.20	0.20	0.21
技术创新	0.25	0.20	0.20	0.20	0.10	0.15	0.25	0.20

附表 4　五要素与"心理与行为维度"指标相关程度得分

	专家 1	专家 2	专家 3	专家 4	专家 5	专家 6	专家 7	平均值
有形资产	0.20	0.15	0.20	0.10	0.10	0.10	0.15	0.14
无形资产	0.15	0.20	0.10	0.15	0.15	0.10	0.10	0.13
服务	0.30	0.30	0.40	0.40	0.50	0.50	0.40	0.40
质量	0.20	0.20	0.15	0.25	0.15	0.20	0.20	0.19
技术创新	0.15	0.15	0.15	0.10	0.10	0.10	0.15	0.13

附表 5　五要素与"功能与品质维度"指标相关程度得分

	专家 1	专家 2	专家 3	专家 4	专家 5	专家 6	专家 7	平均值
有形资产	0.10	0.15	0.10	0.15	0.10	0.10	0.15	0.12
无形资产	0.15	0.10	0.20	0.15	0.15	0.10	0.15	0.14
服务	0.30	0.20	0.15	0.15	0.20	0.30	0.15	0.20
质量	0.30	0.25	0.30	0.35	0.40	0.30	0.30	0.31
技术创新	0.15	0.30	0.25	0.20	0.15	0.20	0.25	0.21

附表 6 五要素与"技术与创新维度"指标相关程度得分

	专家 1	专家 2	专家 3	专家 4	专家 5	专家 6	专家 7	平均值
有形资产	0.10	0.10	0.15	0.20	0.10	0.15	0.10	0.12
无形资产	0.15	0.20	0.20	0.15	0.30	0.20	0.20	0.19
服务	0.20	0.15	0.20	0.25	0.20	0.20	0.15	0.19
质量	0.15	0.20	0.15	0.10	0.10	0.10	0.15	0.13
技术创新	0.40	0.35	0.30	0.30	0.30	0.35	0.40	0.34

附表 7 伊利品牌培育的五要素权重

	专家 1	专家 2	专家 3	专家 4	专家 5	专家 6	专家 7	平均值
有形资产	0.15	0.10	0.20	0.20	0.15	0.10	0.10	0.14
无形资产	0.20	0.15	0.20	0.10	0.20	0.15	0.15	0.17
服务	0.15	0.15	0.15	0.20	0.20	0.20	0.20	0.18
质量	0.20	0.35	0.25	0.25	0.25	0.30	0.25	0.26
技术创新	0.30	0.25	0.20	0.25	0.20	0.25	0.30	0.25

附表 8 格力品牌培育的五要素权重

	专家 1	专家 2	专家 3	专家 4	专家 5	专家 6	专家 7	平均值
有形资产	0.15	0.10	0.10	0.15	0.15	0.15	0.15	0.14
无形资产	0.15	0.25	0.20	0.20	0.15	0.20	0.20	0.19
服务	0.20	0.15	0.25	0.20	0.15	0.20	0.20	0.19
质量	0.20	0.30	0.25	0.25	0.35	0.30	0.25	0.27
技术创新	0.30	0.20	0.20	0.20	0.20	0.15	0.20	0.20

附表 9　五粮液品牌培育的五要素权重

	专家 1	专家 2	专家 3	专家 4	专家 5	专家 6	专家 7	平均值
有形资产	0.15	0.15	0.20	0.15	0.20	0.15	0.20	0.17
无形资产	0.15	0.20	0.20	0.20	0.15	0.20	0.15	0.18
服务	0.20	0.20	0.15	0.25	0.20	0.15	0.15	0.18
质量	0.25	0.25	0.35	0.25	0.20	0.30	0.25	0.26
技术创新	0.25	0.20	0.10	0.15	0.25	0.20	0.25	0.21

致谢

人似秋鸿来有信，事如春梦了无痕。

似水流年，不觉日已过午。我们有幸赶上了好时代，这是中国经济发展最快的时代，也是中国企业和品牌成长最快的时代。笔者是一位专注于帮助和服务企业提升品牌价值，以实战为主的媒体老兵。在人民日报社工作20多年来，不断增强自己的脚力、眼力、脑力、笔力，不断提高业务水平。新冠疫情三年来，工作两点一线，翻检笔者职业生涯留下的"雪泥鸿爪"，见证与思考，付诸笔端，汇集成册；梳理过去的印记，向韶华挥手，重新再出发。

借助《人民日报》的平台优势，我有幸遇到了许多好领导、好同事，结交了许多良师益友，提高了自己。在《品牌如何赋能》一书出版之际，真诚感谢多年来帮助和支持我的所有人。感谢各位领导、老师、同事、朋友、合作伙伴和家人，正是因为有了你们分享的经验，才能使本书内容更加丰富。

感谢《人民日报》原副总编辑梁衡题写书名；《人民日报》原副总编辑张首映、《经济日报》原总编辑冯并先生，在百忙之中为本书分别作序。

感谢牛占文（天津大学教授、博士生导师）、赵晨（北京邮电大学教授、博士生导师）、牛春安（中国食品安全报副社长）为拙书撰写推荐语。拙书可作为笔者与他们交流对话的一个书面表达。他们是笔者的良师益友，感谢他们对笔者工作的长期关注和大力支持。感谢首都师范大学教授、博士生导师何学森先生，不吝翰墨，为笔者的拙作《成都偶得》挥毫成卷。

"文章合为时而著，歌诗合为事而作。"多年来，由于工作之便，笔者走访了许多企事业单位的领导，有机会接触到大量的品牌实践案例，丰富了笔者的阅历。编写《品牌如何赋能》，许多往事历历在目，挥也挥不去，使笔者痛并快乐着。工作中通过与合作伙伴的交往，结交了许多朋友，他们的人格魅力、业务能力非常值得笔者学习。

人民日报社多年来主办的中国品牌论坛、"一带一路"媒体论坛、京津冀论坛、融媒体论坛等大型论坛活动，笔者有幸参与其中，结识了许多优秀嘉宾，有的成为长期的朋友。感谢所有与笔者合作过的和正在合作的伙伴对笔者的认可。工作中有机会为中国科协、中国乳制品协会、中国一汽、东风汽车、中国太平、奇瑞汽车、比亚迪、吉利汽车、冀中能源、国网河北电力、龙江森工、中国民生银行、兰州石化、北京未来科学城、隆基集团、龙源电力、小米集团、华彬集团、王老吉、稻香村集团、飞鹤乳业、大北农、医渡科技和小仙炖等单位服务，并成为长期的朋友。

感谢出版社的领导，优秀的编辑，为本书增色无数。梳理心情，思考人生，笔者撰写的"拙作"，然敝帚自珍，班门弄斧，贻笑大方，有请各位多多指教。感谢姚赣南、翟福军等许多提出宝贵意见、大力支持的老师、朋友，衷心地说声谢谢您！

世事一场大梦，人生几度秋凉。非常遗憾，给予笔者大力支持的郑有义主任等几位领导、老师、亲朋好友，在本书出版之际，他们先后驾鹤西去，使笔者伤心不已，在此深深怀念。

由于笔者水平有限，书中不足之处在所难免，恳请大家批评指正。

江畔何人初见月？江月何年初照人。

回忆是幸福的，回忆也是痛苦的。疫情三年来对耄耋父母不能尽孝，只能电话问候，感谢各位亲人对父母的悉心照顾。感谢父母的理解，感谢爱人无私的奉献。在此刻，抄录2020年疫情期间写的一首打油诗，与笔者的亲朋好友和家人分享。

庚子偶得

二〇二〇年四月十八日

新冠肺炎，肆虐百天。

武汉有难，八方支援。

夙夜不懈，思危求变。

父母在冀，常说康安。

妻女留津，盼望团圆。

儿漂英国，心中挂念。

偶得几句，聊表心愿。

庚子伊始冠魔狂，独在京城战疫忙。

京津冀英同日月，环球无恙是梦想。

医护人员冲在前，党的领导挽狂澜。

江城赢得歼灭战，全球抗疫树典范。

宜居宜业富且康，东汉摇篮柏乡县。

四海游子云中聚，共赏神奇汉牡丹。

待假回乡拜双亲，耄耋父母翘首盼。

君问何日是归程，喜报莹儿成绩升。

耀华名师教有方，嘉诚桃李学益精。

忽闻英伦疫情重，心中牵挂到谢城。

伯大金硕丁酉中，求学殿堂勇攀登。

众志成城克时艰，瘟神终随西风散。

爱岗敬业学无涯，风雨同舟渡难关。

李彦彬

2025 年 1 月 6 日